ÉTATS GÉNÉRAUX DE LA DÉMOCRATIE LOCALE ET DE LA PARITÉ

Actes des travaux organisés sous la présidence de M. Christian Poncelet, Président du Sénat, au Palais du Luxembourg et au Palais des Congrès

le 7 mars 2005

SÉNAT

Les 1 800 femmes maires réunies au Sénat le 7 mars 2005
pour les premiers États généraux de la démocratie locale et de la parité

SOMMAIRE

PREFACE

Les travaux réunis dans cet ouvrage ont un exceptionnel contenu symbolique.

Ils retracent les échanges qui se sont déroulés pendant toute la journée du 7 mars dernier dans le cadre des premiers États généraux de la démocratie locale et de la parité que j'avais pris l'initiative, en tant que Président du Sénat, d'organiser.

Le Bureau de Sénat avait décidé, dès la fin de l'année 2003, de consacrer un certain nombre de grands évènements à la commémoration du 60ème anniversaire de la libération de notre pays et au rétablissement de la République.

C'est au nom, précisément, de ce retour à la démocratie qu'ont été organisés ces États généraux de la démocratie locale et de la parité. Ils ont permis en effet au Sénat de rappeler que les premières élections libres furent des élections municipales, les 29 avril et 13 mai et, surtout, que ces élections municipales furent la première occasion donnée au Françaises d'exercer le droit de vote qui leur avait été accordé par une ordonnance prise à Alger par le Général de Gaulle en 1944.

Ainsi se trouvent réunies deux raisons particulièrement importantes qui justifiaient une initiative exceptionnelle du Sénat.

Représentant constitutionnel des collectivités territoriales, c'était une manière pour lui de rappeler que la démocratie commence à la base, celle des institutions communales, les plus proches des Français et auxquels ceux-ci sont les plus attachés.

Saluer le premier vote des femmes, c'était dans la logique de la composition d'une Assemblée qui, depuis le mois de septembre 2004, est l'Assemblée parlementaire française qui compte le plus grand pourcentage de femmes : 56, soit plus de 17 %. Ce pourcentage peut paraître faible mais il est une étape et ces États généraux avaient précisément pour but de montrer la volonté du Sénat de voir la parité investir progressivement toutes les strates de nos institutions publiques.

En invitant à Paris les 4081 femmes maires, le Sénat réunissait de manière symbolique celles qui avaient fait fructifier l'engagement de toutes les femmes de France, en les précédant.

Cette initiative s'inscrivait également de façon naturelle dans la ligne du grand rassemblement des maires de France réalisé déjà, à l'initiative du Sénat, le 14 juillet 2000. Ce rassemblement avait rendu sensible et évident la nécessité d'une institution fédérant les collectivités territoriales françaises et complétant par la représentation de la diversité de nos territoires la représentation exercée par l'Assemblée nationale.

Ces travaux ont bénéficié du concours de près de la moitié des femmes maires, en dépit de conditions de transport rendues difficiles par les conditions climatiques. Ils ont été l'occasion d'échanges francs et fructueux et ont permis aux 56 sénatrices de jouer un rôle particulier dans l'accueil de leurs collègues maires, mais aussi dans l'animation des tables rondes tenues au Palais du Luxembourg dans la matinée. Les débats ont pu s'appuyer sur une enquête effectuée à l'initiative du Sénat et qui a permis de recueillir plus de 1500 réponses venues de toute la France. Ces réponses, dont la synthèse figure également dans les présents actes, ont permis de mieux connaître les aspirations de nos compatriotes femmes élues.

Il était normal qu'à l'occasion d'un tel débat des suggestions soient faites. Plusieurs se sont déjà traduites en propositions de loi, notamment à l'initiative de sénatrices : je souhaite, comme je l'ai déjà indiqué le 7 mars, que ces propositions s'inscrivent dans le renforcement de la législation destinée à mieux assurer la parité en politique.

Je forme le vœu enfin que ces États généraux marquent une étape importante pour toutes les femmes élues de France et que, comme toutes les bonnes initiatives, ils puissent être imités et prolongés par des réalisations concrètes, c'est ce que nous nous sommes toujours efforcés de faire après les différents États généraux des élus locaux, organisés dans la France entière, avec mes collègues de chacune des régions concernées.

Christian PONCELET

LES CINQ COMMISSIONS

AU PALAIS DU LUXEMBOURG

Accueil des femmes maires au Sénat

Commission n°1 – Salle Clemenceau

La condition féminine à l'épreuve des responsabilités électives municipales

COMMISSION N°1 :

LA CONDITION FEMININE A L'EPREUVE DES RESPONSABILITES ELECTIVES MUNICIPALES

Présidente : Mme Yolande BOYER, Sénatrice du Finistère
Rapporteure : Mme Catherine TROENDLE, Sénatrice du Haut-Rhin

Animateur : M. Frédéric VALLETOUX,
rédacteur en chef à La Gazette des communes

Mme Yolande Boyer, Sénatrice du Finistère, maire de Châteaulin, présidente de la commission n° 1

Mesdames les Maires, mes chères collègues – au féminin parce que je vois qu'il n'y a aucun homme – tout simplement, en tant que présidente de cette commission, je voudrais vous souhaiter la bienvenue dans cette salle Clemenceau au nom de Monsieur Christian Poncelet, Président du Sénat ; dans cette salle qui abrite souvent des travaux ouverts au public. Mais je vais donner tout de suite la parole à notre animateur, M. Frédéric Valletoux qui est journaliste à la *Gazette des communes*.

Frédéric Valletoux : Mesdames les Maires, bonjour. Je suis un des rares hommes de l'assistance, aussi demanderai-je beaucoup d'indulgence à propos de mon modeste travail.

La commission sur la condition féminine à l'épreuve des responsabilités électives municipales va se dérouler jusqu'à 11 h 45 : nous avons un *timing* un peu serré, ce qui m'obligera à être parfois un peu directif dans la manière dont je vais mener les débats. Mais ce sera pour que nous puissions aller jusqu'au bout de la table ronde et du débat que nous souhaitons avoir avec vous.

Je vous présente donc la sénatrice Yolande Boyer qui vient de parler et qui encadrera nos travaux. Mme Boyer est maire de Châteaulin depuis 1995 et avait été auparavant conseillère municipale pendant douze ans, à partir de 1983 ; puis élue en 1995, sur une liste paritaire avant la loi ; conseillère régionale de Bretagne entre 1986 et 1992 et sénatrice depuis 1998.

À ses côtés, celle qui sera notre rapporteure, Catherine Troendle, sénatrice du Haut-Rhin, juriste de formation, qui est entrée dans la vie municipale assez jeune, puisqu'elle a obtenu son premier mandat à 28 ans, en 1989. Elle est devenue adjointe au maire en 1995 et maire en 2001 de Ranspach-le-Bas, une commune rurale de 620 habitants du Haut-Rhin. Elle est vice-présidente de l'Association des maires du Haut-Rhin, elle est aussi vice-présidente de la Communauté de communes de la Porte du Sundgau, en charge de la commission service aux habitants et, depuis mars 2004, conseillère régionale même si, et elle en parlera peut-être, elle est en phase de démission pour des problèmes de disponibilité et aussi d'efficacité opposés à la manière dont elle conçoit son mandat. Elle est sénatrice depuis septembre dernier. Je vais tout de suite repasser la parole à Mme Boyer pour introduire cette commission.

Yolande Boyer : Ces États généraux de la démocratie locale et de la parité entrent dans le cadre des commémorations du 60e anniversaire de la Libération qui ont lieu ici, au Sénat. Et, de façon symbolique, la veille du 8 mars, Journée internationale de la femme.

Rappelons-nous que, par ordonnance du 21 avril 1944, les femmes françaises ont enfin obtenu le droit de vote après la plupart des femmes des autres pays d'Europe. Cela au lendemain de la Libération. Les Françaises voteront pour la première fois aux élections municipales en avril-mai 1945, il y aura bientôt soixante ans. Notre Haute Assemblée, le Sénat, le Conseil des communes de France, s'honore de cette manifestation et du succès qui est déjà assuré par votre présence nombreuse, puisque nous sommes 4 076 femmes maires en France et que nous sommes ici aujourd'hui environ 1 800. Le Sénat, ai-je envie de dire, devait bien cela aux femmes de France puisqu'à plusieurs reprises entre les deux guerres c'est lui qui leur a refusé le droit de vote. Les années qui ont suivi la Libération ont-elles fait surgir une femme nouvelle ? C'est l'interrogation que pose l'historienne Claire Duchesne dans un article qui paraît en 1995. Il y avait une vision inquiète à l'époque de la Libération qui consistait à dire : « Une femme peut-elle participer à la vie politique sans perdre sa féminité ? » Eh bien, à vous voir mesdames, j'ai la réponse. En tout cas, à l'époque, la nouvelle représentante, qu'elle soit une députée ou une sénatrice, est une créature – le mot n'est pas de moi – qui dérange. On note la persistance de l'idéologie traditionnelle des rôles féminin et masculin : le refus, ou du moins la réticence (il y a une nuance) des hommes à céder ou à partager le pouvoir. L'égalité théorique dans la vie publique ne trouve pas écho dans la vie privée. « Femmes nouvelles dans une France nouvelle ? ». Il serait plus juste de parler d'évolution lente et boiteuse. Cela m'amène, et j'espère que cela ne sera pas trop rébarbatif, à vous donner quelques chiffres qui me paraissent significatifs et essentiels de l'évolution et plus exactement des progrès – soyons positives – accomplis même si, courant sur soixante ans, on peut dire que c'est allé assez lentement.

Après les élections municipales de 2001, 156 393 sièges de conseillers municipaux sont occupés par des femmes sur un total de 474 020. Cela fait une proportion de 33 %, alors qu'en 1995, la proportion était de 21,27 %. Si je remonte dans le temps pour noter comme je le disais les progrès accomplis, on peut dire qu'en 1977, il y avait 8,4 % de femmes conseillères municipales. Ça montait à 16,3 % en 1989 pour atteindre en 2001 le chiffre dont je viens de vous parler. Cette entrée massive des femmes dans les conseils municipaux en 2001 est bien sûr due en très grande partie à la loi du 6 juin 2000 sur la parité que je suis très fière d'avoir votée et d'avoir eu l'occasion de débattre dans cette assemblée. Ce fut un combat difficile, au Sénat notamment, et c'était il y a seulement cinq ans. C'est une avancée décisive pour la démocratie comme le souligne le rapport de l'Observatoire de la parité. La barre significative, que l'on appelle le « plafond de verre », des 30 %, est franchie. Bien entendu, l'effet se fait sentir bien plus lorsqu'il y a contrainte et je veux dire par là que ce chiffre est supérieur dans les communes où la loi s'applique, à savoir les communes de plus de 3 500 habitants où l'on passe de 25,7 % en 1995 à 47,5 % des conseillères municipales. Dans les communes de moins de 3 500 habitants, qui sont bien sûr les plus nombreuses - vous devez être pour la plupart maires de communes de moins de 3 500 habitants - il y a cependant un effet d'entraînement qui n'est pas négligeable, puisque l'on passe de 21 % en 1995 à 30 % en 2001. Par contre, là où le bât blesse, et je tiens à y insister, c'est la distorsion entre le nombre de femmes conseillères municipales et la place des femmes dans les exécutifs, qu'elles soient adjointes ou maires. Encore quelques chiffres, mais ils sont indispensables : en 1977, seulement 1,8 % de femmes maires ; en 1995, 7,5 % ; et en 2001, 10,9 % de femmes maires. Ça monte, mais doucement. Là encore, il y a des différences entre les communes de moins de 3 500 habitants où l'on passe de 5,8 % à 11,2 % et celles de plus de 3 500 habitants où l'on passe de 4,4 % à 6,7 % de maires. Il y a encore du travail, comme on le voit. Au-delà de 100 000 habitants, je crois qu'il vaut mieux ne pas en parler. Nous n'avons pas de données pour les adjointes, mais on sait que le compte n'y est pas, et de loin, et que souvent les femmes adjointes sont cantonnées à des postes plutôt traditionnels dans le social, l'enfance ou la culture. Que dire des exécutifs dans l'intercommunalité ? Vous êtes aussi bien placées que moi pour le savoir, à peine 5,4 % de femmes sont présidentes d'intercommunalité. J'en ai terminé pour les chiffres, j'espère qu'il n'y en a pas eu trop. Au cours du peu de temps - M. Valletoux nous l'a déjà dit - qui nous est imparti avec Mme Troendle, nous aborderons le thème de la condition féminine à l'épreuve des responsabilités municipales. J'avoue que j'aurais préféré comme formulation « femmes élues et temps de vie », parce que c'est cela que recouvre en fait ce thème. Nous aurons trois moments délimités dans le débat :

- « **Comment concilier un mandat municipal avec la vie personnelle** ? » (il était écrit « familiale », mais je préfère dire « personnelle » parce que la vie des femmes est au-delà de la vie familiale et donc il y a leur vie personnelle).

- « **Comment concilier ce mandat avec une activité professionnelle ?** »

Enfin le troisième point, que j'ai un peu modifié et que j'ai intitulé :

- « **Quelles propositions et revendications avons-nous pour concilier ces temps de vie, ce que vous souhaitez, ce que vous proposez ?** »

Je crois que ce sont le thème et les réponses que nous devons aborder dans cet atelier. J'ai envie de vous demander d'envisager ces trois thèmes en ayant toujours en tête la question : « Mais pourquoi les hommes, eux, y arrivent-ils, disent-ils qu'ils y arrivent et pas nous les femmes ? » Je vais céder la parole à M. Valletoux mais, au préalable, vous me permettrez de dédier cette journée à deux femmes : la première, c'est Florence Aubenas qui a été enlevée alors qu'elle faisait son travail et la seconde, je la connais personnellement et je suis rentrée il y a quarante-huit heures de Colombie, c'est Ingrid Betencourt, sénatrice, qui a été enlevée alors qu'elle faisait campagne pour les élections présidentielles. Je vous remercie.

Frédéric Valletoux : Merci beaucoup. Je ne répondrai pas à la question posée : « Pourquoi les hommes y arriveraient ? », je me garderai bien de me lancer là-dedans. Je vais donner la parole à Catherine Troendle, pour poser un peu le premier thème qui est : « Comment concilier l'exercice d'un mandat et la vie personnelle ? » Et cela, avant qu'on ait un débat, puisque l'objet de la table ronde, c'est évidemment avant tout d'avoir un échange.

Mme Catherine Troendle, Sénatrice du Haut-Rhin, maire de Ranspach-le-Bas, rapporteure de la commission n° 1

Mesdames, chères collègues – je crois qu'il n'y a toujours pas de messieurs dans la salle – pour cette première séquence, je voudrais vous préciser que mon rapport se base essentiellement sur la synthèse des réponses que vous avez pu donner, avec toutes les collègues maires de France, au questionnaire qui vous a été adressé il y a quelques mois.

L'organisation de nos débats sur le thème de la condition féminine à l'épreuve des responsabilités électives municipales conduit en premier lieu à considérer la question de la conciliation de l'exercice du mandat électif avec la vie personnelle et en particulier les exigences de la vie familiale.

Notre présidente nous rappelait à l'instant que l'entrée des femmes dans la vie publique au cours des années qui suivirent la Libération n'avait pas remis en cause l'importance du rôle qui leur était dévolu dans la sphère privée. En dépit des progrès qui ont été accomplis, la réalité quotidienne tend à laisser perdurer une image traditionnelle du rôle féminin et les difficultés pour concilier vie publique et vie personnelle demeurent multiples. Deux aspects me semblent prioritairement devoir être relevés en ce peu de temps qui m'est imparti, avant de vous laisser la parole.

D'abord, la question de la disponibilité et ensuite le fait de savoir si la féminité constitue un atout ou un handicap dans l'exercice d'un mandat municipal.

La course au temps, c'est un défi de tous les instants pour la femme maire : nombreux sont vos témoignages qui illustrent le fait que la femme maire est bien souvent confrontée à un impératif de cumul des charges. Celles liées à la vie familiale continuant à peser prioritairement sur elle, ainsi qu'il ressort de l'analyse des temps sociaux. Au cours d'une journée moyenne, établie par l'INSEE pour l'année 1999, il apparaît que les femmes passent encore trois fois plus de temps que les hommes à faire le ménage et les courses et à prodiguer des soins aux enfants. Je vais aller plus loin, je vais vous donner les horaires : 4 h 18 pour une femme contre 1 h 21 pour un homme, c'est précis. Parmi les témoignages de ces femmes maires, je citerai l'un d'entre eux, exprimé par une de nos collègues, maire depuis 1995. Elle dit : « Je pense que participer activement à la vie publique est un choix personnel qui est un engagement à consacrer du temps. Or, nous savons bien que le partage des tâches reste théorique. »

Les jeunes maires, les femmes ayant à charge des parents, ou un handicapé, désirent qu'on évoque le fait qu'elles se heurtent à une réelle impossibilité matérielle. Les chiffres attestent cependant que les femmes maires parviennent à relever le défi et à dégager du temps pour assumer pleinement leurs responsabilités électives. Cette disponibilité peut aussi s'expliquer par le fait qu'une large majorité d'entre elles étant âgée de 50 ans ou plus, elles n'ont plus d'enfants à charge.

Nonobstant ce constat, il demeure que, comme le souligne le rapport Génisson sur la parité entre les hommes et les femmes, le pourcentage de femmes maires dans ces tranches d'âge est par comparaison inférieur à celui des hommes maires. En revanche, les femmes maires sont proportionnellement plus présentes dans les tranches d'âge 25-34 ans et 35-49 ans. Par ailleurs, vos réponses à l'enquête menée en amont de la manifestation d'aujourd'hui révèlent que vous êtes 91 % à consacrer plus de dix heures hebdomadaires à l'exercice de votre mandat municipal et que près de la moitié d'entre vous y consacre au moins vingt heures. Il apparaît donc que le manque de temps, du fait notamment des charges familiales, ne nuit pas en réalité à l'exercice du mandat, mais constitue plutôt un frein à la volonté d'accéder aux charges électives. Le rapport d'information qui a été établi en 1997 par la mission sénatoriale, qui était chargé d'étudier la place et le rôle des femmes dans la vie publique, montre à cet égard une divergence entre la vision des femmes et celle des hommes. Pour ces derniers, la faible participation des femmes à la vie publique est imputable en premier lieu au manque de disponibilité tandis que pour les femmes la cause majeure est culturelle et réside dans les archaïsmes de la société française.

En second lieu, le fait d'être une femme a tout d'un handicap dans l'exercice d'un mandat municipal. Si l'on a dépassé ce qui était de mise dans la presse à l'époque de la Libération, c'est-à-dire le fait de savoir si une femme peut participer à la vie politique sans perdre sa féminité, nombreux sont vos témoignages démontrant que les femmes doivent redoubler d'efforts et de rigueur pour se faire admettre quand elles assument un mandat électif. Au nombre de ces témoignages convergents, nous en citerons quelques-uns. Je cite une collègue : « Une femme est *a priori* moins respectée qu'un homme, elle doit faire ses preuves. » Une autre collègue : « L'investissement initial pour une femme est beaucoup plus contraignant, surtout en ruralité, car il faut d'abord prouver que l'on peut gérer aussi bien qu'un homme, prouver que l'on a les mêmes capacités intellectuelles et physiques. » Une autre encore : « Le fait d'être une femme n'est pas un handicap pour autant que l'on ne commette pas d'erreurs : il faut être irréprochable ! Tel est le leitmotiv, mais sans doute doit-on y lire un challenge très stimulant. » Ces témoignages montrent à l'évidence le degré d'exigence qu'ont les femmes maires au titre de la féminité. Pour autant, elles ne considèrent pas celle-ci comme un handicap pour l'exercice de leur fonction.

Selon les résultats de l'enquête, les femmes maires estiment très majoritairement que le fait d'être une femme ne constitue ni un atout ni un handicap dans leurs relations avec leurs divers interlocuteurs. Elles disent simplement que cela leur donne un léger avantage dans les relations avec leurs administrés. Pour lancer le débat, je vous propose la question suivante : « Le manque de disponibilité des femmes comme frein à la détention de mandat électif municipal, est-ce un prétexte ou une réalité ? »

Nous sommes là pour un débat mais surtout là pour vous écouter et je vous donne donc la parole, Mesdames.

Frédéric Valletoux : Il y a des micros qui sont disponibles. À propos des questions qui ont été évoquées à l'instant, est-ce qu'il y a des commentaires, des réactions, des témoignages ? Évidemment, il y en a, je m'en doute : il y a eu une réaction tout à l'heure à propos des dix heures passées à exercer le mandat. Les questionnaires sont comme ça, ils mettent la barre loin de certaines réalités. Je sais que la première intervention est toujours la plus difficile.

Yolande Boyer : Lancez-vous parce que nous n'avons qu'un quart d'heure sur ce premier thème.

Frédéric Valletoux : Vous risquez dans une heure de regretter de ne pas avoir levé la main plus tôt. Madame, oui. Et puis ensuite Madame au fond. Vous pouvez vous présenter et éventuellement vous lever, comme ça tout le monde vous verra.

Annie Genevard : Je suis maire de Morteau, commune de 6 700 habitants dans le Doubs. On a parlé des aspects extérieurs à la fonction de maire, que nous connaissons bien puisque nous sommes des femmes dans la vie publique. Mais il y a aussi la façon de regarder la charge de maire et la culpabilisation. Je m'explique : lorsque je suis devenue conseillère municipale adjointe, j'ai été adjointe de mes administrés avant d'être leur maire, et je me suis tout de suite énormément engagée, j'ai été très présente sur le terrain. On me voyait beaucoup dans les manifestations et au début, immanquablement, on me disait avec un air plein de compassion, à la limite de la malveillance : « Mais comment font vos enfants et votre mari ? » Je trouvais ça insupportable et je me rappelle que je devais combattre un sentiment de culpabilité. Me dire : « Oui, quand je suis à l'extérieur, je ne suis pas chez moi, je ne m'occupe pas de ma famille. » Et puis progressivement, j'ai démonté le mécanisme et je pense qu'on peut avoir peu de temps mais tout de même celui de bien s'occuper des siens. Je crois qu'il faut que l'on se le dise pour pouvoir répondre à ceux qui ne manquent pas de nous le faire savoir.

Frédéric Valletoux : Merci beaucoup de votre témoignage, Madame.

Anne Besnier : Je suis maire de Fay-aux-Loges, commune de 3 000 habitants dans le Loiret. Je voudrais dire que le manque de disponibilité des femmes est un prétexte plutôt donné par les hommes et je crois que, pour les femmes qui travaillaient avant ou travaillent en plus, nous avons pris l'habitude de faire plusieurs choses et de donner de la disponibilité là où nous avons décidé d'en donner. Et c'est comme ça qu'on y arrive.

Irène Tharin : Je me permets de prendre la parole. Je suis maire de Seloncourt dans le Doubs, à côté de Sochaux. C'est une ville de 6 000 habitants et j'ai une particularité, je suis la mère d'Annie Genevard. Je suis dans le pays de Montbéliard et ma fille est dans le Haut-Doubs : nous sommes dans le même département. Je suis la preuve, ma fille est la preuve, que quand on s'engage dans la vie publique, on ne décourage pas ses enfants et on ne les martyrise pas. Ils ne sont pas privés de leur mère puisque ma fille aînée a décidé de se lancer dans la vie publique. Voilà c'est tout simplement ce que je voulais dire.

Frédéric Valletoux : Il y avait d'autres mains levées.

Hélène Bon : Je suis maire d'une commune rurale (Jupilles) dans la Sarthe, et présidente d'une communauté de communes. Je voulais revenir sur ce que vient de dire l'interlocutrice précédente : effectivement, beaucoup de femmes travaillent et il n'y a pas simplement à concilier vie municipale et vie familiale, mais aussi vie professionnelle. Je pense qu'en réalité la vie professionnelle est quand même un atout parce que c'est vrai qu'elle nous permet de nous organiser. Cela étant, j'ai entendu certaines remarques qui ont été citées tout à l'heure. Dans ma commune, ce que l'on m'a demandé sans arrêt, c'est : « Quand est-ce que tu vas prendre ta retraite ? ». Moi je n'en avais absolument aucune envie. J'ai pu concilier les trois points pendant de très longues années. Je suis toujours maire.

Jacqueline Ackermann : Je suis maire de Gourdon, en Saône-et-Loire. C'est un petit peu pour aller dans le sens de Mme le Maire de Seloncourt et de sa fille que je parle. Je voudrais dire que moi je suis maire, que c'est mon troisième mandat et que ma belle-fille est maire du village voisin. Elle est femme d'agriculteur, assistante sociale et mère de quatre enfants et elle y arrive.

Jeanne Baudray : Moi, je suis certainement la doyenne, j'ai 81 ans. J'ai vu passer beaucoup de temps, je suis maire de Saint-Vivien-de-Médoc dans la Gironde (on change de pays et d'accent). C'est un chef-lieu de canton de 1 373 habitants. J'ai vu passer beaucoup de choses et notamment, Madame, cette fameuse séance au Sénat au moment de la parité où Messieurs les Sénateurs ont tenu des propos extrêmement désagréables. Je ne vais pas vous les citer mais je les connais. Cela a été très désagréable, et d'ailleurs j'étais partie en guerre dans un journal. Ce qui m'a un peu frappée tout à l'heure, et ça change complètement de sujet, c'est la preuve qu'on demande aux femmes avant qu'elles soient élues. Que je sache, on n'en demande jamais aux hommes, n'est-ce pas ? Ils font leurs preuves après, nous, nous devons les faire avant. Et puis il y a quelque chose, quand un sénateur dit (celui-là, je sais qui c'est, c'est M. Carrère) : « Il faut quand même se rendre à l'évidence, nous ne voulons pas laisser les femmes prendre la tête des grands partis politiques. » Ça sera toujours d'actualité.
Quand j'ai été élue, comme beaucoup d'autres conseillers municipaux, on m'a tout de suite donné les arbres de Noël et les repas des anciens. Et puis j'étais à l'époque en 5e position sur la liste et la première fois j'étais passée dernière. J'avais dit au maire que, dans six ans, je ne serais pas dernière. J'étais tellement bien remontée que j'ai été élue tout de suite deuxième adjointe, puis première adjointe et maire depuis douze ans. C'est une progression, cela a été long, mais enfin on y arrive. Je souhaite aux jeunes d'arriver beaucoup plus tôt, mais je leur fais confiance. Merci.

Nicole Coustellié : Je suis maire d'un village, Saurais (Deux-Sèvres), à côté de Parthenay. Moi c'est un petit clin d'œil que je voudrais faire parce qu'on est en train de se demander pourquoi, soi-disant, les hommes y arriveraient mieux. Les femmes y arrivent très bien, je pense que c'est un problème où une explication physiologique, scientifique s'impose. Il paraît que l'on a le cerveau et les deux hémisphères pas tout à fait de la même manière. Et on est capable, nous les femmes, de se partager et de mener à bien plusieurs choses de front alors que les hommes ont plus la possibilité ou la capacité à se concentrer sur un seul domaine, à se concentrer très bien mais à moins pouvoir se diversifier.

Frédéric Valletoux : J'ai bien fait de venir quand même. Une seule chose à la fois.

Anne-Marie Cancouët : Je suis maire d'un village (Moliets-et-Maa dans les Landes) de 620 habitants l'hiver, qui passe à 28 000 l'été et le sénateur de ma région, c'est principalement M. Carrère. Ce n'est peut-être pas un avantage, je ne sais pas, compte tenu de ce qu'a dit cette dame, mais enfin ce n'est pas forcément ce que je pense. Néanmoins je pense que quand on travaille et que les hommes travaillent, on ne leur demande pas ce qu'ils font. Moi, j'avais la malchance de diriger une agence immobilière dans une station balnéaire. On a dit que si j'étais à la mairie, ce n'était pas possible parce que j'allais tout mélanger et surtout les permis de construire. Ce que je ne comprends pas justement, c'est cette différence que l'on fait entre les hommes et les femmes. Les hommes peuvent avoir n'importe quelle profession, il n'y a aucun problème, tout se passe bien. Mais nous quel problème, c'est affreux, nous sommes vraiment des gens malhonnêtes et c'est ça qui m'a beaucoup gênée quand j'ai été élue. D'ailleurs, j'ai fini par abandonner mon poste parce que ça devenait insupportable.

Frédéric Valletoux : Il y a eu des mains qui se sont levées par là-bas. Madame, puisque vous êtes debout, et puis après au fond.

Suzanne Wermeille : Je suis maire d'une commune de 160 habitants (Montancy, Doubs) juste à la frontière suisse, dans le canton de Saint-Hyppolyte. Je voudrais parler du contact qu'il faut avoir quand on est élue et qu'on a toujours vécu dans un petit village. Cela a été très dur au début parce que tout le monde nous connaît, nous tutoie, on a fait partie de la vie du village pendant des années. J'ai été élue il n'y a pas 50 ans, j'ai succédé à un maire qui a fait 36 ans. Pas facile non plus. Au début, j'ai eu un peu des problèmes, certaines personnes ne me faisaient pas confiance. Quand j'ai vu que les gens se méfiaient de mes capacités, je me suis battue, j'ai fait en sorte de donner le maximum. Petit à petit les gens ont compris et maintenant tout le monde me respecte. C'est tout un apprentissage à faire.

Frédéric Valletoux : Oui, Madame.

Jacqueline Pons : Je suis maire d'une commune en Normandie (Le Manoir, dans l'Eure) de 1 200 habitants. Je suis élue depuis 1983, j'avoue que j'ai toujours eu la chance de pouvoir rester chez moi. C'est-à-dire que je ne travaillais pas, parce que pas de profession. Cela simplifie énormément les choses quand on gère une commune. Mes enfants n'ont pas été traumatisés non plus. Celui qui était le plus traumatisé, c'était mon mari bien entendu qui dirigeait une entreprise et qui voyageait énormément à l'étranger, ce qui fait que j'étais souvent seule avec mes enfants. C'est aussi un peu pour ça que je me suis engagée dans la vie de ma commune. Mes filles, ça les a rendues un petit peu plus battantes dans la vie, mes petits-enfants sont très contents d'avoir leur mamie qui représente la police du village. Je dois dire que maintenant mon mari est à la retraite et que bien des choses ont changé. C'est lui qui fait la vaisselle, la cuisine, qui s'occupe des petits-enfants quand ils viennent en vacances. Il a compris maintenant ce que c'était d'attendre et de ne pas avoir sa femme à la maison. Les premières années ont été difficiles, il y a eu quelques heurts, mais les choses sont rentrées dans l'ordre et maintenant je pense qu'il est fier de ce que je peux faire dans ma commune. Je dois dire que je n'ai jamais éprouvé de résistance en face de moi. J'ai toujours été très bien considérée par mes administrés, par mes collègues : adjoints, conseillers municipaux ou les autres collègues maires. Les seules petites réticences que parfois je peux sentir ce sont les attitudes que peuvent avoir les autorités de tutelle. Je pense qu'un préfet préfère avoir un homme maire en face de lui que d'avoir une femme maire. Mais cela dit, je ne généralise pas.

Frédéric Valletoux : Ça dépend peut-être des préfets ? Surtout qu'il y a des préfètes maintenant. On va prendre encore deux interventions si vous le voulez bien.

Marie-Thérèse Leroux : Bonjour à tous, je suis maire de la commune de Le Luart dans la Sarthe, une commune de 1 200 habitants. J'ai été élue au conseil municipal en 1983, dont trois mandats en tant que simple élue. Je suis maire depuis 2001. Je suis assistante sociale, des enfants à charge et le travail pour la mairie se situe dans le créneau d'à peu près 20-25 heures par semaine en moyenne. Le témoignage que je voulais apporter, c'était plutôt en tant que maire sur les dossiers plutôt techniques, comme les chantiers. Il se trouve que moi j'ai des adjoints qui sont des hommes, et les professionnels du bâtiment ont l'art d'utiliser des termes techniques qu'eux seuls connaissent. J'étais la seule à poser des questions pour comprendre de quoi il s'agissait et je trouvais que c'était un peu un gag parce qu'en sortant des réunions de chantier, mes adjoints hommes me remerciaient d'avoir posé des questions parce que, eux non plus, n'y connaissaient rien, mais n'osaient pas demander. Dans un tas de domaines, pas spécifiquement féminins, je m'aperçois que les hommes sont comme nous, quelquefois ils n'y connaissent rien, et n'osent pas poser de questions.

Yolande Boyer : Il nous reste du temps pour deux ou trois témoignages…

Jocelyne Cochin : Je suis maire de La Croix-en-Touraine, en Indre-et-Loire. Je voulais dire ceci : je ne suis pas pour la parité parce qu'il me semble que si les femmes se consacrent à la vie d'élue, c'est qu'elles le veulent, c'est qu'elles en sont capables et que introduire la parité dévalue un petit peu ça. On a tendance à nous consacrer la deuxième place dans les grandes élections par cette parité. Néanmoins, je tiens à parler comme vous toutes du quotidien : je suis une femme maire et l'adjoint chargé des bâtiments, de l'assainissement est une femme de 40 ans qui s'en trouve très bien et est très appréciée de la population.

Frédéric Valletoux : Merci beaucoup.

Yolande Boyer : Juste un petit mot pour dire que la parité est un outil, Madame, ce n'est pas une gloire, c'est un outil pour y arriver.

Frédéric Valletoux : Peut-être que l'on reviendra sur ce débat-là ensuite. Une intervention courte avant de redonner la parole à Catherine Troendle pour présenter le deuxième temps de notre table ronde.

Françoise Lebrun : Je suis maire d'un village de 380 habitants de la Sarthe (Ruillé-en-Champagne) et vice-présidente de la communauté de communes. Je suis tout à fait dans le créneau de ce qui a été dit auparavant, je travaille à 4/5e et j'assume donc ces responsabilités. Je voudrais dire aussi au sens plus large, et là je fais un appel aux politiques sur la conciliation, que le statut de maire dans nos entreprises apporte un plus. Et quand ça peut apporter un plus à l'entreprise c'est parfait, mais il ne faut surtout pas que ce temps de travail soit amputé pas nos fonctions électives. C'est-à-dire, que l'on soit maire et que l'on exerce notre activité, mais que l'on ne nous accorde pas de temps dans notre entreprise pour exercer cette fonction. C'est à nous de le prendre sur notre temps de congé bien sûr et je dirais que là, ça concerne également les hommes. Sinon ça se passe bien et en général, on a beaucoup de punch, de dynamisme et effectivement sur le terrain on est de plus en plus reconnues, nous les femmes maires.

Frédéric Valletoux : Eh bien, vous avez fait une habile transition. Il y a donc transition avec le thème suivant puisque Catherine Troendle va nous parler de la manière de concilier mandat et vie professionnelle. On parlera ensuite des propositions pour améliorer tout ça, comme l'a dit la présidente Boyer.

Catherine Troendle : Merci Madame pour cette transition élégante. Le deuxième thème abordé est donc la conciliation du mandat électif avec la vie professionnelle. Dans le cadre de notre commission, il est complémentaire du premier. Ce thème envisage le troisième rôle bien souvent assumé par la femme maire en plus de son mandat et de ses charges familiales, l'activité professionnelle. Comment se concilie l'exercice d'un mandat électif municipal avec la vie professionnelle ?

Mandat électif et activité professionnelle ont un dénominateur commun : l'accession aux responsabilités pour les femmes. C'est un chemin qui n'est pas dénué d'embûches. Comme nous l'avons dit précédemment, les femmes sont confrontées à un degré d'exigence supérieure et n'ont pas le droit à l'erreur. Lorsqu'elles sont engagées dans un mandat électif, les élues doivent faire face ensuite à la difficulté de concilier fonction élective et activité professionnelle. Dans bien des cas, elles ne peuvent donc pas faire l'économie d'une activité professionnelle du fait de la modicité des indemnités perçues. Cela est d'autant plus vrai que les femmes maires pour les deux tiers le sont d'une commune de moins de 500 habitants, donc maires de petite commune, et que l'indemnité qu'elles perçoivent, vous le savez, reste très modique et ne saurait constituer un véritable substitut de rémunération. L'enquête menée auprès des femmes maires en vue de la manifestation d'aujourd'hui révèle qu'une faible proportion d'entre elles, soit 15 %, ont renoncé à leur activité professionnelle lorsqu'elles sont devenues maires. *A contrario*, en vertu de cette même enquête, il apparaît toutefois que 55 % des femmes maires ayant répondu n'exercent pas d'activité professionnelle, cette catégorie regroupant les femmes maires retraitées non actives ou exerçant une activité non professionnelle. Observons cependant que, si les femmes maires sont plus nombreuses à être sans activité professionnelle déclarée, la proportion d'hommes maires retraités et pensionnés, près de 31 % quand même, est de moitié plus importante que celle des femmes dans la même situation (22 %). Cela ressort du rapport de Mme Génisson, de janvier 2002, sur la parité. En ce qui concerne la répartition socioprofessionnelle, l'arrivée d'une proportion significative de femmes parmi les maires contribue à une véritable diversification, et par conséquent à une meilleure représentation des différents secteurs socioprofessionnels. En effet, lorsque les hommes maires exercent majoritairement leur activité professionnelle dans le secteur agricole, dans les entreprises du secteur public, dans le domaine industriel et commercial, les secteurs de prédilection des femmes maires sont la fonction publique et en particulier l'enseignement et les emplois salariés du secteur privé. L'enquête montre en effet combien il est rare qu'elles exercent une activité indépendante du secteur marchand, une profession libérale, des fonctions d'encadrement à un niveau supérieur. La raison sous-jacente est que ces activités professionnelles supportent mal d'être mises en parenthèses pendant plusieurs années. Un beau témoignage illustre bien ces considérations et nous dit qu'une des façons d'inciter les Françaises à participer plus activement à la vie de la commune serait – et je cite – d'« améliorer le retour à la vie professionnelle à l'issue d'un mandat car dans le secteur privé, la carrière doit être interrompue ». La conciliation d'un mandat électif municipal avec une activité professionnelle pose une nouvelle fois la question de la disponibilité. Cette disponibilité à laquelle s'ajoute la question des moyens de subsistance et plus encore la problématique de la conduite d'une carrière. Si ces questions concernent aussi les hommes investis de responsabilités électives, elles s'imposent aux femmes avec plus d'acuité encore. Dans la mesure où ces dernières doivent davantage faire la démonstration de leurs capacités pour obtenir une reconnaissance équivalente, encore une fois. Un des témoignages recueillis exprime bien ces difficultés à concilier vie professionnelle et mandat électif. Il fait état d'un certain malaise qui réside souvent dans cette incompatibilité et dit – je cite : « Il faut favoriser la déculpabilisation des élues déchirées entre le travail professionnel et la disponibilité pour exercer correctement leur mandat, rappeler le droit à la disponibilité pour exercer ce mandat, imposer aux employeurs, responsables hiérarchiques, notamment dans les services de l'État, le droit à l'absentéisme pour réunion, formation d'élus et aux crédits d'heures. » L'utilisation du terme « absentéisme » me paraît tout à fait révélatrice de l'existence d'un véritable sentiment de culpabilité puisqu'il désigne précisément le manque d'assiduité et des absences répétées et non légalement justifiées. Pour lancer le débat, je demande si l'exercice d'une activité professionnelle à temps plein n'est pas nécessairement dommageable à la mise en œuvre d'un mandat électif local qui suppose une forte présence de terrain. La parole est à vous, Mesdames.

Jeannine Beldent : Je suis maire d'une petite commune en Seine-et-Marne (Chamigny), à la limite de l'Aisne, 1 260 habitants, et je suis présidente d'une communauté de communes de 25 000 habitants. J'exerce une activité professionnelle à temps partiel et j'ai bien écouté ce qui vient d'être dit. Effectivement, c'est très difficile de concevoir le tout, mais je pense que c'est aussi une richesse. J'en reviens aussi au statut de l'élu, parce que vous avez bien précisé tout à l'heure la difficulté de l'abandonner éventuellement et de revenir dans une activité professionnelle. Je suis cadre supérieure dans le milieu de la santé et j'ai vécu également en Allemagne où j'ai vu le statut de l'élu tel qu'il est conçu là-bas. Il y a quelqu'un de ma famille qui était élu à Fribourg notamment, avec une fonction d'architecte, et je souhaitais le préciser, parce que sans difficultés, il est revenu dans une activité professionnelle après parce que le statut de l'élu est vraiment bien conçu. Pour nous les femmes, je trouve que c'est très important d'avoir la possibilité éventuellement de quitter notre activité professionnelle. Mais aussi, au niveau du statut même, des possibilités d'avoir une retraite plus tard, de cotiser davantage pour pouvoir bénéficier *a posteriori* d'une retraite.

Frédéric Valletoux : On va un peu répartir les prises de parole. Allez-y, Madame.

Michelle Bruneaud-Leroux : Bonjour, je suis maire d'une commune de 3 499 habitants, on en est presque à 4 000 habitants aujourd'hui (Saint-Père-en-Retz, Loire-Atlantique). J'ai été élue maire en 2001, auparavant j'ai été adjointe aux affaires sociales et à la communication. Je suis au demeurant maman de quatre enfants. Tant que j'étais adjointe, j'ai assumé une activité professionnelle, à temps partiel, et mon activité d'adjointe. Lorsque j'ai été élue maire, j'ai tenu deux ans mon activité professionnelle à temps partiel tout en m'occupant de mes enfants. Mais, quoique mes enfants aient grandi, j'ai été contrainte d'arrêter mon emploi, de démissionner. Lorsque je fixais les rendez-vous, je pouvais toujours les fixer sur mon temps libre, mais lorsqu'il y avait des réunions avec les services ce n'était jamais sur mon temps disponible. Même si votre employeur est conciliant, même s'il comprend votre engagement, même si vous faites votre travail, il y a toujours des tensions qui vous contraignent à abandonner votre emploi. Je trouve qu'il y a quelque chose à creuser de ce côté-là puisque aujourd'hui, en plus d'être maire, dans toutes nos communes, nous sommes en intercommunalité, et si vous voulez être présent, vous faire entendre, il faut aussi participer aux réunions. Et, comme disent d'autres collègues, il y a des domaines qui nous sont complètement inconnus dont il faut apprendre le jargon et comprendre les enjeux pour ne pas se laisser manipuler.

Jacqueline Eustache-Brinio : Je suis maire de Saint-Gratien, une commune de 21 000 habitants dans le Val-d'Oise, en région parisienne, qui demande un investissement important. Je suis également conseillère régionale d'Île-de-France. J'assurais un métier que j'adorais : professeur dans un lycée professionnel pendant plus de vingt ans. J'ai arrêté, parce que je crois qu'à un moment s'imposent à nous des choix. C'est vrai que j'ai tenu, préalablement à un mandat de maire, trois mandats d'adjointe au maire pendant vingt-six ans dans la même commune. J'ai commencé tôt, j'ai toujours assuré ma fonction de professeur. La question que je me pose aujourd'hui, c'est : « Comment font les hommes qui refusent d'abandonner leur carrière professionnelle ? » J'ai connu une grande douleur en arrêtant mon métier de professeur que j'adorais, mais je me suis dit que l'on ne pouvait pas bien faire tout. Nous ne sommes pas des *superwomen*, et les hommes ne sont pas non plus des *supermen*. Alors « Comment font les hommes qui ont deux mandats et qui poursuivent une activité professionnelle à temps plein ? » Moi, je me dis qu'ils ne le font pas correctement, et qu'à un moment, il faut qu'ils aient eux aussi le courage d'arrêter comme nous, nous sommes capables de le faire.

Francine Briault : Je suis maire de Querrieu, village de 687 habitants dans la Somme. Comme Madame, je suis professeur. Mais mon parcours n'est pas le même. J'ai été élue jeune, en 1977, conseillère municipale. J'ai exercé de nombreux mandats en tant que conseillère, puis le mandat précédent en tant qu'adjointe, et celui-ci en tant que maire. Ce qui fait que je suis beaucoup moins jeune que Madame et, mes enfants ayant donc quitté la maison, j'ai conservé mon métier à temps partiel et maintenant à mi-temps : même si on est pris, on arrive quand même à gérer. Ce que je voulais dire, c'est qu'en ce qui concerne l'aspect technique, j'ai récemment eu une réunion dans le cadre d'une future station d'épuration et la personne de la DDE qui présentait le projet disait des choses incompréhensibles. Je lui demandai de répéter parce que je ne comprenais pas certains termes techniques ou de chimie. Il m'a dit : « Madame, est-ce que vous voulez que je vous donne des cours ? » Alors je lui ai répliqué : « Si vous voulez, je peux vous parler en espagnol, vous ne comprendrez pas et on sera donc *ex-aequo.* » Je voulais apporter un autre témoignage parce que je crois que l'on constitue un peu une particularité dans mon village : sur 15 conseillers municipaux, il y a 8 femmes.

Monique Hervé : Je suis dans le Val-d'Oise, je suis maire d'une commune de 6 200 habitants environ (Courdimanche). Je suis présidente d'une communauté d'agglomération de 200 000 habitants environ. Il y a plusieurs questions qui se posent. D'une part, la taille de la commune pour les femmes maires – même pour les hommes d'ailleurs – a une importance énorme : des communes de grande taille ont souvent un *staff* en matière de personnel qui permet aux femmes maires d'être moins impliquées dans les dossiers que des femmes maires d'une commune de 3 000 à 6 000 habitants. Celles-ci, n'ayant pas de *staff*, doivent, de fait, être beaucoup plus présentes et travailler un temps incommensurable. Au niveau des entreprises, lorsque l'on travaille – moi je travaille encore, à temps partiel – il est très difficile, mais certaines l'ont déjà dit, de faire carrière dès lors que l'on a une fonction élective, parce que l'on est appelée à être absente souvent. Les autorisations d'absence qui existent et les crédits d'horaires sont les mêmes, que nous soyons dans une entreprise de 3 ou de 10 personnes, mais ces allégements auront un impact beaucoup plus fort que dans une entreprise de 3 000 ou de 10 000 personnes. Je crois qu'il faudrait réussir à faire un distinguo entre la taille de l'entreprise et les possibilités qui sont offertes en matière d'absences dans la société civile –j'entends au niveau des entreprises. Par ailleurs, il y a aussi une énorme différence entre les personnes qui font partie de la société civile et les fonctionnaires. Les fonctionnaires qui sont absents pour raisons de mandat électif ont la garantie de pouvoir reprendre leur service avec une carrière qui progresse inéluctablement. Après un détachement, on reprend son poste sans trop de difficultés.

Par contre, dans la société civile, c'est complètement différent : dès lors que l'on s'absente, que l'on prend des disponibilités ou des temps partiels, de toute façon on n'est plus reconnu ; on n'a plus de progression de carrière et l'on a tout à démontrer à nouveau au moment du retour, et encore, si l'on peut trouver un système où se réintégrer sans difficulté ! Alors, je pense que tout ça constitue un ensemble d'éléments auxquels on doit réfléchir vraiment maintenant et notamment sur l'indemnité différente selon la taille de la commune. Quand une femme s'arrête parce qu'elle est intéressée par son mandat, et qu'elle perd une grande partie de son salaire, il faudrait penser l'indemnité différemment et sur un niveau plus important, notamment pour les maires. Je crois que, dans les petites communes, l'implication et le travail sont quelquefois plus importants, parce que l'on doit toucher à tous les dossiers.

Frédéric Valletoux : Ça, c'est un discours qui s'applique aussi aux hommes.

Marie-Denise Xerri : Je suis maire de Caraman, dans la Haute-Garonne, une commune de 2 000 habitants. Je dis souvent quand on me demande mes fonctions : « Oui je suis maire, mère, belle-mère, grand-mère », et en plus chargée de mission dans l'enseignement et membre du conseil économique et social régional. J'essaye d'assumer le tout parce que j'estime que toutes ces fonctions sont complémentaires. Tout ce qu'on accepte pour les messieurs, quand ils assument toutes ces fonctions-là, on se pose la question : est-ce que, nous les femmes, nous allons pouvoir les assumer ? De la même manière, quand nous avons d'abord un conjoint qui est compréhensif et qu'on arrive à compléter les rôles au sein de la famille. Ce qui me fait plaisir aujourd'hui, c'est de me retrouver au milieu d'un grand nombre de collègues maires avec des mines ravies. Le problème quand on a beaucoup de fonctions, c'est que nous n'avons pas le droit de paraître fatiguées. Un monsieur élu (heureusement qu'ils ne sont pas là !) quand il est fatigué, quand il a les traits un peu tirés, on dit : « Le pauvre, avec toutes les fonctions et les responsabilités qu'il assume ! » Et nous les dames, quand nous avons les traits un peu fatigués, parfois parce qu'on a gardé un petit-fils qui a mal dormi la nuit, on dit : « Après tout, elle l'a cherché, personne ne l'a obligée à tout faire. » Je revendique pour ma part le droit de pouvoir avoir ces fonctions complémentaires et le droit aussi, et j'ai essayé maintenant depuis plusieurs années que je suis maire – ça fait 20 ans que je suis élue et 10 ans maire – de dire à mes administrés : « Eh bien non, à cette réunion je ne viendrai pas, parce que ce soir, comme tout le monde, j'ai besoin de repos. Et c'est un de mes adjoints, un de mes collègues, qui viendra. » C'est vrai que ce n'est pas facile. Au départ, ça a étonné, maintenant ils l'ont bien accepté.

Jeannine Boyer : Je suis maire d'une commune de 1 600 habitants dans le Morbihan (Plaudren). Je voudrais seulement apporter un témoignage concernant l'implication des femmes. Je dépends d'un canton de 6 communes dont 3 communes sont gérées par des femmes. Mon conseil municipal : 15 conseillers municipaux, 5 femmes, une première adjointe femme. Je suis à la retraite maintenant, mais je travaillais dans le privé. J'ai pris ma retraite plus tôt puisque je pouvais la prendre à 55 ans au regard du nombre d'années de mes cotisations. Mais ce qu'il faut dire, c'est que lorsqu'on gère, on concilie sa vie professionnelle, ça a des conséquences sur sa retraite. Ça n'est pas l'indemnité que l'on touche qui compense cette perte de retraite et cette perte est à vie. Il faut peut-être que le statut de l'élue soit revu.

Yolande Boyer : Juste deux dernières questions avant de passer au thème suivant, je suis désolée.

Martine Tandeau de Marsac : Je suis maire de Royères, dans la Haute-Vienne, une commune de 843 habitants. Je suis maire depuis 2001 et je n'ai eu aucun mandat municipal avant ; quand j'ai été élue maire, j'ai pensé que je n'aurais à faire, j'allais dire que mon boulot de maire, mais je suis aussi mère de famille de quatre enfants et grand-mère... Je me suis rendu compte que l'engrenage des structures administratives, municipales, extra-municipales, a fait que je me suis retrouvée depuis peu vice-présidente de la communauté de communes. Je suis membre du bureau de pays qui vient d'être mis en place avec les chartes de pays. Je suis membre de deux commissions au SIEPAL, qui est un syndicat intercommunal d'agglomération de SCOT, parce que ma commune se trouve dans cette structure. Je fais partie du bureau de l'association des maires, mais là les réunions ne sont pas très nombreuses, ce n'est pas moi qui fais le boulot. Il y a un empilement de structures qui fait que, à un moment donné, on est obligé d'y passer du temps et que ce sont les membres qui ont été élus délégués dans cette structure qui vont se retrouver aux postes de responsabilités. Je me dis : « Être maire, à la limite, c'est gérable, mais multiplier les réunions dans d'autres instances par l'effet d'empilement et de pyramide, jusqu'à quand peut-on gérer ce type d'activités ? » C'est pour moi la plus grosse inquiétude à l'heure actuelle. Le reste, j'arrive à le gérer. Mais l'empilement des responsabilités, je crois qu'au bout d'un moment, je n'arriverai plus à le gérer. Je suis en activité professionnelle aussi.

Brigitte Coulon : Je suis maire de la commune de Rancé, dans le département de l'Ain, 600 habitants, 11 élus membres du conseil et nous sommes tous salariés du secteur privé à temps complet. C'est-à-dire que nous n'avons pas vraiment le choix puisqu'à tous, dans nos entreprises du secteur privé, on fait comprendre d'une manière sibylline qu'il faudra choisir entre notre fonction d'élu et notre profession. Moi, mon souhait aujourd'hui, c'est de renforcer les garde-fous dans le secteur privé parce qu'effectivement on perd un certain nombre d'acquis au niveau des retraites. Nous n'avons pas les garde-fous qui existent dans l'Éducation nationale. Je précise « l'Éducation nationale », parce que je sais que pour le secteur hospitalier, ce n'est pas tout à fait pareil. Ma préoccupation, c'est de favoriser l'arrivée des élus, certes féminins, mais des élus venant du secteur privé pour qu'effectivement il y ait bien une mixité au niveau de la représentation des élus, et également des gens qui travaillent. Parce que je suis tout à fait confiante dans les gens qui sont à la retraite, mais je pense qu'il est important que le milieu professionnel en activité soit fortement représenté et particulièrement le secteur privé. Nous avons fait le choix de tous conserver nos métiers dans notre conseil, ce qui veut dire que nous avons organisé de fortes délégations sur l'ensemble des adjoints et des élus. J'appartiens également à une communauté de communes ; cette communauté organise ses réunions à partir de 17 h 30-18 h 00, puisque tous les élus travaillent. Je pense que c'est possible, je suis confiante, on peut y arriver. Les choses iront mieux si, dans le secteur privé, il y a des garde-fous et qu'il ne s'agit pas simplement d'une théorie mais d'une mise en pratique et qu'il y a des contrôles sur ce plan-là.

Frédéric Valletoux : La présidente m'autorise à donner encore la parole même si l'on déborde.

Marie-Thérèse Leroux : Je suis maire de Richarville, une commune de l'Essonne de 400 habitants. La région parisienne a aussi de petites communes. Mon intervention recouvre les différents thèmes qui viennent d'être abordés. J'ai été élue en 1983, j'étais mère et je me suis arrêtée de travailler pour élever mes enfants –je n'en ai que deux, mais ça suffisait pour m'occuper. J'ai été élue maire en 1989 et je n'ai pas repris mon activité professionnelle parce que j'estimais qu'il serait difficile de concilier la vie de famille et la vie d'élue. Je dois dire que les conditions depuis 1989 ont changé. Lorsque je suis arrivée dans ma commune, on a quand même dit que je ferais mieux de rester à la maison à garder mes enfants. J'ai été très étonnée de l'attitude d'un certain nombre de personnes de la région, parce que je pensais que peut-être il y avait des cadres et des gens qui étaient un peu plus « évolués ». Je suis provinciale, donc je connais très bien les villages provinciaux. L'empilement des réunions est dangereux. Je suis aussi présidente de syndicats intercommunaux, et bientôt nous serons en communauté de communes et l'on s'aperçoit que l'on a de plus en plus de mal à tout gérer. Je crois que nous les femmes nous avons du mal à gérer et les hommes doivent aussi avoir du mal. Mais nous on s'en plaint et je n'entends pas les hommes s'en plaindre. Ce que je voulais dire aussi, ça fera peut-être une transition avec le sujet suivant, c'est que je suis veuve, mon mari est décédé en 2001 et je ne m'étais pas posé la question de ma retraite. Or, avec l'indemnité de moins de 500 habitants, je peux vous dire que ce n'est pas avec ça que je peux vivre, puisque étant trop jeune, je n'ai pas eu le droit à une pension de réversion à l'époque. Heureusement que j'avais pris d'autres responsabilités : je suis donc maire et présidente de deux syndicats intercommunaux. Ce qui m'a permis de pouvoir vivre de mes fonctions d'élue. Ce qu'il serait bon de faire peut-être dans les petites communes – je ne l'ai pas fait à l'époque parce que je ne voulais pas grever le budget communal – c'est obliger les élus à cotiser pour la retraite, et la commune à cotiser pour la retraite. Or, je m'aperçois maintenant que je suis élue depuis vingt ans, que je vais arriver à l'âge de la retraite et que je n'en aurai aucune puisque je me suis consacrée uniquement à la commune.

Yolande Boyer : Eh bien, nous allons terminer le thème n° 2 sur ce témoignage et je vous en remercie. Je donne donc à nouveau la parole à notre rapporteure sur le dernier thème : « Les conditions d'exercice du mandat, arbitrage et revendications des femmes maires ».

Catherine Troendle : Comme troisième et dernier volet de notre débat, je vous proposerai de réfléchir aux conditions concrètes d'exercice du mandat par les femmes maires, et en particulier d'examiner les recettes qu'elles ont trouvées pour parvenir à concilier et à mener de front leurs différentes vies, la vie publique, la vie privée, et la vie professionnelle. Corrélativement, nous tenterons de déterminer les principales demandes formulées par les élues en vue de faciliter l'exercice de leur mandat électif. Confrontées à la quadrature du cercle, les élues ont dû trouver des accommodements dans la course contre le temps. Tout d'abord, on constate la priorité dans l'exercice du mandat puisque près de la moitié des femmes maires lui consacrent plus de vingt heures par semaine. Par ailleurs, la répartition par tranche d'âge et la proportion de femmes maires déclarant ne pas exercer d'activité professionnelle montre le caractère prioritaire du mandat électif. À l'heure actuelle, les femmes désireuses d'assumer les responsabilités électives attendent le plus souvent de ne plus avoir à leur charge de jeunes enfants et plus de la moitié des élues sont non actives. Afin de dégager le temps nécessaire à l'exercice de leur fonction, les élues se trouvant de fait à la tête d'exécutifs locaux sont conduites à effectuer des arbitrages. L'enquête menée auprès des femmes maires révèle tout d'abord que les femmes maires pratiquent peu le cumul des mandats. Plus des deux tiers n'exercent aucun autre mandat, y compris dans les structures intercommunales et 87 % déclarent ne pas vouloir briguer un autre mandat électif. La principale motivation étant la volonté de se consacrer au mandat déjà détenu en considération de ce que le bon accomplissement de la mission confiée implique de la disponibilité. Le second arbitrage mis en évidence par l'enquête est le recours fréquent des femmes maires à la délégation de compétences. 87 % déclarent procéder à ces délégations, les domaines les plus concernés par cette pratique étant la voirie, les travaux publics et l'urbanisme. Outre le gain de temps que cette pratique permet de dégager, l'intention est également de motiver et de responsabiliser les membres de l'équipe municipale. Ces éléments de réponse à la quadrature du cercle, à laquelle les élues municipales sont confrontées, démontrent leur détermination à trouver des solutions pour dégager la disponibilité requise et leur souci d'une gestion optimisée par l'utilisation des compétences de chacun. Outre ces accommodements mis en œuvre de leur propre initiative, les élues municipales continuent à demander non seulement une évolution vers un meilleur agencement du temps respectivement consacré à la famille, au mandat et à l'activité professionnelle, mais également davantage de moyens tels que la prise en charge des enfants. Parmi les demandes formulées en vue de faciliter l'exercice du mandat, figure en priorité la formation. Si cette demande émane de façon générale des élus municipaux, conscients de la complexité croissante de la gestion municipale, elle est particulièrement forte chez les femmes désireuses d'assumer pleinement la décision et de faire face en connaissance de cause aux responsabilités liées à l'exercice du mandat. De nombreux témoignages ont été recueillis auprès de vous qui constatent des responsabilités grandissantes et une évolution vers une professionnalisation des fonctions électives locales. Cela en particulier dans les communes de taille modeste où le manque de moyens se fait le plus durement ressentir, on en a parlé tout à l'heure. Un de ces témoignages souligne ce besoin – et je cite : « Une formation aux fonctions de maire devrait être obligatoire, surtout dans une commune rurale où la polyvalence est de mise. C'est un emploi à temps complet. Les responsabilités multiples et très lourdes pour lesquelles une formation reste indispensable au cas par cas, donc sur site. » Voilà Mesdames, je vous laisse la parole pour ce dernier débat.

Isabelle Dexpert : Je suis maire d'une commune de 230 habitants (Pompejac, Gironde). Conseillère générale, déléguée communautaire, travailleuse à mi-temps dans une entreprise du secteur privé, une banque, avec un portefeuille de clients à gérer, d'où le problème, également mère de trois enfants, avec un conjoint qui me supporte et qui m'aide heureusement. On parlait tout à l'heure du non-cumul de mandat par une majorité de femmes : je ne fais pas partie de celles-ci puisque j'ai effectivement deux mandats. Ça s'accélère depuis que je suis conseillère générale, parce que là aussi nous avons des délégations supplémentaires pour le département et c'est vrai que je ne dis jamais que je suis débordée, mais je suis très occupée. Si l'on dit que l'on est débordée, ça y est, l'on n'est plus capable, donc il faut faire attention à ce que l'on dit. Une question que je me suis posée quand on m'a proposé d'être conseillère générale, au moins candidate en tout cas, c'est : « En suis-je capable ? » On m'a dit : « C'est rigolo, mais les hommes à qui l'on propose ce genre de fonctions ne se posent même pas la question, il n'y a pas de raison que tu n'en sois pas moins capable qu'eux ». Des recettes, je n'en ai pas, si ce n'est que je me comporte comme une élu(e) et pas comme une femme ou un homme. Je pense que nous sommes des élu(e)s avant tout. La parité oui, si c'est un outil, mais « attention danger ». Il faut que l'on ne soit pas élue parce que l'on est une femme, mais parce que l'on est capable de l'être, tout simplement. Les délégations doivent être multiples : j'ai de la chance d'avoir un conseil municipal, 11 personnes, 6 femmes là aussi, où je délègue énormément parce qu'une petite commune de 230 habitants, c'est une secrétaire un jour et demi. Donc, le reste du temps, il faut être là. Ce sont les adjoints qui travaillent. Moi, j'ai délégué la voirie parce que c'est ce que je n'aime pas faire, mais ce n'est pas parce que l'homme était plus capable de le faire que moi. De la même façon, j'ai délégué le domaine social parce que ça ne m'intéresse pas. Sur l'utilisation du forfait horaire : je ne l'ai jamais utilisé tant que j'étais seulement maire. Je prenais sur mes congés et sur mon mi-temps puisque j'avais décidé de travailler à mi-temps pour avoir du temps pour moi et ça a été vite partagé avec les autres. Quand je suis devenue conseillère générale, il y a eu obligation d'utiliser le forfait horaire, et ce n'est pas toujours évident. Je voulais intervenir également sur le terme de professionnalisation de l'élue. Je pense qu'il faut faire attention, ça peut être un danger, je crois que justement nous sommes des élues femmes puisque nous sommes aujourd'hui toutes là pour ça. Notre avantage c'est le fait de ne pas être professionnelles comme pourraient l'être certains hommes – pas tous, attention – c'est que nous avons les pieds sur terre et nous vivons dans la réalité et dans la vraie vie. Il faut le conserver. Concernant la professionnalisation : sûrement nous devons évoluer, parce qu'on nous demande de plus en plus de compétences mais attention de ne pas faire que ce ne soit qu'un métier où on vit entre nous et où on ne se préoccupe plus de ce qui se passe autour de nous..

Rose-Marie Falque : Bonjour, je suis maire d'une commune de 830 habitants en Meurthe-et-Moselle (Azerailles). Je travaille aussi à temps complet depuis trente ans dans la même entreprise. J'adore mon travail, je n'ai absolument pas l'intention de le quitter, je suis agent de maîtrise, mais je voudrais dire encore une fois que c'est quand même plus dur pour les femmes parce qu'il me semble que, dans une entreprise, lorsqu'un homme arrive, est élu, le chef d'entreprise est très fier. Par contre, lorsque c'est une femme qui est élue, il va lui demander si elle est sûre d'y arriver, et c'est très difficile. Je ne sais pas si vous le ressentez de la même façon, mais il faut se battre, demander une heure pour sortir, c'est très dur, j'essaye de ne pas utiliser justement mon crédit horaire. Je prends mon temps pour mon mandat sur mes RTT, mes congés alors que je travaille dans une entreprise où l'on fait encore 40 heures par semaine. Ce que je voudrais dire aussi, c'est que lorsque mon patron a compris que je prenais la tête d'une liste au bout de vingt-cinq ans de présence dans l'entreprise, on m'a justement proposé, en février 2001, de passer cadre. Mais il y avait une contrepartie, que vous imaginez bien. Mon choix a été évident, j'ai pris la tête de ma liste et j'ai été élue. Je voudrais dire aussi encore une fois que, pour les femmes, il faut faire toujours plus et mieux et ce n'est que lorsque j'ai été élue, en décembre 2001, présidente de l'association des maires de Meurthe-et-Moselle qu'il m'a, pour la première fois, félicitée et m'a dit qu'il était fier. J'ai dit : « Quand même ! ». S'agissant de la formation, les associations de maires au niveau départemental proposent des formations et je pense que vous y avez toutes accès. Je trouve qu'en Meurthe-et-Moselle les femmes sont très présentes dans les sessions de formation. Ce qui montre bien aussi la volonté des femmes de se former.

Jacqueline Chanoni : Je suis élue depuis 1977, maire depuis 1982 (Saint-Symphorien-le-Valois, Manche). À l'origine, 400 habitants et là, plus de 800. Je suis comme la dame précédente, je suis « cumularde », je suis aussi conseillère générale depuis 1992 et récemment, depuis 2001, présidente de la communauté de communes, puisqu'il n'y avait pas de candidats, ou candidates. J'ai peut-être eu de la chance parce que j'ai commencé très tôt avec de jeunes enfants en travaillant un tiers de temps dans une commune qui demandait du temps, mais pas du temps complet, donc les choses se sont faites progressivement. Mes enfants sont très grands, je suis grand-mère maintenant, je n'ai pas de petits à la maison lorsque je rentre le soir. C'est vrai que plusieurs fonctions, c'est aussi enrichissant et ce n'est pas du tout incompatible. Mais je ne travaille plus, c'est là le point le plus important. Il faut un agenda, il faut savoir s'organiser, moi ça ne me pose pas de problème. Depuis trois ans je suis en charge des finances au conseil général. J'ai aussi un mari extrêmement conciliant. On dit souvent, lorsque les messieurs sont élus, il faut que les femmes soient conciliantes. Moi j'ai la chance d'avoir un conjoint qui accepte toutes mes activités, qui a les siennes, à l'extérieur, mais qui ne me fait jamais de reproches, et ça je pense que pour les dames qui ont la même chance que moi, c'est extrêmement sécurisant, lorsqu'on rentre tard le soir ou qu'on repart le soir, de ne pas avoir de remarques. Quant à la professionnalisation, je ne suis pas tout à fait d'accord. Je rejoins la dame de Meurthe-et-Moselle : dans les associations départementales de maires, on peut avoir des formations, pour des communes qui ne sont pas de taille importante. On trouve aussi des renseignements auprès de notre trésorier-payeur et l'on a aussi de la documentation. On arrive aussi dans les sous-préfectures à avoir des réunions à thème sur le PLU entre autres. Je crois qu'il faut regarder partout au plus proche de chez vous, et ça c'est très important la formation. Je suis un peu comme les messieurs, je suis « cumularde », mais j'essaye et je pense que je le fais au mieux. Je délègue aussi beaucoup à mes adjoints, à mes vice-présidents. Il faut faire confiance à l'équipe avec laquelle on travaille, et là c'est beaucoup plus simple. Madame a dit qu'elle n'aimait pas les travaux, moi j'aime assez, mais j'ai un monsieur qui est au social. Ça ne lui pose aucun problème, il ne faut pas cantonner les femmes toujours dans le social.

Béatrice Blanc : Je suis maire de Lafage, dans l'Aude. C'est une commune de moins de 200 habitants, rurale. Moi-même je suis agricultrice et je reconnais que c'est très difficile d'être acceptée dans un domaine où il y a beaucoup d'hommes, en tant que femme maire mais aussi en tant qu'agricultrice. J'ai la chance d'avoir un conseil municipal qui est composé de 5 femmes et de 4 hommes. Pour un petit village, je trouve que c'est magnifique. Pourquoi ? Parce que le canton n'arrive pas à ce résultat. Le problème que j'ai, c'est que les conseillers travaillent, je ne peux donc pas déléguer mes fonctions. Je suis obligée d'assumer à peu près tous les rôles. Et c'est vrai que dans un petit village, on demande souvent au maire de venir lui-même. Que ce soit une histoire de clôture ou autre et à tout moment de la journée, même le dimanche. C'est vrai qu'on a tendance à dépasser notre rôle et parfois à faire beaucoup de social et à accepter des choses que l'on ne devrait pas faire. Mais on le fait parce qu'on ne peut pas dire non. C'est un domaine qui prend beaucoup de temps.

Jacqueline Désert : On a beaucoup dit que c'était un inconvénient d'être une femme, alors je voudrais quand même dire que c'est un atout parce que nous avons une rigueur dans la gestion de nos communes. Je suis maire d'une commune rurale de la Vienne (Liglet), où les femmes ne sont pas très considérées. Elles sont encore un peu les servantes, elles restent debout au bout de la table pour servir à déjeuner. Eh bien non, je me suis aperçue que les habitants avaient beaucoup de respect pour nous, parce que nous avons beaucoup d'attention en tant que femmes pour tous nos administrés. Et comme on est très reconnaissants d'ailleurs, je peux le dire, j'ai 11 enfants, 24 petits-enfants et personne ne m'en a voulu et bien au contraire parce qu'on pense que j'ai une âme de maire et de mère.

Évelyne Nollet : Je suis maire d'une commune de 420 habitants, dans l'Oise, à Morvillers. Je cumule, puisque je suis vice-présidente de la communauté de communes, et j'assiste aux syndicats d'eau, d'électricité, d'ordures ménagères, enfin un environnement où l'on trouve des hommes avec des problèmes politiques que personnellement je ne connais pas. C'est quelque fois un petit peu difficile. Je dirais presque qu'être maire ça relève d'une vocation. J'avais un père qui a été vingt-quatre ans maire dans un village plus loin et je ne lui ai pas succédé, mais les choses viennent, on a le sens inné des autres et puis ça vient petit à petit, et on s'engage de plus en plus. Dans un village comme le mien, où l'on n'est que 420 habitants et où l'on connaît tout le monde, on est témoin de tout ce qui se passe, aussi bien dans les joies que dans les peines des familles. La porte est souvent ouverte, moi je suis femme d'artisan, il a fallu faire face à tous ces problèmes avec des salariés, et parfois ma fonction de maire, ça a plutôt été la soupape où je pouvais m'évader. Heureusement, j'avais aussi un mari qui, comme d'autres, participait bien à la vie familiale. Je pense que c'est un petit peu ça, c'est une vocation avec un certain sens des autres où l'on doit toujours être là pour recevoir.

Une maire : Excusez-moi, moi je suis « cumularde » au niveau des interventions. Je voudrais revenir sur le problème de la formation qui me paraît être une chose fondamentale. Je suis élue depuis 1979, et en 1980, avec un groupe de femmes de Saône-et-Loire, nous avions suivi une formation de l'UFCS, destinée aux élus. Nous étions toutes conseillères municipales de base et nous nous sommes aperçues que ça nous donnait des ouvertures sur la vie municipale absolument considérables. Nous avons donc créé à l'époque une association qui s'est occupée de la formation et de l'information des femmes. Je voudrais dire qu'au sein de cette association, dans le bureau, c'est-à-dire le noyau dur, les femmes qui avaient envie de faire quelque chose dans leur commune sont presque toutes devenues maires. Je crois que la formation est une condition absolument essentielle pour les femmes, parce qu'on nous demande plus qu'aux hommes et que les hommes croient tout savoir. Je crois que ce qu'il nous faut c'est une formation très technique parce que c'est justement à ce niveau-là que nous sommes peut-être considérées comme un peu inférieures aux hommes alors que c'est tout à fait faux bien entendu. Mais je pense que ce problème de la formation est pour les femmes un problème tout à fait fondamental. Je n'ai pas la solution, mais il peut être à l'initiative des élus de base comme il peut être à l'initiative des associations de maires. C'est ce que fait de plus en plus l'association des maires de Saône-et-Loire. Mais la formation est essentielle également pour les membres de nos conseils municipaux.

Frédéric Valletoux : Je suis désolé pour toutes celles qui avaient levé la main et à qui je n'ai pas pu donner le micro, mais vous savez que je ne suis qu'un homme, et donc... vous saurez me pardonner. Je passe la parole à la présidente.

Yolande Boyer : En tout cas, je vous remercie d'avoir respecté les règles du jeu, d'avoir fait des interventions brèves, mais je vous remercie aussi pour la qualité de vos interventions, pour l'enthousiasme que vous manifestez dans votre mandat de maire et pour le dynamisme que vous marquez toutes. Comme il nous reste juste cinq minutes, je vais donner la parole à ma collègue qui va faire un bref résumé de nos échanges. Mais rassurez-vous, le rapport complet sera fait cet après-midi au Palais des Congrès.

Catherine Troendle : Madame la Présidente, il me faudra trente secondes. J'ai fait une rapide synthèse qui tient en quatre mots clés : vous avez été une trentaine d'intervenantes, donc j'en tire les maîtres mots qui sont :

- respect de l'engagement pris,
- exigence personnelle,
- déculpabilisation,
- statut de l'élue à faire progresser impérativement.

J'espère que vous en êtes d'accord.

Yolande Boyer : Merci beaucoup pour la brièveté. Nous allons maintenant sortir pour la photo dans la cour d'honneur.

Synthèse de la Commission n° 1

« La condition féminine à l'épreuve des responsabilités électives municipales »

Chargée de débattre de la condition féminine à l'épreuve des responsabilités électives municipales, la première commission s'est interrogée sur la difficulté, pour une femme maire, de concilier son mandat électif avec, d'une part, sa vie privée et familiale et, d'autre part, sa vie professionnelle avant d'examiner les arbitrages effectués par les femmes maires pour parvenir à cette conciliation ainsi que les améliorations qu'elles préconisent.

Les débats au sein de la commission ont permis de dresser plusieurs constats relatifs à l'exercice, par une femme, d'un mandant municipal et en particulier des fonctions de maire.

La commission s'est tout d'abord félicitée des évolutions récentes qui ont conduit à une majoration substantielle de la proportion de femmes au sein de conseils municipaux tout en regrettant que la proportion de femmes maires ne se soit pas accrue à due concurrence. Elle a souligné les effets bénéfiques, directs et indirects de la loi sur la parité.

Elle a observé qu'en dépit de cette progression de la participation féminine aux responsabilités électives locales, les **difficultés relatives** non plus à l'accession mais **à l'exercice** proprement dit de ces responsabilités ne s'étaient pas atténuées mais avaient bien au contraire **tendance à s'accroître**.

La commission a constaté que cette évolution vers **une plus grande complexité et des responsabilités élargies** concernait de façon générale l'exercice des mandats locaux, que celui-ci soit le fait d'un homme ou d'une femme. Elle a cependant souligné que **les difficultés se présentaient aux femmes avec davantage d'acuité**, ce qui s'expliquait par une conjonction de facteurs et en particulier :

- une vie familiale requérant plus de disponibilité de la part de la femme : **la conservation par la femme de son statut domestique traditionnel**, les tâches quotidiennes telles que le ménage ou les courses continuant, selon l'INSEE, à peser trois fois plus sur elle ;

- lorsqu'elle exerce une activité professionnelle, **la nécessité pour la femme de conserver son emploi** du fait de **la modicité de l'indemnité perçue**, les femmes maires exerçant à une très large majorité leur magistrature dans les **petites communes** (dans 88 % des cas la population de la commune n'excède pas 1500 habitants) ;

- corroborant un sentiment recueilli par la mission d'information sénatoriale de 1997 chargée d'étudier la place et le rôle des femmes dans la vie publique, la commission a relevé qu'un certain manque de confiance en elles-mêmes combiné à la sévérité du regard des autres sur leur façon d'agir, **le droit à l'erreur leur étant refusé**, conduisait les femmes à **assumer leurs responsabilités électives avec un degré d'exigence supérieur.**

Dans le prolongement des différents constats qu'elle a dressés, la première commission, chargée d'examiner la question de la condition féminine à l'épreuve des responsabilités électives municipales, a estimé que **l'augmentation significative de la proportion des femmes au sein des équipes municipales** était **de nature à réduire les difficultés rencontrées liées aux modalités d'organisation de la gestion** municipale. Puis elle a conclu :

- d'une part, à la **nécessité de continuer à faire progresser les mentalités** pour favoriser une implication paritaire dans l'exercice des responsabilités locales,

- d'autre part, à **l'urgence de faire évoluer le statut de l'élu local,** qu'il s'agisse en particulier de son indemnisation, de sa formation et de l'ouverture des droits à la retraite pour que les conditions d'exercice du mandat restent en **adéquation avec l'accroissement des responsabilités.**

Commission n°2 – Salle des Conférences

Quelles sont les priorités pour la gestion municipale ?

COMMISSION N°2 :

QUELLES SONT LES PRIORITES POUR LA GESTION MUNICIPALE ?

Présidente : Mme Jacqueline GOURAULT, Sénatrice du Loir-et-Cher
Rapporteure : Mme Sylvie DESMARESCAUX, Sénatrice du Nord

Animateur : M. Alain PIFFARETTI,
Rédacteur en chef du Courrier des Maires

Mme Jacqueline Gourault, Sénatrice du Loir-et-Cher, Maire de la Chaussée-Saint-Victor, présidente de la commission n° 2

Je voudrais vous souhaiter, mesdames les Maires, la bienvenue. Je voudrais saluer aussi mes collègues les sénateurs de sexe masculin, aujourd'hui minoritaires exceptionnellement, et vous dire, au nom du président du Sénat, la plus cordiale bienvenue dans cette prestigieuse Salle des Conférences.

La Salle des Conférences est aujourd'hui une salle où tout le monde se croise. On passe toujours par la Salle des Conférences pour aller dans l'hémicycle ou dans nos bureaux. Pourtant, jusqu'en 1834, c'était la salle où se réunissait la Haute Assemblée, la seconde assemblée. Sous l'Empire, Napoléon siégeait ici, devant cette cheminée, et les Pairs de France – puisque c'est ainsi qu'ils s'appelaient – siégèrent dans cette salle jusqu'en 1834. Ensuite il y eut la construction de l'hémicycle, dans lequel désormais se réunissent les sénateurs. Bienvenue donc, nous sommes très heureux de vous accueillir au Sénat ce matin. Sans perdre de temps, je passe la parole à M. Alain Piffaretti, rédacteur en chef du *Courrier des maires.* Je suppose que toutes les femmes maires ici présentes connaissent ce *Courrier des maires*. En tout cas, vous en avez un exemplaire dans votre sacoche, qui vous fournira le déroulement de la matinée. Alain c'est à vous.

Alain Piffaretti : Merci Jacqueline Gourault. Merci à vous d'être venues très nombreuses pour suivre cette matinée consacrée aux questions de gestion. D'ailleurs il est déjà intéressant de noter que c'est cette table ronde consacrée aux questions les plus concrètes et les plus précises de la gestion locale qui réunit le plus de participantes. Je vous rappelle que deux sénatrices vont présider cette table ronde et en faire le rapport. À ma gauche, Jacqueline Gourault qui est sénatrice depuis 2001, membre de la Commission des lois, qui est aussi la première vice-présidente de l'Association des maires de France depuis les dernières élections et qui est vice-présidente de la Communauté d'agglomération de Blois.

Nous attendons également Sylvie Desmarescaux qui devrait nous rejoindre dans quelques instants. Elle est sénatrice du Nord depuis 2001, membre de la Commission des affaires sociales au Sénat et maire d'Hoymille dans le Nord.

Je vais maintenant redonner la parole à Mme Gourault pour présenter le premier des trois thèmes que nous traiterons ce matin. Cela concerne donc la qualité de la vie, avec notamment la préservation de l'environnement. Ensuite nous aborderons comme deuxième thème la mise en œuvre des priorités et toutes les contraintes que vous pouvez rencontrer dans la gestion. Et enfin en troisième thème de la matinée, toutes les questions concernant l'autorité au féminin et les relations avec les électeurs et partenaires institutionnels divers que vous rencontrez dans votre gestion. Nous commençons donc par la qualité de la vie et la préservation de l'environnement, avec Mme Gourault.

Jacqueline Gourault : Merci. Si vous le voulez bien, Alain, je vais, avant d'entrer dans ce thème, faire une petite introduction sur les États généraux de la démocratie locale et de la parité que le Président du Sénat a imaginés et pour lesquels nous sommes réunies aujourd'hui. Vous savez que ces états généraux s'inscrivent dans le cadre de la commémoration du soixantième anniversaire de la Libération de notre pays et qu'ils en sont une des manifestations les plus symboliques. Cette journée est destinée à célébrer aussi le soixantième anniversaire du droit de vote des femmes. Il se trouve en effet que ces droits se sont exercés pour la première fois à l'occasion des élections municipales libres qui ont eu lieu en 1945. C'est le Comité français de libération nationale (CFLN) ayant à sa tête le général de Gaulle qui avait pris la décision de donner le droit de vote aux femmes par ordonnance. La démocratie a donc été rétablie en France, je dirais, à partir de la base et ceci démontre au passage que la commune est la source même du processus démocratique. D'ailleurs, tous les sondages montrent que les Français sont d'abord attachés à leur commune et à leur maire. Le Sénat s'est senti d'autant plus fondé dans cette démarche qu'elle répond à sa mission constitutionnelle. Nous sommes évidemment, nous les sénateurs, les représentants des collectivités locales et des collectivités territoriales de la République. Vous savez que c'est vous qui êtes nos grands électeurs. Aujourd'hui, l'assemblée parlementaire française que nous sommes est en outre la plus féminisée. Si nous sommes en effet cinquante-sept sénatrices, il convient naturellement de rappeler que c'est la loi qui a permis cette entrée importante des sénatrices dans l'assemblée. En effet, le Sénat a souscrit au texte sur la parité et c'est le texte voté par les sénateurs qui est aujourd'hui inscrit dans la Constitution. C'est surtout vrai dans les territoires et départements où il y a un scrutin proportionnel, puisque c'est là que s'applique la parité. Donc le scrutin de liste à la proportionnelle est aussi un élément qui favorise l'entrée de sénatrices ici, c'est-à-dire dans les départements où il y a plus de trois sénateurs. Cependant, il faut savoir que la loi sur la parité n'est pas seule en cause : en effet, parmi les maires de France seulement 11 % sont des femmes, mais la plupart d'entre elles le doivent plus à leur qualité propre qu'à la parité. La plus grande majorité d'entre elles se sont vu confier des responsabilités au sein de petites communes où ne s'applique pas la règle de la parité. Leur accession aux responsabilités municipales marque sans doute l'amorce d'un mouvement de fond de notre société, les femmes ayant su « s'imposer » peu à peu dans un milieu qui leur est longtemps resté fermé. C'est par leur engagement dans l'action publique et souvent également dans la vie associative, et donc au niveau municipal, que les femmes ont opéré une féminisation accrue de la vie politique française et je pense qu'elles pourront vraisemblablement en renouveler à la fois le sens et le contenu.

Les cinq commissions thématiques organisées ce matin pour préparer l'assemblée plénière de cet après-midi vont vous permettre de débattre des différentes dimensions de votre mandat de maire et d'ouvrir bien sûr des champs de réflexion. À partir des orientations qui se dégageront de vos travaux, le Sénat pourra, dans le cadre de sa fonction de législateur, faire écho à vos attentes et à vos propositions. À la fois collègues et représentantes, nous sommes, avec Mme Desmarescaux qui va bientôt arriver, doublement à l'écoute de vos témoignages et de vos expériences en tant que femme maire. La commission que nous allons aborder maintenant porte sur les priorités des missions municipales, ce qui embrasse un très grand nombre de thématiques. Nous allons commencer, comme vous l'a dit Alain Piffaretti, par la qualité de vie comme priorité de gestion. Ensuite nous évoquerons les contraintes que nous rencontrons pour mettre en œuvre nos priorités. Enfin nous parlerons de l'autorité, de notre capacité à fédérer les énergies autour de nos priorités au sein des conseils, mais aussi de nos services dans le cadre de nos relations avec les autres collectivités territoriales et, bien sûr, avec nos concitoyens.

Comme de nombreuses femmes maires considèrent qu'elles ont en effet réorienté de manière significative la gestion à leur arrivée, cette commission nous permettra peut-être de mieux en comprendre les raisons.

Tout d'abord, la qualité de la vie : on nous dit que les femmes sont peut-être davantage, excusez-moi messieurs, attachées à la tranquillité et au cadre de vie de leurs concitoyens. Ce souci se traduit pour nombre d'entre nous par le choix de priorités de gestion, comme la volonté de préserver l'environnement et d'inscrire des politiques durables dans le développement de nos communes. Ce thème, vous le savez, prend une place absolument croissante au niveau national et international avec la mise en place du protocole de Kyoto, mais constitue également, je suis sûre que vous le ressentez comme je le ressens moi-même dans ma commune, une demande très forte sur le plan local. Il faut bien sûr préserver, améliorer le cadre de vie à travers l'aménagement urbain, la constitution de cartes communales, de plans locaux d'urbanisme, etc. Les transports aussi sont très importants et les déplacements en tous genres, aussi bien les piétonniers que les deux-roues, se développent beaucoup. Il faut contribuer à réduire les pollutions et les nuisances de nos villes et de nos villages avec l'objectif de préserver les paysages et de développer des espaces verts. Toute cette politique engendre également des conséquences sur l'urbanisme et le logement. Et bien sûr nous avons également le souci permanent de la tranquillité de nos habitants et vous savez que la participation active aux politiques de prévention et de délinquance fait aussi partie du cadre de vie. C'est enfin tout le champ de l'action sociale qui nous conduit à tenter de remédier aux situations les plus difficiles. Bien entendu, nous ne sommes pas seules pour faire tout cela, nous sommes aidées très souvent dans cette mission par le tissu associatif et également par d'autres collectivités : quand on parle du social, on ne peut pas ne pas parler du département. La mise en œuvre de ces actions est parfois, nous le savons toutes, complexe et implique par conséquent de nombreux acteurs. Je crois qu'il faudra peut-être revenir sur ce point pour montrer comment il faut sans cesse être au centre de cette politique pour le bien-être de nos habitants.

Alain Piffaretti : Merci Jacqueline. Le principe de cette matinée, c'est de vous donner au maximum la parole pour que vous posiez des questions, que vous donniez votre sentiment ou que vous nous fassiez part de vos expériences. Pour lancer le débat, voici quelques-unes des questions ou des thématiques sur lesquelles on aimerait avoir votre avis et vos témoignages : quels sont, sur tous les thèmes qu'a abordés Jacqueline Gourault, vos choix politiques, de gouvernance, pour prendre un mot à la mode ? Pourquoi et dans quel sens avez-vous orienté la gestion de votre collectivité quand vous avez été élue, si vous l'avez réorientée dans un sens différent ? Il faut que vous nous disiez sur quels critères vous vous êtes appuyées, quelles sont les priorités que vous définissez localement et si elles vous sont imposées plutôt par la situation de votre territoire que par choix politique. Avec ce canevas, et bien sûr avec toutes les questions qu'a abordées Jacqueline Gourault, nous écoutons vos réactions et vos témoignages.

Michelle Helwig : Je viens du Finistère, d'une commune de 3 000 habitants (Melgven). Je suis élue depuis 2001, donc depuis quatre ans. Vous parlez de tranquillité publique dans nos communes : j'ai fait le constat qu'une femme sur dix est victime de violences conjugales et mon objectif est d'accueillir ces femmes le plus rapidement possible dans des logements sociaux. Nous avons commencé, mais nous éprouvons des difficultés à mettre en place ce type de logements sur notre commune. Nous sommes une commune rurale et ce n'est pas simple. Ainsi, notre objectif est de trouver des terrains et d'y construire des logements sociaux pour protéger rapidement les femmes victimes de violences conjugales. Voilà le problème, le plus important que j'aie soulevé dans ma commune.

Alain Piffaretti : Merci, on va prendre peut-être d'autres témoignages, ensuite Jacqueline Gourault répondra.

Michelle Gagnaire : Je suis maire d'une commune de 940 habitants en Eure-et-Loir (Thimert-Gatelles), entre Chartres et Dreux. Le gros problème auquel je suis confrontée, c'est l'urbanisme : une poussée folle de demandes de terrains constructibles, puisque nous sommes à la limite des franges franciliennes. Nous avons déjà eu cinquante pavillons construits depuis 1999, au dernier recensement, et le financement des structures qui accompagnent cette urbanisation est difficile. Il faut refaire les canalisations d'eau, il faut refaire les routes, il faut agrandir l'école. En tant que petite commune, nous avons de gros problèmes pour faire face à cette demande.

Alain Piffaretti : Un troisième témoignage

Maud Zucconi : Maire dans le Calvados d'une commune de 140 habitants (Les Loges-Saulces) qui fait partie de la Communauté de communes du Pays de Falaise comprenant 57 communes. En ce qui me concerne, ma priorité ce n'est peut-être pas d'avoir une ville, une cité tranquille, mais agréable. Et pour moi cela implique d'avoir toutes les générations dans la commune et non pas des quartiers cloisonnés avec d'un côté les seniors, de l'autre les jeunes ou les pré-jeunes. À mes yeux la priorité serait d'avoir un accueil de toutes les générations confondues. Cela oblige d'un point de vue social à faire en sorte d'avoir un accueil des enfants, avec des écoles très agréables, ce qui entraîne une organisation peut-être différente. Je voudrais donc revenir sur le logement, qui est un souci permanent auquel nous sommes toutes confrontées.

Alain Piffaretti : Merci. Une autre question.

Danièle Carrez : Je suis maire d'une commune de Seine-et-Marne (Montry). Pour vous la situer, elle est à 3 km du parc Eurodisney. Nous sommes donc dans une zone prérurbaine, comme on l'appelle, c'est-à-dire que l'urbanisation s'est accrue toutes ces dernières années et les besoins ressentis par la population sont très grands, puisque de jeunes couples avec enfants sont arrivés sur la commune. Ainsi faut-il prendre en charge de 7 heures à 19 heures tout un accueil périscolaire ; il faut mettre en place des écoles plus grandes, il faut aussi une qualité de vie avec de la sécurité, puisqu'on sait très bien que les grosses agglomérations, comme les parcs, entraînent quelques nuisances, dirons-nous. Il a fallu aussi créer dans l'urbanisation des points forts et cela demande beaucoup de travail. Mais c'est très bien puisque je pense que la démocratie n'est jamais mieux représentée que localement.

Alain Piffaretti : On va prendre encore quelques témoignages.

Dominique Géraudel : Maire de Berry-Bouy, une commune de 1 100 habitants dans le département du Cher à 10 km de Bourges. Nous faisons partie de la Communauté d'agglomération de Bourges, dont je suis également vice-présidente ; je dois dire qu'être maire d'une commune rurale et également vice-présidente d'une agglomération donne une complémentarité de vision qui est tout à fait intéressante. Lorsque nous avons été élus en 1995, nous avons adopté comme slogan : « L'art de vivre à la campagne ». L'art de vivre à la campagne pour un village rural à 10 km d'une grosse ville, c'était un challenge. L'art de vivre à la campagne, nous avons considéré que cela reposait sur des services à la population, non pas identiques mais d'un niveau de prestations égal à celui que l'on peut rencontrer en ville. Bien sûr, il ne s'agissait pas de changer la ville voisine mais d'offrir quelque chose d'adapté à ceux qui ont choisi de rester et de vivre à la campagne. Le gros problème dans nos campagnes, c'est le côté cité-dortoir que les unes et les autres – je crois – nous n'acceptons pas. Comment faire pour ne pas être une cité-dortoir ? Nous nous sommes attachés à développer une vie locale. Nous avons considéré que celle-ci reposait d'abord sur les jeunes ménages, les enfants, et nous nous sommes attelés à la très jeune enfance, puisque nous avons réussi à monter une crèche à rôle d'assistante maternelle dans notre petite commune de 1 100 habitants. C'est vrai qu'il a quand même fallu convaincre et batailler dur, parce qu'à la campagne ce n'est pas très fréquent. Une fois cette crèche réalisée, inutile de vous dire que les logements sociaux n'ont pas eu de difficultés à être accaparés par les ménages. Nous avons voulu développer aussi notre action en faveur de ceux qui habitent depuis toujours dans ce village et qui étaient obligés de partir en maison de retraite prématurément parce que finalement les vieilles maisons à la campagne sont peu commodes lorsqu'on commence à avoir du mal à se déplacer. J'ai donc mis en place une résidence pour les seniors. Une résidence pour les seniors, c'est un lot d'une dizaine d'habitations parfaitement adaptées à des personnes à mobilité réduite, avec des loyers HLM, une animatrice qui gère ce que nous appelons l'« intergénération ». Cela veut dire que les enfants de la crèche vont faire leurs jeux dans cette résidence qui comprend un lieu d'animation. Cela veut dire que les mamies font du raconte-tapis à la ludothèque avec les enfants du village et ainsi la boucle est bouclée. Si nous, femmes, sommes très intéressées par cette notion de solidarité intergénérationnelle, grâce au soutien de nombreuses personnes nous pouvons y réussir et je voulais en témoigner.

Alain Piffaretti : Merci. Encore un témoignage, puis Mme Jacqueline Gourault répondra et on reprendra quelques témoignages.

Arlette Sylvestre : Je suis maire d'une commune de 6 500 habitants (Launaguet, Haute-Garonne) en première couronne toulousaine et j'appartiens à la Communauté d'agglomération du Grand Toulouse. Je voulais simplement témoigner de ce qui fait un plus dans la gestion des femmes, puisque c'est la question. Je crois que là où nous sommes beaucoup plus attentives, c'est au rythme de vie des femmes qui doivent concilier la vie professionnelle et la vie familiale. Dans les communes gérées par des femmes, on trouve des structures d'accueil d'enfants de qualité, souvent beaucoup plus souples. De ce côté-là, on a fait des choses de meilleure qualité pour la vie de nos concitoyennes, qu'on ne peut trouver dans les communes gérées par des hommes.

Alain Piffaretti : Merci. Jacqueline Gourault va répondre en deux minutes et on reprend les témoignages. Pensez-vous qu'il y a, pour tous ces thèmes qui ont été abordés, une différence entre la gestion faite par une femme maire et celle faite par un homme maire ?

Jacqueline Gourault : N'oublions jamais qu'une femme maire reste souvent aussi une mère de famille, qu'elle a aussi souvent une profession et que la femme doit ainsi concilier plusieurs vies. Et que, par ce fait même, elle est confrontée elle-même aux problèmes d'organisation de la vie. C'est vrai que souvent elle est plus sensible aux problèmes des couples et de la vie des femmes et qu'elle pense à créer des structures plus souples. Quand on devient grand-mère, comme je le suis aussi, on est plus ouverte à un certain nombre de choses. Ce n'est pas une critique vis-à-vis des hommes maires, c'est tout simplement affirmer qu'ils n'ont pas eux-mêmes une expérience aussi sensible que la nôtre. Madame est intervenue tout à l'heure sur sa sensibilité vis-à-vis des femmes battues : je crois aussi qu'il faut se pencher, de plus en plus, sur les foyers d'accueil parce que c'est quelque chose d'important. D'une manière générale, on a vu que toutes les interventions tournaient autour du logement et des moyens que l'on a pour en construire ; et des conséquences de la construction de ces logements parce que, comme l'a dit une de nos collègues, il faut assurer ensuite les écoles, les structures d'accueil ou l'environnement. Le souci de la mixité sociale aussi – et là je crois que ce n'est pas spécifique aux femmes, c'est quelque chose que tous les maires hommes ou femmes connaissent – a été évoqué. Peut-être que les femmes font très attention à la mixité sociale, un peu plus peut-être que les hommes. C'est parce qu'elles savent que toutes les familles de toutes les catégories sociales doivent pouvoir se loger. Peut-être sont-elles un peu plus attentives à cela également.

Alain Piffaretti : Merci Jacqueline. Madame ?

Marie-Thérèse Chaveroche : Bonjour, je suis maire de Saint-Pardoux-le-Vieux en Corrèze. Nous sommes ici, nous les maires du plateau de Millevaches, avec les difficultés des régions pauvres. C'est une petite commune qui compte 180 habitants, avec une école rurale, des services publics qui fichent le camp et des gens qui ne viennent plus s'installer. Nous ne sommes pas plus fortes que les hommes, nous sommes l'équivalent et nous collaborons bien ensemble. La question qui se pose est la suivante : comment pourrons-nous maintenir ces services publics et les financer ? Car après tout, la femme qui n'a pas d'argent ne fait pas plus que l'homme qui n'en a pas. Elle organise peut-être mieux les choses et je n'en suis pas sûre. J'ai travaillé toute ma vie avec des hommes et je loue les services que j'ai eus avec eux, ce que j'ai fait avec eux. Aujourd'hui, je suis une femme avec une équipe d'hommes : c'est très bien. Il y a la parité dans ma commune et nous avons des problèmes de financement qui ne sont pas plus faciles pour les femmes que pour les hommes. Car la difficulté, mesdames, c'est que lorsque vous présentez des dossiers aux subventions, il faut aussi savoir les défendre, et quand vous êtes une femme, c'est parfois moins facile. Voilà ce que je voulais dire.

Alain Piffaretti : On va revenir sur ces sujets de moyens financiers. Mme Desmarescaux nous rejoint.

Claire Sarda-Vergès : Je suis maire de Campôme dans les Pyrénées-Orientales. À propos de la réflexion de ma collègue sur le plateau de Millevaches, je crois que les maires ruraux et de montagne se rejoignent au-delà même des services qui existent. Là encore, il y a l'accès de tous aux mêmes services, et je regrette qu'il y ait encore de l'inégalité territoriale. Ma commune pyrénéenne est en zone d'ombre de télévision, de téléphone mobile – du coup j'oublie de l'éteindre car je n'ai plus l'habitude qu'il sonne – et de plus en plus fréquemment, pour la Poste par exemple, il n'y a pas de remplacement, on passe trois jours sans courrier. Les routes ne sont plus dégagées en priorité et, au-delà du financement des services liés à la vie communale que nous gérons, c'est l'ensemble des services qui sont nécessaires au maintien d'une vie dans nos communes qui disparaissent. Je m'inquiète de plus en plus, c'est vrai que la période d'intempéries que nous avons tous et toutes traversée a montré l'impact de la diminution des services de l'équipement, notamment sur les zones rurales. Je ne sais pas de quoi sera fait l'avenir.

Alain Piffaretti : On va prendre une dernière intervention. De toute façon on reviendra sur ces thèmes dans la suite de la table ronde, tout au long de la journée.

Massabielle Mangin d'Ouince : Je suis maire de la commune de Barrou en Indre-et-Loire, de la Communauté de communes de Touraine du Sud. J'abonde dans le sens de l'hostilité de mes deux collègues qui viennent de précéder. Mon problème, c'est que je représente une commune traversée par la rivière la Creuse qui, comme son nom l'indique, pose des problèmes en creusant son lit dans une courbe à la hauteur de mon village, sous une route qui appartient à la commune, avec le risque de faire tomber les maisons qui sont de l'autre côté de la route. Je me suis adressée à tous ceux qui sont susceptibles de m'aider, et l'on m'a répondu : « Résumons-nous. Qui a les inconvénients de ce problème ? C'est vous, Madame, donc débrouillez-vous. »

Alain Piffaretti : On termine donc sur cela, Jacqueline Gourault : c'est une réponse que l'on n'aurait pas faite à un maire homme.

Jacqueline Gourault : Je ne sais pas. Plusieurs points ont été abordés et annoncent les thèmes suivants. Simplement quelques réactions de ma part, par rapport à vos interventions : je crois que la solitude des élus doit être absolument, totalement combattue. Madame, je connais bien votre département naturellement, parce que je suis voisine, et je suis sûre qu'il y a une association des maires, des conseillers généraux. Ce n'est pas possible que l'on vous laisse seule face à ces problèmes, et même l'État doit être là. Enfin, il me semble important de préciser que, au-delà des moyens dont tout maire de petite ou de grande commune a besoin, ce qui apparaît très clairement dans tout ce que vous dites, c'est qu'aujourd'hui, qu'on dise urbanisation ou monde rural, il n'y a pas un monde rural, il y a maintenant des différences très grandes dans le monde rural. La ruralité périurbaine trouve souvent une solution, comme on l'a dit tout à l'heure, dans l'intercommunalité, avec des pôles urbains qui sont là pour appuyer les communes ; mais la grande ruralité, si je puis dire, est un tout autre sujet. Il faut être conscient qu'on ne peut plus dire la « ruralité ». Cela n'est plus possible aujourd'hui. Il y a des niveaux différents qu'il va falloir effectivement considérer. Les législateurs que nous sommes considèrent que l'on ne peut plus traiter les communes de la même manière si elles sont sur le plateau de Millevaches ou si ce sont des communes rurales périphériques de ville.

Alain Piffaretti : Merci. On poursuit maintenant avec Mme Desmarescaux qui va nous parler du deuxième sous-thème, la mise en œuvre des priorités et des contraintes qu'on a déjà un peu abordées depuis le début de cette matinée.

Mme Sylvie Desmarescaux, Sénatrice du Nord, maire d'Hoymille, rapporteure de la commission n° 2

Tout d'abord je voudrais qu'on pardonne mon retard dû à un problème de train et je remercie ma collègue Jacqueline Gourault de m'avoir remplacée ce matin. On parle donc des contraintes : je suis maire d'une petite commune où les contraintes sont lourdes. De nombreux obstacles doivent être surmontés pour mettre en œuvre les priorités politiques que l'on définit localement. Les principales difficultés que nous pouvons rencontrer dans l'exercice de nos mandats viennent de la complexité des lois et des règlements. L'étendue de nos responsabilités en tant que maires est très vaste aussi et les conditions matérielles de l'exercice de nos fonctions également. N'oublions pas non plus le point important qui est la maîtrise de notre budget communal. Il y aussi évidemment les contraintes qui résultent de la mise en œuvre de la politique partenariale et qui nécessitent, comme chacun le sait, des nombreux acteurs : les associations, les bailleurs sociaux, l'État et les caisses d'allocations familiales. Mais les contraintes sont également liées aux moyens d'intervention dont nous disposons et surtout à leur mise en œuvre, plus particulièrement les normes juridiques et techniques et le nerf de la guerre, les moyens financiers. On peut donc considérer que les contraintes sont très lourdes et pèsent sur les communes, quelle que soit d'ailleurs leur taille, de la plus petite à la plus grande. Je pense que le débat peut être intéressant à ce égard et à propos des problèmes que vous rencontrez, c'est-à-dire aux contraintes liées à tout ce que l'on veut mettre en œuvre sur nos communes.

Alain Piffaretti : Merci, Madame Desmarescaux. On va reprendre le jeu des questions-réponses et des témoignages. Avez-vous le sentiment d'avoir les moyens de pouvoir mettre en œuvre vos priorités de gestion ? Vous avez déjà un peu répondu dans la première partie. Quelles sont les conséquences budgétaires et fiscales de la mise en œuvre de ces priorités et comment les appréhendez-vous ? Ces contraintes posent également la question de l'autonomie de gestion dont vous disposez. Est-ce de l'autonomie de gestion de moyens financiers dont vous avez le plus besoin pour mettre en œuvre ces priorités ? On peut repartir de ces thèmes qui rejoignent aussi les débuts de la commission. Qui veut prendre la parole ?

Sylviane Pardon : Je suis maire d'une commune du Var (Le Beausset), entre Toulon et Marseille pour vous la situer, de 8 500 habitants. Au-delà des problèmes financiers, j'aurais envie de dire que toutes les femmes maires qui sont ici ne sont pas maires contre les hommes. C'est un premier point. La parité c'est très bien, mais je ne fais pas du féminisme primaire et je pense qu'on n'a qu'à se louer des services de nos adjoints masculins. D'ailleurs je voudrais dire aussi que, bien que venant d'une commune rurbaine, pour moi aussi les choses se sont très bien passées : j'ai longtemps été premier adjoint d'une maire femme, et je suis maintenant maire de la commune. Les choses ne se sont absolument pas posées

sur le plan de l'opposition homme-femme, je tenais aussi à préciser cela. Ce que je rencontre de plus difficile dans mon mandat, c'est l'incohérence des différents règlements.
Nous sommes donc une commune ex-rurale qui, depuis le recensement de 1999, est en continuité d'agglo avec Toulon et a perdu toutes les dotations de solidarité rurale et autres. Également nous sommes classés à très haut risque d'incendie – nous avons eu de très gros incendies en 2000 – donc 70 % de la commune sont classés à haut risque d'incendie. Les choses sont bloquées, mais par ailleurs on me dit qu'il faut que j'ouvre des zones à l'urbanisation puisque nous avons une très forte pression foncière : nous avons une très grosse demande, et je suis dans une position inverse de celle de mes collègues d'autres zones peut-être un peu plus rurales, puisque à peu près toute l'Europe veut venir s'installer chez nous. Nous avons énormément de mal à maîtriser les choses, énormément de mal à loger nos jeunes ménages et les jeunes, puisque les prix atteignent des sommets faramineux. Le problème, c'est que nous avons une commune classée à haut risque d'incendie dans laquelle nous ne pouvons pas construire, que nous devons faire baisser le foncier et que nous devons par ailleurs aménager des aires de passage pour les gens du voyage, que je ne sais pas où poser. Les logements sociaux, les aires de grand passage, je veux bien les mettre en lévitation au-dessus de la commune, mais sur le foncier ce n'est pas possible. Voilà l'incohérence des règlements : chaque préfecture, chaque ministère pond une très jolie réglementation qui ne tient absolument pas compte du contexte et c'est un très gros problème pour les communes d'une certaine taille. Je vous remercie.

Alain Piffaretti : Merci. Une autre intervention.

Évelyne Marleix : Je suis maire de Molompize dans le Cantal. Je fais partie du département qui a l'air d'être la lanterne rouge au niveau de la féminisation, mais je voulais dire qu'évidemment c'est très inégal, puisque j'en suis à mon troisième mandat, deuxième en tant que maire. Lors de ma première élection en tant que maire, nous étions 5 femmes sur 11 conseillers, dont le maire. À tel point que nos collègues nous ont dit qu'ils allaient envisager de demander la parité à la prochaine fois, mais – cela dit avec humour – je pense que c'est très différent selon les communes. Dans la mienne, il y a toujours eu des femmes, donc cela paraît habituel. Je n'ai pas de problèmes dans ce sens-là. Par contre je rejoins mes collègues de Corrèze bien sûr, qui sont voisines. À moins de 300 habitants, il faut tout faire avec rien, puisque les besoins sont exactement les mêmes qu'ailleurs, que notre population a besoin de la même chose mais que nous ne disposons quasiment d'aucun moyen. Le principal problème est déjà de mettre en équilibre son budget : une fois qu'on a dégagé le fonctionnement, en investissement il ne nous reste plus rien. En ce qui me concerne, j'ai mis le point sur quelque chose qui était local – j'ai eu assez de chance – pour que l'on n'oublie pas que mon village existait, c'est-à-dire que j'avais de l'horticulture, c'était un peu spécial. Donc j'ai mis cela en avant : évidemment j'étais plus sensible, j'étais une femme, l'horticulture me parle plus. Je rejoins le problème aussi que nous rencontrons avec les finances quand une commune comme la mienne a la chance d'avoir un très lourd patrimoine à entretenir au niveau historique par exemple – c'est ce que l'on rencontre souvent dans nos petits villages du fin fond du Cantal ou d'ailleurs. Pour parler aussi des incohérences, il faut vous dire que ma commune est frappée d'inondations puisqu'une rivière la traverse ; elle est frappée d'incendies puisqu'elle est dans la forêt ; évidemment, il y a le tremblement de terre, il y a le rat d'eau, je vous en passe et des meilleures, la route nationale qui vous empêche de construire, ainsi qu'une protection historique sur à peu près tous les villages, ce qui fait que vous devez avoir la visite des Bâtiments de France. Quand vous avez, par chance – parce que pour moi c'est le contraire, c'est la désertification qui menace –, quelqu'un qui veut construire une maison, une malheureuse petite maison, on ne sait plus où la mettre parce qu'il y a la montagne, la rivière, la route nationale. Quand vous avez un camping, il faut bien mettre la pancarte avec les risques qu'il encourt, quand vous dites à quelqu'un qu'il risque l'incendie, le tremblement de terre, les inondations, vous avez compris les problèmes que l'on rencontre.

Alain Piffaretti : Merci beaucoup, Madame. Une autre intervention de ce côté.

Monique Foucault : Je suis maire d'une commune de la Mayenne, de 390 habitants, Saint-Quentin-les-Anges. Ce que je vais dire a déjà plus ou moins été dit, mais le slogan de notre village c'est : « un village où il fait bon vivre ». Un village où il fait bon vivre, c'est un village où toutes les générations peuvent se mélanger, c'est-à-dire où l'on peut maintenir l'école. L'école implique un accueil périscolaire, une cantine qui coûte fort cher et qu'on est obligé de faire fonctionner à perte. Avoir un lotissement où, si l'on veut vendre des parcelles, c'est à perte, on fait tout à perte, et l'on ne pourra pas indéfiniment équilibrer notre budget. Or, nous ne sommes pas des funambules, et être sur la corde raide en permanence, qu'on soit un homme ou une femme d'ailleurs – ce n'est pas forcément parce que le maire est une femme – devient très difficile et on manque de conseils. Je pense qu'il est très important d'être conseillé, d'avoir des lieux où trouver des conseils.

Gisèle Soulier : Je suis maire de Langey, communauté de communes de Cloyes-sur-le-Loir en Eure-et-Loir. Ma question est la suivante : en ce moment nous sommes sur les budgets et je demande à ce que l'on raccourcisse un peu les délais de reversement des subventions, parce que bien souvent, en attente des reversements de subventions, nous sommes obligés de faire des emprunts qui évidemment coûtent cher. Quand on est une commune de 360 habitants ou moins, c'est très difficile d'équilibrer les budgets. Est-ce qu'on pourrait avoir un raccourcissement de reversements parce que, franchement, c'est très dur ?

Claudine Maupu : Je suis maire de Les Hermites en Indre-et-Loire et présidente de la communauté de communes. Je reprendrai certains des points qui ont été évoqués et je les conforterai. J'évoquerai le problème plutôt par rapport à l'avenir. Dans les communes, on abordera le problème financier : c'est vrai que l'on fait la course aux subventions. On risque dans l'avenir d'avoir des décalages suivant les subventions dont on a besoin et, certaines fois, on a besoin de subventions en plusieurs endroits. C'est partiellement l'effet de la décentralisation, mais c'est vrai que quand on voit abonder entre le conseil général et éventuellement la région les objectifs des uns et des autres et que leurs plans peuvent être un peu différents, il se trouve qu'ils nous donnent souvent des obligations de réalisation dont les délais se raccourcissent. Du coup, quand le département et la région sont en décalage, on risque dans l'avenir de ne pas pouvoir réaliser ce que l'on a à réaliser. Et puis j'apporterai un autre élément : depuis un certain temps – je suis élue depuis 1977, je suis à mon troisième mandat de maire, je suis présidente de la communauté depuis 2001 – j'ai l'impression, dans mon mandat présent, de ne faire que des études. Tout dossier à présenter doit être soumis à des études sur lesquelles on passe un temps infini, pour lesquelles on dépense des sommes infinies et on se demande quand est-ce que l'on va pouvoir faire des choses concrètes. Sans compter les choses pour lesquelles on est obligé de s'adapter, c'est-à-dire d'inscrire des compétences qu'on ne désirait pas ou auxquelles on ne donnait pas la priorité, mais qui nous tombent dessus à partir du haut.

Danielle Buchi : Je suis maire de Bouxwiller dans le Bas-Rhin en Alsace. Je rejoins mes collègues sur la qualité de vie. Quand j'ai été élue en 1995, c'était pour défendre et améliorer la qualité de vie, dont le logement qui en fait partie. Nous sommes dans une cité protégée par les Bâtiments de France, une cité historique, avec un patrimoine partiellement dégradé parce qu'au moment où d'autres ont bétonné et démoli, on n'avait pas d'argent. Maintenant, on ne démolit plus mais l'habitat est à réhabiliter et cela revient très cher. Aussi le particulier ne peut-il pas le faire. C'est donc la commune qui intervient par le droit de préemption parfois, parce que c'est la seule solution, sinon les gens n'ont pas les moyens de réhabiliter et on aura des taudis. Mais alors les coûts sont tels que, même en voulant créer des logements sociaux ou des logements aidés, ce que souvent ne veulent pas les maires des petites communes – parce que je fais partie également d'une intercommunalité –, le subventionnement s'est réduit à 4 %. Alors comment voulez-vous que l'on trouve des logements locatifs faits par une commune avec un tel petit pourcentage de participation ? Je rejoins ma collègue qui parlait des études : nous venons de commencer une étude sur l'assainissement. Cela fait trois ans que cela dure, on vous demande d'investir des sommes faramineuses. La seule solution est de dire : « Écoutez, faites plus grand. » Alors on ne voit pas du tout d'autre solution et souvent cela signifie aussi qu'il faut refaire complètement la voirie, et dans ma ville et dans les communes qui sont associées à notre commune.

Sylvie Manzoni : Je suis maire d'une commune de 150 habitants (Croix), située dans le Territoire de Belfort. Nous faisons partie de la Communauté de communes du Sud Territoire de Belfort et je voulais aussi parler du problème d'assainissement. Avant la fin de l'année 2005, nous avons obligation de mettre en place le contrôle de l'assainissement collectif ou non collectif au niveau de la commune. C'est le maire qui est responsable de l'assainissement. C'est vrai que cela pose un problème au niveau des investissements : plan de zonage, schéma directeur.

Cécile de Rocquigny : Je suis maire d'Asnières-sur-Blour, une commune aux confins de la Haute-Vienne, de la Vienne et de la Charente : 194 habitants, 3 250 ha, 45 km de voirie, pas de haut débit, pas de portable, pas d'école, pas de Poste. Nous sommes complètement relégués, si l'on peut dire, dans nos provinces. Pas de moyens de transport : quel est l'avenir de ces petites communes ? On a une petite usine et comme on a 194 habitants, notre potentiel fiscal est lourd. Sans s'occuper de notre voirie ni de notre isolement, rien. Quel est l'avenir de notre commune ?

Marie-Louise Haralambon : Je suis maire d'une commune de 500 habitants (Favières, Meurthe-et-Moselle), dépendante d'une communauté de communes, dont je suis aussi la présidente. Je voulais dire deux choses : premièrement, souligner les difficultés que nous avons de plus en plus pour faire face à nos missions vis-à-vis des habitants et vis-à-vis de tout ce qui nous est demandé. La deuxième idée, c'est qu'on a trouvé la solution, chez nous, de nous regrouper en communauté de communes. En revanche, je voulais attirer l'attention des parlementaires sur les communes rurales qui ont des forêts et qui ont subi la tempête, et dire qu'il ne faut pas nous oublier parce que nous n'arrivons plus à joindre les deux bouts et à équilibrer nos budgets. Je ne sais pas ce que nous allons pouvoir faire dans l'avenir si l'État et les parlementaires ne prennent pas en considération ces catastrophes, qui sont presque oubliées depuis 1999.

Simone Dubuis : Je suis maire du Plessis-feu-Aussoux (Seine-et-Marne), dans le canton de Rozay-en-Brie. Nous sommes à 20 minutes de Disneyland Paris. Nous avons une commune avec une qualité de vie extraordinaire parce que nous faisons partie d'une charte-qualité de village, avec les fêtes de village de notre communauté de communes, dont je suis vice-présidente. Mais le problème, c'est le prix des terrains dans notre commune, car les gens ne peuvent plus acheter. Dans notre commune, c'est 300 000 euros pour une maison, 120 000 euros pour un terrain. Les parents travaillent et nous devons mettre en place des structures, notamment pour les jeunes et les adolescents, et c'est vraiment par notre communauté de communes que nous allons y arriver. Je pense que pour ceux qui se sentent un peu isolés, pour les petites communes, l'intercommunalité est quelque chose de vraiment fondamental.

Catherine Louis : Je suis maire d'une commune en Bourgogne, Val-Suzon (Côte-d'Or), qui se situe à 15 km de Dijon. Je vais être très rapide, parce que je connais exactement la même chose que tout ce qui a été énoncé. Ma commune est inscrite dans un site classé avec d'anciennes forges en ruine, que personne ne veut réhabiliter parce que je ne suis pas aidée du tout. En revanche, cela ne me crée que des contraintes au niveau de l'urbanisme. Mais je ne reviendrai pas là-dessus. J'ai également une rivière. Le problème se pose par rapport à l'avenir des communes telles que les nôtres. On parle donc des communes, des intercommunalités, et maintenant des « pays » qui se mettent en place – chez nous d'ailleurs on fait partie d'une communauté de communes – et on vient d'intégrer un pays depuis le mois de décembre. Quel est l'avenir de notre petite commune car actuellement on se trouve absorbé dans toutes ces nouvelles strates qui se mettent en place ? Je voudrais savoir à quelle sauce nous serons mangés dans quelques années ?

Alain Piffaretti : Madame Desmarescaux, si vous voulez réagir à tous les témoignages qu'on vient d'entendre et qui touchent des thèmes très variés : l'avenir des communes, le problème des études ou les moyens financiers. On ne pourra pas évidemment tout aborder en aussi peu de temps, mais vous voudrez bien répondre un peu aux témoignages et aux inquiétudes dont ont fait part les élues qui viennent de parler.

Sylvie Desmarescaux : Je répondrai aussi que la parité c'est très bien, et que ça n'a pas l'air de poser de problèmes pour beaucoup de mes collègues ici présentes, dont je partage complètement les propos. Par contre, c'est vrai qu'il faut envisager l'incohérence des règlements et sur les communes, on l'a entendu à plusieurs reprises, la réglementation est trop lourde et il y a là un travail à faire. Ce n'est pas aujourd'hui que l'on pourra apporter des solutions. Je pense que c'est à nous tous ici présents, et plus particulièrement aux parlementaires, d'être très vigilants quant à cette lourdeur. On a parlé du problème des logements, et j'ai aussi entendu parler des aires pour les gens du voyage. C'est vrai que le problème du logement, et surtout pour nos jeunes ménages, est difficile. Certaines zones aussi sont absolument inconstructibles : on ne peut plus construire, pour diverses raisons, et c'est vrai que dans les communes où on doit respecter les 20 % logement se pose une très grosse difficulté. On a aussi parlé du patrimoine. C'est vrai – pas dans ma commune mais dans la ville juste à côté de la mienne – il y a une très grande richesse de patrimoine. Mais là encore, il faut pouvoir gérer la réhabilitation, l'entretien. Il n'y a pas que l'investissement, puisque celui-ci entraîne tout le fonctionnement. On a parlé aussi des petites communes qui se sentent isolées ou en difficulté. Une de nos collègues a même cité l'absence d'école. Il lui semblait ne rien y avoir sur sa commune, mais il y a un maire – bravo Madame – au moins il y a un maire.

On parle donc de l'intercommunalité et des pays : je voudrais quand même dire que l'intercommunalité est une collectivité territoriale, mais que le pays n'est pas une collectivité territoriale. Je pense que chacune ici le sait, mais c'est quand même important de le rappeler. Un point aussi que je partage – vous me direz que je partage tout, mais c'est vrai, vous avez raison, et à nous de retravailler –, c'est celui de ces études. On a parlé des études d'assainissement : sur mon secteur, ce sont des études FAN puisque c'est le département du Nord, donc le Fonds d'Aménagement du Nord. C'est vrai que, sur certains secteurs, on est en études depuis trois ans. L'argent est dépensé pendant ce temps-là et l'on ne voit rien venir. Et même au bout de trois ou quatre ans, l'année prochaine est là, le constat est fait et l'on sera en retard par rapport aux décisions que le FAN va prendre en compte. Pour les subventions, c'est aussi un problème : quand on fait des travaux, il n'y a pas que les subventions qui peuvent arriver, mais également la dotation de l'État. On doit emprunter et on n'est remboursé que longtemps après. Je citerai également le remboursement de la TVA à deux ans : pour nos communes en général, c'est trop lourd parce que les emprunts ont des coûts et même si on renégocie les emprunts, on est encore perdant. Donc il y a les subventions, la DGE, mais également n'oublions pas cette TVA qui n'est récupérable que deux ans après. Pendant ce temps-là, on a galéré et on n'ose plus trop faire de projets, on n'ose plus investir. Je sais que je n'apporte pas de réponses mais avec ma collègue et amie Jacqueline, on enregistre et c'est à nous de travailler, avec mes collègues qui sont ici au premier rang, que je salue aussi, pour essayer d'apporter des réponses parce qu'on est tous concerné. C'est bien de l'entendre dire par d'autres collègues, puisqu'on le vit tous les jours.

Il y a un mot qui n'a pas été prononcé et je voudrais le dire devant mes collègues puisqu'on a beaucoup parlé de logement. Je ne sais pas si elles le ressentent comme ça, mais je voudrais aussi secouer un peu le cocotier des bailleurs sociaux, parce que ce n'est pas toujours facile.

Alain Piffaretti : Il y avait aussi une demande de conseils qui revenait souvent. Jacqueline Gourault, en tant que première vice-présidente de l'Association des maires de France, avez-vous des réponses à donner à vos collègues maires sur ce thème ?

Jacqueline Gourault : Oui. En tant que première vice-présidente de l'AMF, je peux affirmer qu'il existe une association de maires dans chaque département. Je sais qu'elles sont plus ou moins développées, plus ou moins dynamiques, mais l'association des maires est tout de même un lieu où l'on trouve des conseils, une assistance juridique. Si jamais vous n'en avez pas dans votre département, vous pouvez toujours vous adresser au niveau national pour éviter ainsi la solitude des élus devant un certain nombre de problèmes. Enfin, je voudrais juste dire un mot à Madame qui a parlé des collectivités. Ma collègue l'a déjà dit, les « pays » ne lèvent pas l'impôt, ce ne sont pas des collectivités territoriales. Je crois que nous avons à réfléchir aussi, cela ayant été évoqué tout à l'heure par quelqu'un, sur les différents niveaux de collectivités territoriales et la manière dont les différentes politiques se superposent ou au contraire se complètent. Il y a là un vrai débat, un vrai sujet.

Sylvie Desmarescaux : Je reprends ce que Jacqueline Gourault disait : c'est un débat par rapport aux compétences et à l'intercommunalité. Avec la décentralisation et les règles qui vont nous être imposées avant le 31 août sur les compétences des communes et les compétences de l'intercommunalité, c'est un vrai débat qui risque d'être très difficile à gérer et à mettre en œuvre.

Alain Piffaretti : On va aborder dans le troisième point l'autorité au féminin.

Sylvie Desmarescaux : Chacune sait qu'en tant que femme aujourd'hui, nous sommes chargées de bien représenter nos collectivités tout en essayant de répondre au mieux aux attentes de nos électeurs. Mais bien évidemment, il faut quand même asseoir notre autorité quelque part. Cela a été dit d'ailleurs à travers les propos, nous gérons de plus en plus nos communes, quelle que soit leur taille, comme des petites entreprises, avec pour objectif constant de répondre aux aspirations de nos électeurs. La définition et la mise en œuvre de nos priorités de gestion ne peuvent pas se faire de manière isolée, on l'a bien entendu tout à l'heure. Là aussi, cela requiert l'approbation de notre conseil municipal et aussi la participation des services municipaux quand il le faut. Mais n'oublions pas aussi l'adhésion des habitants. Je pense qu'ici beaucoup de choses sont à régler en même temps pour que nous puissions aboutir avec nos différents partenaires, ceux qui sont autour de nous mais aussi ceux qui sont complètement impliqués dans nos communes et d'abord notre conseil municipal. Où se place notre autorité ?

Alain Piffaretti : On va reprendre tout de suite les questions. Notamment : comment arrivez-vous à asseoir votre autorité et à impliquer dans le même temps l'ensemble des acteurs de votre territoire : le conseil municipal, les agents communaux, les autorités publiques et les électeurs ? Et pensez-vous que les relations avec ces différents acteurs sont plus difficiles que pour vos collègues masculins ? Comment arrivez-vous à déléguer une partie de vos compétences et à responsabiliser vos adjoints ou personnels, en tenant compte de la taille de vos communes ? Et qu'en est-il de vos relations avec les représentants des autres collectivités, notamment dans le cadre de l'intercommunalité dont on a déjà pas mal parlé ce matin ?

Françoise Suitner : Je suis maire de Saint-Martin-aux-Arbres (Seine-Maritine). Je suis à la fois maire d'une commune rurale et à la fois vice-présidente de la communauté de communes. Je vous entends parler d'autorité, autorité naturelle certes : je crois qu'il s'agit surtout du pouvoir de conviction et du fait de croire à ses idées et de faire passer le message autour de soi, aussi bien au niveau du conseil municipal qu'à celui de la commune et des collectivités territoriales quelles qu'elles soient. Je voudrais simplement revenir un peu en arrière, pardonnez-moi : je voulais parler de budget tout à l'heure, mais cela n'a pas été possible. Un mot n'a jamais été prononcé ce matin : l'Europe. Et quand on parlait de budget, je voulais simplement rappeler qu'on nous dit toujours : « Il y a beaucoup d'argent de l'Europe », mais qu'à chaque fois que l'on fait les dossiers auprès des services européens, on a beaucoup de mal à obtenir des subventions. Je voulais simplement faire cette petite remarque. Merci beaucoup.

Patricia Gourmand : Je suis maire d'Asnières-lès-Dijon (Côte-d'Or), un village en bordure de Dijon. En matière d'autorité, j'ai essayé depuis 1995 que je suis élue. Nous avons la chance d'avoir un conseil municipal paritaire. Nous avons aussi la chance de travailler avec nos administrés. C'était là un choix de ma part : nous faisons souvent de grandes réunions publiques (quasiment chaque année). Nous ne faisons pas de référendum mais quand je travaille sur un territoire, sur un lotissement ou sur un quartier, j'invite toujours mes administrés. Chaque gros travail est accrédité quasiment à l'unanimité par mes administrés dans leur quartier, et jusque-là cela fonctionne. J'espère que nous continuerons à travailler ensemble. Ce n'est pas du référendum, je ne veux pas le faire dans ce sens-là, mais il est certain que j'ai essayé d'amener mes administrés chaque fois que j'en avais besoin à être dans la concertation. Ça se passe bien parce que des choses sont déjà délicates. Un seul commerce dans le village, amène beaucoup de camions, amène beaucoup de circulation, personne ne veut qu'on arrête le commerce, mais tout le monde veut qu'il y ait de la place. Alors l'autorité c'est vrai que ce n'est pas très facile, mais pour moi, ça été facile parce que j'ai un bon conseil municipal.

Monique Frodeau : Je suis maire de Saint-Germain-de-Montbron (Charente), une commune au nord-est d'Angoulême. Je reviens sur l'autorité : je pense que, femme ou homme, on a chacun notre façon de faire. Je pense que pour les femmes, l'autorité vient comme le reste. Il faut savoir s'adapter à tout, à tous et à toutes, et ça va très bien. Je veux dire qu'au sein du conseil municipal nous sommes quatre femmes sur onze, les premier et deuxième adjoints sont des femmes. On a quand même pris un homme en troisième parce qu'en cas de tempête, c'est très intéressant. Nous avons subi ce cas une fois et nous savons ce que c'est : nous avons coupé les branches. En outre, je suis vice-présidente de la communauté de communes. Je pense qu'on s'adapte très bien, même avec les services, conseil général ou autre, et que sans se fâcher on arrive bien à avoir ce que l'on veut, en fonction de ce que l'on demande également. L'autorité des femmes, je pense que ça ne pose pas de problèmes.

Josiane Frezza : Je suis maire d'une commune de Dordogne, Vitrac, à côté de Sarlat. Je pense que ce n'est pas tellement une question d'autorité, mais plutôt qu'on ne nous pardonne guère une erreur, contrairement aux hommes qui peuvent se permettre des petits dérapages. Et évidemment ce n'est pas mauvais de le vivre, mais cela nous demande beaucoup de vigilance. Les femmes, à cause de cela, sont beaucoup plus laborieuses, leurs dossiers sont beaucoup mieux montés et, comme on ne vient pas à nous pour nous accorder nos subventions, nous prenons notre courage à deux mains. Nous allons ouvrir les portes et c'est ça la différence, ce n'est pas vraiment de l'autorité.

Mireille Régent : Je suis maire d'Attignéville, une commune dans les Vosges de 258 habitants. Je voudrais revenir sur la parité qui est pour moi une complémentarité. Dans une équipe municipale on ne peut pas être efficace sans cela, sans la parité ni la complémentarité. Les femmes doivent malgré tout, par rapport à leurs collègues masculins, prouver leur efficacité et leur volonté de mener les projets à terme. Bien sûr, les contraintes sont présentes, elles sont lourdes c'est vrai, mais je pense que c'est quand même à nous, maires et élues, de redynamiser nos communes afin d'améliorer et de créer le meilleur cadre de vie pour tous nos concitoyens. Et c'est pour cela que je voudrais apporter une petite note positive, parce que je pense que si tous les matins on se lève et qu'on accumule tous nos soucis, jamais on ne pourra mener à terme tous nos projets.

Édith Jourot : Je suis maire d'une commune de Côte-d'Or, Brétigny, de 800 habitants. J'aimerais parler, plutôt que d'autorité, de confiance. Je crois que dans une équipe municipale, quand la confiance est dans les deux sens, on n'a pas de problèmes. Chacun est impliqué. Donner à l'ensemble des conseillers municipaux, qu'ils soient hommes ou femmes, des tâches dans lesquelles ils peuvent s'investir, je trouve que c'est un climat qui se ressent ensuite chez nos administrés. Et j'avoue que je n'ai pas eu de problèmes particuliers dans les relations, que ce soit avec les hommes ou avec les femmes. Chez nous, tout le monde est dans le même bateau et, ma foi, chacun fait ce qu'il peut pour que ça marche.

Raymonde Dramez : Je suis maire de Beaudignies, commune du Nord. On n'a pas encore entendu parler du Nord où l'autorité, à mon avis, est un faux problème aussi. C'est une question de confiance et de transparence. Il faut être à l'écoute des administrés et des conseillers. Le petit problème que j'aurais pu rencontrer, c'est au niveau de la communauté de communes qui est encore très masculine. Quand il s'agit d'argent à partager, on ne sait pas toujours tout, nous les femmes.

Je me souviens d'une collègue qui malheureusement est décédée ; elle m'a dit quand je suis arrivée : « Tu vois, première réunion à la communauté de communes. Tu vas voir que les hommes se réunissent, se mettent en rond, et il faut entrer dans le rond. » Ce n'est pas une question d'autorité, c'est une question de faire sa place. Ce n'est pas évident, on n'est pas toujours au courant de tout.

Christine Bouquin : Je suis maire de Charquemont dans le Doubs, présidente de l'association des maires du Doubs. Moi, je voudrais vous dire tout simplement que le sens de l'engagement, nous l'avons, et qu'il faut nous imposer quelquefois. Nous imposer comment ? Avec nos idées, avec nos sensibilités, mais surtout avec notre volonté. 594 communes dans le Doubs, 80 femmes maires : je crois que nous sommes représentées, pas assez encore, mais nous menons un combat, un combat pour nos communes et non un combat pour la parité. Je crois qu'il faut que nous soyons très attentives. On est femme par rapport au devenir de nos communes, par rapport à cette législation qui nous envahit avec toutes ses contradictions. J'en reviens aux propos qu'ont tenus les deux sénatrices. Peut-on parler encore de priorité quand nous sommes soumises à tant de contraintes ? Qu'allons-nous faire demain ? L'assainissement, le logement, la voirie, le social : beaucoup de contraintes. Quelle est la place qu'il nous reste dans nos budgets pour mener à bien nos actions personnelles ? Mesdames, nous comptons sur vous pour que demain nous puissions nous exprimer, faire vivre nos populations dans l'ensemble de la France.

Sylvie Desmarescaux : Ce que je ressens, c'est que le problème d'autorité n'existe pas. Je pense que chacune a pu trouver sa place là où il le faut. Je reviendrai sur un point : « On ne nous pardonne guère l'erreur. » On ne nous pardonne pas toujours l'erreur ici non plus au Sénat. On a peut-être à être un peu plus vigilantes aussi. Mais c'est vrai aussi, j'ai repris les termes que je partage vraiment : c'est le fait que les femmes travaillent peut-être encore plus que les hommes. Ils diront peut-être que ce n'est pas vrai, mais moi je suis certaine que nos dossiers sont bien montés et qu'ils reviennent rarement. Une personne a redit que la parité était une complémentarité : je pense que c'est vrai et qu'il est important de la voir comme cela et surtout de ne pas la voir comme un combat. Je pense que dans chacune de nos communes c'est la même chose. Ici, dans les commissions au sein du Sénat, la parité existe ou pas dans les commissions, mais c'est une vraie complémentarité et une chance pour nous de travailler avec des hommes ou, pour les hommes, avec des femmes. Je pense qu'il faut qu'on le reconnaisse et dans les deux sens. C'est quelque chose de très positif. Je pense aussi que pour mieux nous faire comprendre, il y a les réunions publiques. Une de mes collègues l'a dit tout à l'heure, il faut travailler avec les citoyens, bien les prévenir de ce qui se fait sur nos communes. Je le vis régulièrement, j'ai même augmenté de 25 % mes impôts locaux en étant élue il y a quelque temps, et en communiquant bien, si ce n'est pas toujours accepté, ça passe beaucoup mieux. La communication est une priorité dans notre travail et procure donc de la confiance. Travailler avec transparence, je pense que les femmes le font toujours. L'écoute, je reviens sur ce dernier point, c'est quelque chose de très important. Vous l'avez dit tout à l'heure, il y a encore des collectivités où les femmes sont mal représentées. Je pense que là il est peut-être plus difficile encore de faire notre place, mais avec le travail que l'on fait tous les jours, on laboure, on cultive et on aura des résultats. Je pense quand même qu'il faut être optimiste et que dans nos campagnes on y arrive grâce au travail. Continuons, soyons exemplaires comme nous le sommes, mesdames, et nous gagnerons !

Alain Piffaretti : Jacqueline Gourault va conclure cette table ronde qui a été extrêmement riche, extrêmement vive. Malheureusement tout le monde n'a pas pu parler, mais on a eu quand même beaucoup d'interventions permettant un peu de voir les priorités que vous vouliez aborder dans cette table ronde.

Jacqueline Gourault : Merci d'abord Sylvie, merci mes chères collègues de vos différentes interventions. Je crois que les femmes sont pleines d'avenir dans nos collectivités territoriales. Et je rejoins ce qu'ont dit plusieurs de nos collègues : la volonté de se présenter, d'y arriver dans nos collectivités est quelque chose de très fort. Je crois d'ailleurs beaucoup à la valeur de l'exemple, c'est-à-dire que beaucoup de femmes s'engageront parce qu'elles verront d'autres femmes réussir. Je crois beaucoup à cela, autant qu'à la parité. Et je crois aussi, pour avoir entendu Sylvie conclure, avoir toujours beaucoup d'inquiétude quand j'entends les gens comparer le rôle des femmes en ville et à la campagne, comme si à la campagne il y avait moins de femmes engagées dans les choses publiques. Je crois que c'est totalement faux : je suis d'un département rural où beaucoup de femmes sont maires. Elles sont aussi engagées que dans les villes et je crois que le rôle des femmes quelle que soit leur situation, quelle que soit la taille de la commune est le même. Le combat est le même, la volonté doit être la même, on ne peut pas distinguer les femmes dans les petites, les moyennes et les grandes communes. C'est quelque chose auquel il faut prêter attention et être solidaires les unes et les autres.

Nous allons maintenant conclure nos travaux. Cet après-midi, nous aurons le compte rendu de nos travaux, des gens sont là, derrière, qui prennent des notes et qui vont maintenant travailler.

Synthèse de la commission n° 2

« Quelles sont vos priorités pour la gestion municipale »

La commission n° 2 a débattu des **priorités de gestion** des femmes maires. Elle a abordé trois questions : les femmes maires privilégient-elles certains thèmes par rapport à leurs collègues masculins ? À quelles contraintes sont-elles confrontées pour la mise en œuvre de leurs priorités ? Ont-elles des relations particulières avec les électeurs et les partenaires institutionnels ?

1) Existe-t-il des spécificités féminines dans les choix de gestion municipale ?

Sur le premier point, il a été considéré que les femmes maires avaient une **approche politique différente** de celle de leurs homologues masculins.

Les intervenantes ont **pour la plupart** estimé qu'elles étaient, davantage que les hommes, attachées à la **qualité du cadre de vie** de leurs concitoyens. Elles ont jugé que ce souci se traduisait, pour nombre d'entre elles, par le choix de priorités de gestion comme :

- la préservation de l'environnement ;

- l'aménagement urbain, l'urbanisme, l'amélioration de l'habitat ;

- l'action sociale ;

- la solidarité entre les générations ;

- une meilleure prise en compte de la situation des femmes ;

- les actions en faveur de l'enfance, en particulier dans les domaines de l'éducation et de la garde d'enfants.

Ainsi, plusieurs intervenantes ont estimé avoir **réorienté** la gestion municipale dans l'un de ces domaines.

Les intervenantes ont cependant **nuancé** ce point de vue, considérant que les femmes étaient soumises, comme leurs homologues masculins, à de **fortes contraintes**, notamment financières, ce qui limitait leur capacité à mener des politiques spécifiques.

2) À quelles contraintes les femmes maires sont-elles confrontées pour la mise en œuvre de leurs priorités ?

Les débats ont également porté sur les **contraintes** auxquelles les femmes maires sont confrontées pour l'exercice de leurs priorités.

Les intervenantes ont considéré que les **moyens financiers** des communes étaient insuffisants, et les subventions de l'État souvent trop tardives. Plusieurs d'entre elles ont indiqué qu'en raison notamment de ces contraintes, elles avaient réorienté la gestion des finances de leur commune.

Elles ont évoqué la complexité du **cadre législatif et réglementaire**, en particulier en matière d'urbanisme.

Elles ont jugé excessives les obligations en matière de réalisation d'études.

La fermeture totale ou partielle d'un certain nombre de **services publics**, assurés par l'État ou des entreprises, a en outre été déplorée, en particulier en ce qui concerne les zones rurales.

D'une manière générale, les intervenantes **se sont interrogées** sur l'avenir des **petites communes rurales.**

3) Quelles relations avec les électeurs et les partenaires institutionnels ?

Poursuivant la réflexion sur les priorités de la gestion municipale, a enfin été abordée la **problématique de l'autorité des femmes maires pour fédérer autour de leurs priorités les élus et services communaux** de leurs villes ou villages ainsi que les autres **pouvoirs publics** - en particulier les collectivités territoriales concernées -, tout en recueillant l'**adhésion des habitants**.

Après avoir observé que la fonction de maire supposait **d'importantes capacités à diriger une équipe**, les participantes ont considéré que les **difficultés** susceptibles d'être **rencontrées** ne s'avéraient **pas plus importantes pour les femmes** que pour les hommes, tout en estimant que les femmes devaient peut-être prouver davantage leur efficacité que les hommes.

Elles ont considéré comme indispensable l'établissement d'un véritable **lien de confiance** entre les membres de l'équipe communale ainsi qu'avec les autres collectivités locales et les habitants.

Il a ensuite été souligné la **complexité à mener,** à son terme et dans un délai raisonnable**, un projet supposant l'intervention et les investissements financiers de plusieurs acteurs publics**.

S'agissant de l'intercommunalité, il a été relevé que les **établissements publics de coopération intercommunale** constituent des **partenaires efficaces** et d'essentiels **moteurs de la vie** des communes membres, tout en indiquant la **nécessité** pour ces dernières de **conserver l'exercice de compétences propres**.

Les participantes ont constaté que les femmes maires portaient **une attention toute particulière à l'écoute des préoccupations des habitants** de leurs communes. Elles ont également estimé que la **communication** autour des projets de l'équipe municipale constituait une **priorité** pour elles.

L'ensemble des intervenantes a enfin insisté sur le fait que la **parité** devait être conçue comme une **complémentarité utile** pour la politique communale.

Commission n°3 – Salle Médicis

S'informer, communiquer et participer

COMMISSION N°3 :

S'INFORMER, COMMUNIQUER ET PARTICIPER

Présidente : Mme Bernardette DUPONT, Sénatrice des Yvelines
Rapporteure : Mme Marie-France BEAUFILS, Sénatrice d'Indre-et-Loire

Animateur : M. Pierre-Henri GERGONNE,
journaliste à Public Sénat

Mme Bernadette Dupont, Sénatrice des Yvelines, présidente de la commission n° 3

Mesdames les Maires, nous vous souhaitons la bienvenue ici, et je suis d'autant plus honorée de vous accueillir que je ne suis pas maire moi-même, mais première adjointe à Versailles. Je vous remercie d'être venues nombreuses ce matin, puisque vous devez toutes avoir d'importantes responsabilités, et je sais ce qu'est la charge d'un maire au quotidien. Bravo de vous être libérées, et merci d'être parmi nous.

Je voudrais faire simplement une toute petite remarque : vous dire que nous sommes dans la salle Médicis. C'est Marie de Médicis qui a fait construire le Palais du Luxembourg, c'est par conséquent à une femme que nous devons cet endroit assez magique. Je vais, dans l'immédiat, donner la parole à M. Gergonne qui est journaliste à *Public Sénat* et qui va vous fournir quelques indications sur le déroulement des travaux.

Pierre-Henri Gergonne : Merci Madame la Présidente. *Public Sénat* est une chaîne parlementaire que vous connaissez sans doute, et que vous pourrez bientôt recevoir sur la future télévision numérique terrestre pour tous les Français. C'est une chaîne qui essaye, autant que faire se peut, de respecter dans ses émissions ce principe de parité qui nous réunit aujourd'hui.

J'ai un peu de scrupules à prendre la parole presque en premier, parce que je suis un des rares hommes de cette assemblée colorée et souriante. Bienvenue, bien sûr, à la veille de cette Journée internationale de la femme que l'on commémore demain, et dans le cadre aussi de ce soixantième anniversaire du droit de vote des femmes. C'était à l'occasion, comme par hasard, d'élections municipales en 1945.

Vous êtes près, comme le disait Madame la Présidente, de 2 000 femmes maires ce matin au Palais du Luxembourg. C'est un chiffre considérable, si l'on tient compte du fait qu'il existe *grosso modo* un petit peu plus de 4 000 femmes maires en France. Une sur deux est aujourd'hui présente ici, comme vous le rappeliez Madame la Présidente, au Palais de Marie de Médicis.

Alors, tout au cours de cette journée, qui sera très chargée pour vous – et en particulier dans les commissions de ce matin qui sont un peu réparties à droite et à gauche dans l'enceinte du Palais du Luxembourg –, vous allez réfléchir sur votre condition de femme par rapport aux responsabilités qui sont toujours lourdes, quelles que soient l'ampleur et la grandeur des communes que vous administrez.

Au cours de cette matinée, c'est de communication dont il sera question. La communication en politique et en politique locale, on en parle très souvent : c'est un élément déterminant pour une harmonie des politiques locales que vous menez.

Je voudrais vous présenter, Madame la Présidente : vous êtes Mme Bernadette Dupont, sénatrice, et j'allais dire nouvelle sénatrice, puisque vous avez été élue au dernier scrutin du 26 septembre 2004. Vous contribuez, si je puis dire, à cette féminisation accrue du Sénat. Je rappelle quand même que, au Sénat, 17 % des sénateurs sont des femmes, pourcentage que relève très souvent le Président du Sénat, M. Christian Poncelet, pour envoyer une petite pique à ses amis de l'Assemblée nationale où les femmes sont présentes à 14 % seulement. Madame, vous l'avez rappelé, vous êtes première adjointe de la ville de Versailles, ce qui est une charge locale importante, compte tenu de l'importance de cette ville. Vous êtes aussi, au Sénat, membre de la commission des affaires sociales et, d'ailleurs, peut-être en parlerons-nous au cours de ce débat. Souvent dans les assemblées, qu'elles soient assemblées parlementaires ou locales, nous retrouvons les femmes dans des commissions ou des structures d'ordre social.

Ce n'est pas le cas de Marie-France Beaufils, qui est avec nous et sera notre rapporteure de ces débats. C'est donc à vous, Madame, que revient la charge de synthétiser les travaux de ce matin, ce que vous ferez en fin de commission. Vous êtes, avant tout, maire de Saint-Pierre-des-Corps, mais vous êtes également présidente chargée de la culture et des sports au sein de cette communauté d'agglomération qui regroupe les communes autour de Tours. Aujourd'hui, l'importance de ces communautés d'agglomération se trouve accrue car c'est, en fin de compte, là que se trouve, non pas le pouvoir, mais l'argent. : ceci est purgatif. Vous êtes également, Madame Marie-France

Beaufils, sénatrice depuis 2001. Vous êtes presque une ancienne dans la maison, et c'est donc vous qui serez en charge de synthétiser les travaux de cette matinée. Vous êtes également à la commission des finances, ce qui est aussi une somme de chiffres.

Madame la Présidente, je vous laisse volontiers la parole.

Bernadette Dupont : Oui, vous avez dit beaucoup de choses que j'aurais pu dire, notamment sur le pourcentage de femmes dans la vie parlementaire. Mais ce qui est important aujourd'hui c'est de dresser un bilan du rôle des femmes dans la politique locale, depuis le début de leur participation à la vie publique, lorsque le droit de vote leur a été accordé en 1945, à l'occasion d'élections municipales. C'est très important. À cette fin, vous avez toutes dû recevoir un questionnaire qui vous permette d'exprimer votre expérience de la gestion communale et votre vision de la politique. Tout cela est nécessaire, mais également vos attentes et vos difficultés, puisque nous savons tous les difficultés que représente la gestion d'une ville. Ces réponses, qui sont arrivées à peu près au nombre de 1 500, vous seront présentées cet après-midi. Pour nous, en ce qui concerne le sujet qui est le nôtre ce matin, si le questionnaire est important, je crois que l'échange des idées et la confrontation des points de vue ne le sont pas moins. Peut-être même davantage. Vous allez nous faire connaître vos priorités, vos attentes, vos difficultés et nous essaierons de voir ensemble comment améliorer ces problèmes. Mme Beaufils, qui vous a été présentée par M. Gergonne, vous présentera chaque point de notre matinée. En réalité, vous êtes en commission comme nous-mêmes. M. Gergonne vous a dit que j'étais aux affaires sociales. Il y a également les affaires culturelles, les affaires économiques, les affaires étrangères et, bien entendu, les lois et les finances. Vous êtes aujourd'hui réparties en cinq commissions, et nous sommes dans la commission numéro trois. Je donne la parole à Mme Beaufils afin qu'elle puisse lancer les débats, parce que je pense qu'il est beaucoup plus important de vous entendre que de nous écouter. Madame Beaufils, la parole est à vous.

Mme Marie-France Beaufils, Sénatrice d'Indre-et-Loire, maire de Saint-Pierre-des-Corps, rapporteure de la commission n° 3

Merci Madame la Présidente.

Je vous souhaite, à toutes, la bienvenue, et merci d'avoir bravé, pour certaines, des températures et un temps difficiles.

La première partie des thèmes que nous allons aborder ce matin est, bien sûr, sur la notion d'information. En tant que maire, nous le savons toutes, nous éprouvons bien souvent de grandes difficultés à nous tenir informées des réformes incessantes qui affectent la vie de nos communes. Ces réformes peuvent être dues à l'Union européenne, à l'État ou aux entreprises chargées de missions de services publics. Leurs conséquences sont parfois considérables. Songeons, par exemple, à une modification des normes en matière d'assainissement ; j'aurais pu dire aussi de sécurité, (parce que ce sont peut-être celles qui sont les plus nombreuses), aux transferts de compétences dans le cadre de la loi de décentralisation ou encore à la fermeture d'un bureau de poste. Ou bien encore à la réorganisation des perceptions que nous venons de vivre. Les réponses au questionnaire qui nous a été adressé témoignent d'un véritable sentiment de désarroi, et parfois même davantage. C'est, en tout cas, ce que nous avons ressenti. Les textes s'avèrent trop nombreux, trop complexes, et peu d'entre vous disposent du temps nécessaire pour suivre les formations adaptées et mener une activité professionnelle. Bien souvent nous n'avons pas à nos côtés le personnel qui pourrait nous aider, particulièrement dans les petites communes. Enfin, les administrations, parfois pesantes ou connaissant mal la réalité quotidienne qu'un élu local doit affronter, ne semblent pas toujours apporter le soutien que l'on escompte d'elles. Le Sénat est donc attentif à toutes ces questions, c'est pourquoi un service des collectivités locales a été créé pour répondre aux demandes d'informations des sénateurs et des sénatrices, mais aussi aux vôtres, élues. Il est chargé de la gestion d'un site Internet, carrefour local qui comporte de nombreuses informations sur les réformes intéressant les collectivités territoriales. Il serait intéressant que vous nous disiez si vous le connaissez et ce que vous en pensez.

Dans le cadre de l'activité législative, les élus locaux doivent être associés aux réformes proposées. Pensez-vous l'être assez ?

Dans la loi du 23 février 2005 relative au développement des territoires ruraux, le Sénat a proposé la mise en place d'une concertation entre les acteurs locaux sous la conduite du préfet du département en cas de projet de réorganisation du service public. Est-ce cette forme d'information que vous souhaitez ?

En matière de sécurité, la loi du 29 août 2002 d'orientation et de programmation pour la sécurité intérieure et la loi du 9 mars 2004 portant sur l'adaptation de la justice aux évolutions de la criminalité ont instauré une obligation à la charge des responsables de la Police ou de la Gendarmerie d'informer sans délais les maires des infractions causant des troubles graves à l'ordre public commis sur le territoire de leur commune, dans le respect des dispositions de l'article 11 du Code de procédure pénale. Un projet de loi devrait être prochainement soumis aux assemblées afin d'associer davantage encore les maires à la prévention de la délinquance. Nous pourrions donc débattre dans cette première partie de la matinée de ce que vous pensez de leurs mises en œuvre. Vous pourriez peut-être expliciter ce qui rend effectivement difficile la connaissance des réformes qui affectent la vie de nos communes. Les services de l'État et vos propres services sont-ils en mesure de vous apporter les éléments d'information dont vous avez besoin pour prendre vos décisions ? Estimez-vous être suffisamment associées aux décisions qui vous concernent, soit directement, soit par d'autres moyens et quelles mesures vous sembleraient plus efficaces pour vous aider dans vos fonctions ? Voilà quelques mots que l'on pourrait évoquer en introduction à cette discussion, puisque, comme l'a dit la Présidente, c'est davantage votre point de vue, votre réflexion, vos suggestions qu'il nous semble important d'entendre que les nôtres. Merci.

La parole vous est maintenant donnée, et je vous demanderai d'avoir la gentillesse, au fur et à mesure de vos questions, de bien vouloir vous présenter, de dire qui vous êtes et d'où vous êtes maire. Merci.

Pierre-Henri Gergonne : Bien entendu, des micros vont circuler dans la salle. Madame Beaufils, une question qui s'adresse à vous au préalable. Vous êtes très largement engagée dans la vie publique et locale depuis maintenant de longues années, avez-vous l'impression que vous avez dû prendre sur vous-même, vous battre ? Les choses ont-elles été plus dures pour vous, parce que vous étiez une femme, pour vous imposer ? C'est-à-dire pour ne pas vous sentir – et c'est vous qui avez prononcé ces termes – ni abandonnée, ni désorientée ?

Marie-France Beaufils : Je me trouve dans une situation un peu particulière, puisque avant d'être maire, j'étais conseillère générale. J'ai donc d'abord affronté le conseil général, ce qui était déjà plus difficile puisque, dans notre commune, nous avons un lien avec la population, une relation beaucoup plus facile. Quand on est au conseil général, on est encore plus minoritaire que dans une commune, puisque au département d'Indre-et-Loire, quand j'ai été élue en 1982, il y avait une seule conseillère générale avant nous et nous sommes rentrées, je crois, à 4 nouvelles dans cette période-là. Sur 37 élus, nous étions donc 5 femmes. C'est loin de la parité telle qu'elle devrait être vécue, et je dois dire qu'il a fallu s'affirmer. Je constate que bien souvent, là où l'on acceptera de l'à-peu-près de la part d'un collègue masculin, on exige de nous une rigueur, une qualité de dossier absolument énormes. Peut-être est-ce dû au fait que l'on n'a pas eu l'habitude de nous voir suffisamment dans la vie publique, puisque ça ne fait que soixante ans que nous avons le droit de vote. Il faut en effet que nous nous affirmions. Nous sommes des élues à part entière, et nous sommes capables avec notre diversité de pouvoir aborder les sujets qui concernent notre société. Je dirais que ce qui me semble être important dans la notion de s'informer, c'est qu'il faut aussi donner à tous quelque chose, quel que soit le lieu dans lequel on se trouve, parce que pour ma part, je suis dans une ville relativement grande. Il y a beaucoup de maires ici présentes, qui sont dans de très petites communes, où les moyens ne sont pas à la dimension d'une ville dans laquelle je suis. Je crois qu'être dans une commune de moins de 10 000 habitants est beaucoup plus difficile que d'être dans une commune de plus de 10 000 habitants.

Pierre-Henri Gergonne : Je rappellerai seulement trois chiffres avant de relancer le débat : vous parliez des conseils généraux ; le chiffre des femmes conseillères générales n'atteint pas 10 % aujourd'hui en France. Les femmes conseillères régionales sont à peu près 47 %, parce qu'il y a la parité. Dans les conseils municipaux, vous le savez mieux que moi, on atteint en moyenne 33 % de femmes conseillères municipales. Cela, bien sûr, grâce à la parité qui ne s'impose pas dans toutes les communes.

À propos de ces notions d'information et de difficulté qu'approfondissait Mme Beaufils tout à l'heure : éloignement des centres de décision, de là où les choses se passent, en particulier au Parlement ou à l'Union européenne, y a-t-il des maires de grandes villes et des maires de petites villes, qui auraient déjà des questions ? Dans ce cas, un micro est à votre disposition. Évidemment, il y a toujours le problème de la première question, mais vous êtes entre vous, comme le dit Madame la Présidente.

Madame, voilà la première main qui se lève. Je vous remercie, Madame, à l'avance de vous présenter et de nous dire d'où vous venez.

Gisèle Roelants : Je suis maire d'une commune de l'Oise (La Neuville Garnier), dans l'arrondissement de Beauvais, comptant 277 habitants. Une commune avec un hameau qui pose beaucoup de problèmes en ce qui concerne les transports, surtout actuellement avec le très mauvais temps. Le hameau se trouve souvent séparé de tout. C'est une commune située à 77 kilomètres de Paris, donc rurale au départ, avec des agriculteurs qui sont en train de disparaître. Par contre, nous sommes un peu devenus une cité-dortoir parisienne, avec une exigence très forte des personnes qui arrivent dans notre commune. On ne comprend pas que nous sommes en regroupement scolaire, que nous n'avons pas de crèche ni de garderie. Donc, la communication est tous les jours un problème. Pour les personnes qui arrivent de Paris, déranger à 22 h Monsieur le Maire pour une fuite d'eau dans la rue est impensable. Par contre, dans nos communes rurales, on ne se gêne pas du tout. Alors il y a deux solutions : soit on se fâche, soit on fait faire la réparation. J'ai choisi la politique compte tenu de mon âge, et je suis élue depuis 1983. J'ai été première adjointe, deuxième adjointe et puis conseillère et après maire. Je demande aux nouveaux arrivants s'ils iraient déranger Mme Cayeux à Beauvais pour faire faire la réparation. On a aussi des difficultés relationnelles avec l'État représenté par Monsieur le Préfet quand on est dans une petite commune, parce que nous ne sommes pas toujours prioritaires. La grande ville demande certainement beaucoup plus de présence, d'attention et il arrive qu'on nous oublie, qu'on ne nous associe pas lorsqu'il y a de grandes décisions. Par exemple, quand des déviations sont à mettre en place, sur nos chemins ruraux et nos petites départementales, on peut se retrouver en pleine campagne betteravière (même s'il n'y a plus beaucoup d'agriculteurs, on est situé entre deux grands centres de sucrerie). Or, dans la commune, si nous ne sommes que 277 habitants, j'ai 63 enfants, âgés de 15 jours à 12 ans inclus. Et j'ai 18 jeunes de 13 à 18 ans. J'ai l'école maternelle, le primaire, les cars scolaires, le ramassage et la sécurité à mettre en place. Ça implique aussi, sur des petits budgets, comme les nôtres, dans une commune rurale où il n'y avait pas de trottoirs, de créer des trottoirs, d'aller faire la chasse aux subventions et donc de se faire reconnaître du conseil général pour obtenir les subventions qui vont nous permettre de réaliser les travaux. Jusqu'à présent, ça s'est bien passé, mais on a aussi un patrimoine, important, si on veut donner de l'attrait à notre commune et à la communauté de communes puisqu'on est regroupés en communauté de communes. Il faut bien que pour le tourisme, on puisse revaloriser ce patrimoine. Quand on a une église qui n'est pas classée, mais qui date du moyen âge, on se doit de respecter ce que ses anciens ont construit, et puis de remettre vraiment en état et surtout en sécurité, même si elle n'est plus ouverte régulièrement ; mettre au moins ce bâtiment public en sécurité. Alors là, c'est l'échelon au-dessus, puisque la région doit financer, mais nous ne sommes pas prioritaires. Il faut aussi subventionner tous les monuments classés : vous faites appel à Paris, à la direction du patrimoine, et là on vous écoute. Ce qui fait que l'on se retrouve dans des situations un peu bizarroïdes. On rend compte à Paris. Dans les structures, on nous dit d'accord en lisant notre dossier : « Nous ferons appel au sponsoring pour réparer. » Ce sont toutes ces difficultés auxquelles nous sommes confrontés. Ce qui me frappe aussi dans la communication, c'est que dans la vie rurale les gens ont une très grande confiance quand ils vous élisent. Au départ, ils viennent tous aux réunions municipales pour voir si vous n'allez pas vous planter ou si ça va bien marcher, mais après, c'est la carte blanche. On pourrait faire les plus grosses bêtises. Chaque mois quand on fait la réunion, il y a 2 ou 3 personnes, mais, parfois, personne n'écoute. Par contre, il ne faut pas oublier de donner systématiquement le procès verbal du conseil municipal, sinon après c'est aussi le coup de fil. Nous avons donc créé un site Internet, parce que nous avons beaucoup d'habitants qui sont équipés et qui ont l'ADSL. Malgré tout, c'est assez difficile de comprendre ce comportement. Dans les conseils, nous ne sommes que 11, mais nous sommes 5 femmes et 6 hommes. La benjamine, à son élection, avait vingt-trois ans et chez les garçons, le benjamin, en avait trente-deux. On a donc une moyenne d'âge très jeune, ce qui permet aussi de préparer l'avenir, parce que les jeunes ne sont pas trop motivés pour la vie publique. Moi, je fais un mandat, j'en ferai peut-être deux, je n'en ferai peut-être pas deux, et la succession il faut quand même la préparer. Il y a le budget communal, la responsabilité publique, beaucoup de choses à prendre en compte, et c'est là où il y a peut-être aussi à prévoir la formation des conseillers municipaux. Souvent, les maires en organisent, mais davantage en direction des maires et des adjoints, il faudrait donc avoir une ligne budgétaire qui permettrait de former les conseillers municipaux, ce sont aussi mes premières attentes.

Pierre-Henri Gergonne : Merci Madame de votre intervention extrêmement riche et extrêmement variée qui résume, je crois, parfaitement ce que peut être la vie quotidienne d'un maire, en tout cas d'une femme maire dans une commune rurale avec ce sentiment que vous exprimiez, Madame, d'être loin ou mal écoutée, voire même abandonnée par certains services, en particulier, des services d'État. D'autres réactions dans la salle, Madame ?

Thérèse Frey : Je suis maire de Rouillon, commune de 2 400 habitants dans la Sarthe, et membre de la communauté urbaine Le Mans Métropole. Je voulais rebondir un peu sur les communes rurales, mais qui ont de plus en plus une population citadine. Lorsque nous avons à proximité l'hôpital, la clinique, l'université et le monde, toute la zone économique qui se développe, nous avons une demande d'habitat énorme. C'est plus difficile de développer l'économie dans nos petites communes, et c'est assez difficile de se faire entendre quelquefois et de faire aboutir nos projets, en comparaison d'une grande ville. Je voulais rebondir par rapport à ce que disait Madame sur le souci de susciter une relève parmi les élus et de préparer un avenir dans ce domaine pour les jeunes. Je pense que les conseils municipaux de jeunes sont un terrain à développer pour ce genre de choses. De plus en plus, on voit la création de conseils municipaux de jeunes, et je pense que les préparer à une vie civique est quelque chose de très intéressant. Ce sont des enfants qui prennent les choses vraiment à cœur, même s'ils sont peu nombreux quelquefois. Ils sont très dynamiques et ils découvrent la commune ainsi que l'endroit où ils vivent, les problèmes qui ne peuvent que susciter certains comportements. Pour moi, c'est une formation vraiment intéressante pour préparer l'avenir en collectivité dans un territoire.

Pierre-Henri Gergonne : Et c'est de l'information et de la communication !

Thérèse Frey : C'est de l'information, de la formation et de la communication. En général, ils sont encadrés par des élus, mais ça peut-être chez nous. Il y a un animateur aussi qui prend en charge le groupe avec des élus et il y a des collaborations avec les associations, avec l'école. Ce sont des échanges entre communes, entre différentes villes.

Pierre-Henri Gergonne : Est-ce que vous avez la sensation d'être encouragée dans ce type de démarches ?

Thérèse Frey : Oui, parce que ça se développe de plus en plus, et c'est vrai que lorsque cette idée est lancée, on s'aperçoit que de nombreux enfants sont volontaires. Bon après, il y a les cours comme pour les adultes.

Danièle Antoine-Santonja : Je suis maire d'une commune de l'Hérault, qui se situe dans l'agglomération de Montpellier. Je voudrais bien parler de la commune de Juvignac, commune de presque 7 000 habitants. Nous n'avons pas les problèmes des communes rurales, mais nous en avons d'autres. Quand j'entendais notre collègue tout à l'heure dire que les gens venaient de Paris, ou d'ailleurs, s'implanter dans une commune, c'est ce que nous avons vécu, puisque Juvignac en 1965 avait 160 habitants et maintenant près de 7 000. J'ai été adjointe au maire de 1977 à 1983, et je suis maire depuis 1983, c'est-à-dire presque 25 ans de mandat. J'ai vu cette évolution et je comprends très bien le souci de nos collègues à ce niveau, c'est-à-dire, une commune qui monte, exige énormément de travail et je les rejoins en pensant qu'au départ, nous n'avons pas, comme vous le disiez tout à l'heure, les cadres nécessaires pour nous aiguiller sur les orientations que nous voulons prendre. Cette carence dans les cadres était à l'époque assumée par la préfecture. Quand un maire avait des problèmes juridiques et autres, il allait voir les services préfectoraux pour pouvoir se renseigner. Ce qui n'existe plus vraiment maintenant, parce que nous n'avons plus ces conseils. La DDE aussi nous donnait des conseils. J'ai un service d'urbanisme à la mairie avec des cadres conséquents.

Pierre-Henri Gergonne : Pardonnez-moi, Madame, mais à qui vous adressez-vous aujourd'hui ?

Danièle Antoine-Santonja : Aujourd'hui, nous ne pouvons plus nous adresser vraiment à des administrations en conseil, donc les conseils, ce sont les gens que nous recrutons. Ce sont des cadres supérieurs de qualité, et puis les avocats qui viennent compléter le service juridique et qui coûtent cher à la commune. Parfois, et je tiens à le dire aujourd'hui, nous avons des conseils préfectoraux, compte tenu de la complexité des lois et des conseils départementaux puisque, avec la DDE et autres, nous avons des conseils complètement obsolètes et qui ne correspondent plus aux lois et aux réalités des choses. Ce qui fait que parfois on nous menace de nous déferrer au tribunal administratif, alors qu'en fait, ce sont eux qui ont tort. Nous sommes obligés d'avoir recours ponctuellement à des organismes extérieurs, comme les avocats spécialisés, pour pouvoir avoir une expertise de l'affaire bien que nous ayons nos propres cadres juridiques. Ce qui complique énormément les choses et fait dépenser beaucoup d'argent à une commune. Je ne vois pas comment nous pouvons sortir de cette impasse, dans la mesure où les règles de droit sont de plus en plus difficiles à comprendre. Je comprends très bien que les maires puissent être perdus s'ils ne peuvent pas avoir autour d'eux l'aréopage nécessaire pour assumer leur mission. De même, nous nous trouvons dans une impasse avec une pression des communautés de communes ou d'agglomération. Pression intéressante, parce que les services doivent être bloqués d'une façon plus importante, sinon les communes ne pourront pas assumer les communautés de communes comme elles peuvent assumer juridiquement et financièrement ces possibilités. Et ceci parce que les communautés de communes ont plus de moyens, et nous, les maires, nous nous trouvons dépossédés de nos pouvoirs. Comme je l'ai dit l'autre jour, nous allons finir comme les Bourgeois de Calais, à donner les clés de la commune et partir la corde au cou et les pieds nus, assumant uniquement la représentation des chrysanthèmes dans les quartiers.

Pierre-Henri Gergonne : Vous pensez qu'il y a des tendances lourdes vers ce dont vous avez parlé aujourd'hui ?

Danièle Antoine-Santonja : Nous sommes passés d'un district à une agglomération et nous allons avoir au niveau des SCOT et autres PLU, une empreinte et une emprise énorme des communautés d'agglomération et des services de l'État aussi. Alors, ces lois, et je ne suis pas contre, risquent de déposséder les élus de leurs pouvoirs réels, conférés par le vote et donc le peuple. Ce qui n'est quand même pas normal. Je crois qu'il faut, au niveau de l'État, garder aux maires la possibilité d'assumer leurs mandats avec fougue, vigueur et foi. Ce dont nous avons envie, c'est développer nos communes. Nous avons envie d'assumer des responsabilités, c'est ce qui nous passionne. Autrement, on fait disparaître toutes les communes de France, on les met dans des communautés de communes et nous n'existons plus. Il faut laisser au maire suffisamment de pouvoir pour assumer sa commune sur tous les plans, comme une entreprise. Je crois que c'est très important. En ce moment, on est en train de les déposséder de leurs pouvoirs et ça je ne l'accepte pas et je me révolte contre cela. Sachez même que je suis connue dans l'agglomération de Montpellier pour dire ce que je pense. Ayant plus de 27 ans de mandat, j'ai pris de la bouteille vis-à-vis de tous les élus. Maintenant, si vous me permettez, j'en terminerai parce que je ne veux pas être trop longue. J'ai été pendant 13 ans conseillère générale, alors je déplore une chose et ce sera ma conclusion : c'est que dans l'Hérault, parce que c'est mon référent, il y a trois sénateurs, trois hommes, et il y a quatre députés, quatre hommes. Dans la région Languedoc-Roussillon, il y a deux maires femmes de communes de plus de 5 000 habitants : le maire de Canet, Arlette Franco, et moi-même. C'est vous dire la représentation féminine qu'il y a dans ces pays du Sud que l'on connaît machiste. Je crois que nous, les femmes, nous devons nous battre, puisque maintenant il y a de plus en plus de femmes qui veulent assumer la responsabilité municipale, même dans les petites communes, parce que ça ne plaît pas à ces messieurs. Par contre, quand une commune devient importante - avec 165 habitants, elle n'intéressait personne - si vous saviez la ruée vers l'or que peut constituer Juvignac pour tous ces messieurs, pour pouvoir avoir un marchepied ou pour d'autres choses. Dès qu'une femme a une commune qu'elle a fait grandir, et qu'elle est arrivée à assumer, ces messieurs essaient de s'en emparer. J'en termine là, et je crois que nous, les femmes, devons montrer que nous sommes capables, comme vous le disiez tout justement Madame, notre rapporteure, nous les femmes, nous devons prouver pour être reconnues et jamais être reconnues sans rien prouver.

Pierre-Henri Gergonne : Merci beaucoup de votre témoignage Madame.

Bernadette Dippe : Excusez-moi, mais il faut faire attention : si on prouve trop on peut faire peur après.

Pierre-Henri Gergonne : Madame, vous avez la parole maintenant.

Bernadette Dippe : Oui une dernière question avant de passer au point suivant. Moi, je suis à l'opposé de Madame. Je suis maire d'un village de 550 habitants (Souday), et nous faisons partie d'une communauté de communes, ce qui représente 6 000 habitants.

Pierre-Henri Gergonne : Vous venez de quelle région Madame ?

Bernadette Dippe : Du Loir-et-Cher. C'est le fief du sénateur Fauchon. Nous avons donc cette communauté de fiefs communs et trois communes n'ont pas adhéré à cette communauté. Nous vivons très bien comme cela : ces communes sont libres, mais sur l'une d'elles, il y a une superbe commanderie. Pour la sauver, la communauté a quand même tout fait, et aujourd'hui elle est magnifique cette commanderie. Néanmoins, le conseil municipal de la commune ne veut toujours pas adhérer à la communauté. Le sénateur nous a bien aidés par d'énormes subventions, je vous garantis que c'est quelque chose d'important. On a fait aussi un centre hippique et maintenant, nous, les élus, sommes confrontés au fonctionnement. Cela va de soi. Mais ceci dit, nous ne sommes pas pires que les autres. Ça fait 12 ans que ça marche, nous ne sommes pas riches, mais nous nous en tirons. Sur le plan de ma petite commune, j'ai quand même la chance d'avoir tous les services de proximité mais par contre je déplore, justement, que les services administratifs prennent des décisions qui parfois se contredisent. Par exemple, pour le tourisme, on nous demande de conserver les haies. Notre région est très jolie, on a beaucoup de résidents, mais voilà que la DDE, pour des soucis d'économie, envoie des lettres à tous les propriétaires pour élaguer. Les quelques

cultivateurs qui ont gardé des haies disent « On en a marre, ceux qui les ont arrachées, on ne les embête pas » et ils se sont mis à arracher. Alors je ne vous dis pas le travail, on est sans arrêt entre « la poire et le fromage ». C'est vraiment quelque chose d'énorme pour arriver à conserver quelque chose dans son état.
Actuellement, je fais un mandat de transition parce que j'ai 71 ans, et je remplace un maire qui avait ses 30 années d'exercice et qui m'a dit « Je suis fatigué ». Je lui ai dit « Tu ris, je suis plus fatiguée que toi ». Je suis allée chercher nos enfants et je vous assure que j'ai un conseil municipal de jeunes, superbe. Quand ils prennent un dossier, il n'y en a pas pour deux heures. J'ai confiance dans la jeunesse et j'ai aussi quatre jeunes femmes.

Pierre-Henri Gergonne : Donc pour vous, dans la politique locale, la communication et la transmission en font partie ?

Bernadette Dippe : Les jeunes sont très pris dans leur travail, ils ont tous des entreprises et ils n'ont pas beaucoup de temps à dépenser. Encore hier, ils me disaient « Mais enfin, tu vas continuer. » – parce qu'ils me tutoient tous, bien sûr. Ils me disent « Tu vas continuer, tu vas faire un deuxième mandat, parce qu'on a besoin que tu insistes pour nous représenter. Nous on est sur le terrain, etc. » Ils sont sur le terrain. Mais alors, c'est vrai que c'est quelque chose de merveilleux pour les jeunes, mais pour faire face à leurs finances, ils sont obligés de se priver de personnel et ils donnent, ils donnent et ils donnent mais jusqu'à un certain point.

Bernadette Dupont : Je pense que vous aurez vos réponses cet après-midi, puisque Mme Beaufils fera une synthèse.

Monique Rouy : Je vais être très courte. Moi, je suis maire d'une commune de 247 habitants (Eyguians) dans les Hautes-Alpes en milieu rural. La question que je me pose en entendant toutes mes collègues, sur l'information que nous pouvons faire auprès de nos concitoyens et l'information que nous avons besoin de recevoir. Nous sommes débordés, tout le monde le sait, dans les petites communes. Mais le problème, ce sont les moyens financiers de la commune. Moi, je sais que j'ai des idées. On fait un bulletin communal, on essaye d'en faire deux par an, et tout le monde parmi nous ici sait quel travail cela représente et quand vous êtes maire d'une commune de 247 habitants, et qu'en plus vous êtes ancien prof, vous savez que le bulletin communal c'est votre travail à vous. J'ai une secrétaire de mairie qui est en or, qui travaille avec une rapidité extraordinaire. Elle ne peut pas faire plus de travail que ce qu'elle fait, et la commune n'est pas assez riche pour prendre un autre employé de mairie pour recevoir les gens plus facilement. Je me dis : « Comment font les communes, qui sont démunies comme la mienne, pour aider la communication, donc la vie démocratique parce que c'est ça la communication. Est-ce que Messieurs les Députés et Sénateurs, vous ne pourriez pas penser un jour à apporter un peu une aide qui ne soit pas forcément celle de l'argent communal pour aider ces communes à étoffer un peu leur personnel ? ». Car nous manquons de personnel. Moi, j'ai un employé et demi. Enfin je ne vais pas m'étendre, mais c'est la question que je me suis posée en entendant toutes les collègues. Je vous remercie.

Valérie Rossi : Je suis maire d'une commune des Hautes-Alpes (Puy-Sanières), également rurale, de 156 habitants. Je suis la seule élue femme au sein du conseil municipal constitué de onze personnes. Moi, j'avais juste un témoignage à apporter, et j'espère que ma collègue des Hautes-Alpes sera d'accord, mais en tout cas c'est comme ça que je ressens les choses. Mais je voulais juste intervenir plus particulièrement sur le sujet de la première partie qu'a évoqué Mme Beaufils, puisque j'ai bien compris que ça se fractionne en plusieurs thèmes. En ce qui concerne l'information, les services sont très compétents, mais aussi très disponibles lorsqu'on les contacte. Pas de problème. Mais encore faut-il les contacter. En revanche, je voulais apporter un témoignage sur les choses que je vois chez nous, je voudrais donc saluer l'action de l'association des maires du département du 05 qui pallie ce manque d'information, puisque c'était le sujet : Comment s'informer, et est-on suffisamment informés ? Je trouve que dans les Hautes-Alpes, effectivement, il y a une bonne dynamique au niveau de l'association des maires qui, deux fois par an à peu près, nous permet de nous rencontrer, de venir nous informer et de compenser ce déficit des services de l'État, non pas incompétents, mais qui n'ont pas que ça à faire. Donc, c'était juste un petit témoignage et un hommage à l'action de l'association des maires qui permet d'être efficace sur le terrain et d'apporter cette information qui, peut-être, nous manque au quotidien.

Bernadette Dupont : Merci Madame.

Marie-France Beaufils : Je vais essayer d'être très rapide pour ce deuxième thème, de façon à vous laisser la place. La communication, on vient déjà de l'entendre est un sujet de préoccupation dans l'exercice de nos fonctions électives. Elle est nécessaire à la fois pour recueillir les attentes des acteurs locaux, mais également pour faire connaître les résultats des actions qui sont menées. S'il est essentiel d'œuvrer à l'amélioration des conditions de vie de nos concitoyens, il est en effet non moins important que ces derniers aient connaissance de l'action de leurs élus pour faire avancer les projets qui les intéressent. Le droit des habitants à être informé des affaires de la commune est consacré dans un principe essentiel de la démocratie locale par un article du code général des collectivités locales. Je vous passe son numéro. Le thème dont nous sommes invitées à débattre, recouvre, me semble t-il une double question, celle du contenu et celle des moyens du dialogue avec les acteurs locaux. Les réponses au questionnaire qui vous a été adressé montrent que les deux tiers d'entre vous ont éprouvé la nécessité, peu après leur élection, de définir de nouvelles orientations en matière d'information et de dialogue avec les habitants de leurs communes. Pourriez-vous nous dire quelles sont les principales orientations que vous avez définies pour améliorer l'information des acteurs locaux, plus particulièrement avez-vous engagé des actions particulières en direction du monde économique ? S'agissant des moyens, on parle beaucoup de recours aux nouvelles technologies, vous y avez fait tout à l'heure allusion pour une commune de l'Oise. Ce recours peut en effet faciliter la communication avec les acteurs de la vie locale en évitant les déplacements inutiles et les échanges de documents encombrants. Toutefois, s'il constitue une chance, il représente aussi une obligation qui peut s'avérer une obligation extrêmement lourde. Ainsi depuis janvier 2005, les soumissionnaires de marchés publics classés selon une procédure formalisée, doivent avoir la possibilité de transmettre leurs candidatures et leurs offres par voie électronique, ce qui impose en conséquence aux acheteurs d'être en mesure de les recevoir. Or, la constitution des réseaux de télécommunication performants et leur maintenance constituent des charges lourdes que toutes les communes ne sont pas en mesure de financer. Pour être pertinentes, ces nouvelles technologies de l'information et de la communication supposent aussi que les habitants puissent y accéder. Les réponses au questionnaire qui vous a été adressé confirment que les trois quarts des petites communes n'ont pas accès aujourd'hui à l'ADSL. Pensez-vous que le bulletin d'information municipal constitue toujours un moyen de communication adapté ou le compte-rendu du conseil dont on nous a parlé tout à l'heure ? Et pensez-vous développer l'usage des nouvelles technologies de l'information ou l'avez-vous déjà fait ? Voilà quelques-uns des éléments que l'on pourrait peut-être aborder, mais là aussi on a un laps de temps très court.

Bernadette Dupont : Je pense que pour que le maximum d'entre vous puisse intervenir, il faudrait que vous soyez toutes très brèves pour dire quels sont éventuellement les moyens utilisés sur votre commune et voir ce qui vous manque, mais rapidement. Merci.

Pierre-Henri Gergonne : Alors beaucoup de mains se lèvent, Madame, allez-y.

Claire Genty : Je suis maire d'Ouzouer-le-Doyen en Loir-et-Cher, commune de 200 habitants. Nous sommes en zone blanche, les portables et Internet ne passent pas. Comment va-t-on faire l'année prochaine lors de la mise en place de la nouvelle comptabilité avec le système Hélios, puisqu'il faut des lignes Internet, un nouvel ordinateur, un tas de choses ?

Pierre-Henri Gergonne : Comment communiquer faute de ces nouvelles technologies ? Aujourd'hui, comment faites-vous Madame ?

Claire Genty : Eh bien on rame : nous avons des ordinateurs comme la plupart des gens, parce que dans le Loir-et-Cher, il y a beaucoup de communes qui vont avoir l'ADSL, mais nous pas avant 2007, voire plus, puisque nous sommes en zone blanche.

Annette Savin : Je suis maire de Cissé (Vienne), ville de 2 500 habitants, à 10 kilomètres de Poitiers. Le conseil général de la ville, dirigé à l'époque par M. Monory, a mis en place une structure que l'on appelle « Vienne service » pour rendre des services justement à toutes les communes rurales dans différents domaines. Nous avons notamment un pôle juridique, que nous pouvons consulter régulièrement. Le problème de la communication à Cissé : nous avons un bulletin municipal qui paraît trois fois par an. Mais nous avons essayé cette année, grâce au club informatique qui existe dans la commune depuis 20 ans, de mettre en place un site Internet sur lequel on va passer toutes les informations municipales. Les associations auront également accès à ce site Internet pour pouvoir passer leurs informations. On essaye de communiquer le plus facilement possible, mais ce n'est pas toujours facile, parce que malgré tout ça, il y en a qui râlent.

Mireille Cellier : Je suis maire de Beaucaire, dans le Gard, 15 000 habitants, en Languedoc-Roussillon, entre le triangle que nous appelons le Triangle d'Or : Nîmes, Arles et Avignon. Je suis une élue depuis 1983, puisque j'ai assuré le poste de première adjointe pendant 3 mandats et je suis maire depuis ce dernier mandat. En ce qui concerne la communication, c'est vrai qu'avec une commune de plus 15 000 habitants, nous avons quand même la possibilité d'avoir, par les nouvelles technologies, une communication qui peut être facilitée, mais nous nous rendons compte quand même, puisque Beaucaire est une petite ville, du contact avec les habitants. Le bulletin municipal est très attendu, très apprécié et le contact avec les habitants est indispensable. Personnellement, depuis ce dernier mandat, j'ai instauré des réunions de quartier, mais non pas uniquement avec le comité et les associations qui représentent tel ou tel quartier, avec tous les habitants du quartier. Je me déplace, nous avons partagé notre ville en 9 quartiers différents et je me déplace personnellement avec les différents élus pour aller à la rencontre des habitants de ces quartiers, et six mois après systématiquement, nous recevons, en mairie cette fois-ci, les habitants de ce même quartier pour leur expliquer ce qui a été fait après leurs demandes et leurs interventions. Ce qui a été fait, ce qui va être fait ou ce qui ne pourra pas être fait, parce que bien sûr souvent on nous demande des choses qui sont impossibles, mais je crois que quand on peut dire non à travers une explication et à travers le pourquoi de notre non, c'est beaucoup plus admis et mieux interprété. Je pense que ce contact, malgré toutes les technologies nouvelles qui nous arrivent, ce contact avec la personne, le concitoyen, est quelque chose d'indispensable et il faut surtout que nous prenions de notre temps pour pouvoir le maintenir.

Pierre-Henri Gergonne : Merci Madame.

Monique Royer : Je suis maire de Saint-Christophe-sur-le-Nais en Indre-et-Loire, commune qui avait un peu moins de 1 000 habitants. Là, on vient de finir le recensement, on a passé les 1 000 habitants, on avoisinerait presque 1 100. Une nouvelle municipalité mise en place en 2001 relativement jeune, car la moyenne d'âge est de 40 ans, à peu près. On a équipé la mairie via Internet, on a la chance depuis juillet dernier d'avoir l'ADSL, ce qui nous arrange bien. On a créé un site pour la commune où on met en ligne notre bulletin, nos délibérations municipales. On a donc une nouvelle population assez jeune qui s'installe sur la commune, deuxième couronne de Tours maintenant. Beaucoup de gens, effectivement attendaient l'ADSL, pratiquent Internet, et les gens communiquent avec la mairie par mails.

Pierre-Henri Gergonne : Quel est Madame, le pourcentage de gens abonnés ou qui utilisent Internet dans votre commune de 1 000 habitants ?

Monique Royer : Le pourcentage, je ne vais pas vous le donner, parce que je ne le sais pas, mais peut-être 40 % en gros. Ce qui n'est déjà pas si mal. Déjà au conseil municipal, tout le monde a une adresse e-mail, tout le monde est sur Internet. On communique chez nous par mails.

Pierre-Henri Gergonne : On est moderne en Indre-et-Loire.

Monique Royer : Au niveau de la communication, on a un bulletin annuel, une lettre trimestrielle, réunions publiques tous les ans avec les personnes du village. Alors on peut communiquer en direct, on peut leur expliquer le pourquoi de ce que l'on fait et le pourquoi de ce que l'on ne fait pas. Tout ne peut pas se réaliser malheureusement et on rencontre aussi les jeunes. On a une réunion avec les jeunes, donc ça permet de voir leurs problèmes et de leur expliquer à eux aussi ce qui peut se faire et ce qui ne se fait pas. Voilà comment on comprend la communication dans notre commune.

Pierre-Henri Gergonne : Merci Madame.

Virginie Michel-Paulsen : Maire de Vaucresson, dans les Hauts-de-Seine, commune de 8 500 habitants. Ce que je voulais dire, c'est que pour nous, dans notre commune, la communication est un élément indispensable à la gestion de la ville. Comment est-ce que nous communiquons ? Sous différentes formes : premièrement, depuis 2001, puisque j'ai été élue en 2001, nous faisons un bulletin municipal, huit fois par an et ce bulletin municipal est entièrement fait par les élus, c'est-à-dire que nous ne prenons pas de service extérieur mais nous le faisons nous-mêmes. Ça nous permet de communiquer quotidiennement sur ce que nous faisons. Deuxièmement, nous faisons énormément de réunions. Alors, je voulais juste faire un petit aparté, nous avons reçu le questionnaire envoyé par le Sénat, et une question m'a laissée rêveuse. Quand on nous a demandé combien de temps nous, les femmes maires, nous passions par semaine à la mairie. Il y avait moins de 5 heures, de 5 à 10 heures, 10 à 15 heures et plus de 20 heures. Alors ça m'a laissée rêveuse, parce que moi j'ai ri rageusement en me disant que c'était plutôt plus de 50 heures, parce que quand on est toute la journée à la mairie pour gérer une ville, plus tous les soirs pour les réunions, plus les week-ends où il y en effet des tas de manifestations, le questionnaire m'avait laissée très perplexe, mais je ne sais pas comment ont réagi les autres femmes. Qu'en est-il au niveau de la communication : celle-ci est indispensable avant, pendant et après. À chaque fois que nous avons un projet, que ce soit des projets de construction, de nouveaux services, d'agrandissement, ou quoi que ce soit, nous faisons toujours au préalable une réunion d'information avec les acteurs de ce projet. Ensuite, nous voyons un peu ce qu'ils en pensent, en leur présentant notre projet. Pendant la réalisation, nous continuons à organiser ces réunions, et bien sûr après. Nous faisons également des réunions d'information que nous appelons des réunions publiques deux fois par an. C'est-à-dire que deux fois par an, c'est une réunion publique ouverte à toute la population, où chaque habitant peut venir s'informer et poser des questions en direct. Nous faisons également des réunions à peu près une fois tous les deux mois avec toutes les associations, parce que, à Vaucresson, nous avons un tissu associatif extrêmement important, notamment des associations de quartier et là chaque quartier a des demandes spécifiques. Tous les deux mois nous les voyons, de façon à pouvoir répondre et faire tout de suite ce qui est possible pour nous de faire. Nous avons également créé un site Internet qui est un moyen rapide pour la population de communiquer, et qui permet de pouvoir lui répondre. Voilà ce que je voulais dire : à mon avis, actuellement, au préalable l'information permet de résoudre 90 % des problèmes et surtout à tout le monde d'être informé. Dernière petite chose, je vois les contribuables associés, puisque nous avons cette association sur Vaucresson : à partir du moment où ils sont informés au préalable – il est vrai que nous n'avons plus de problèmes avec eux – et ils nous disent : « On ne sait plus quoi demander, parce que l'on est déjà informés par les bulletins et les réunions. »

Pierre-Henri Gergonne : Et il est vrai qu'ils sont parfois virulents !

Christel Duborper : Je suis maire de Cobrieux, village de 560 habitants dans le Nord. Je reviens sur le problème des nouvelles technologies et en particulier de l'ADSL puisque mon village est sans ressource aucune, car nous n'avons pas de commerce, ni d'activité économique. Mais il y a une grande bonne volonté de la part des habitants et un fort attrait pour les nouvelles technologies, puisque nous avons pu quand même monter un site Internet pour la mairie grâce à l'aide d'un bénévole de la commune. L'association a aussi son site, et j'ai régulièrement des demandes de mes administrés pour obtenir l'ADSL que nous n'avons pas. Ou du moins, il n'y a que quelques personnes parce que nous sommes en bout de ligne. Alors, moi, j'ai pris des contacts avec France Télécom, je leur ai téléphoné souvent, je leur ai écrit et mes contacts, malheureusement, ainsi que mes lettres, sont toujours restés sans réponse. Ce que je trouve particulièrement désobligeant. Je ne demandais même pas à France Télécom de me donner une date précise à laquelle on aurait l'ADSL, mais du moins de me donner des arguments ou quelque chose à répondre à mes administrés, qui, eux, téléphonent. On leur dit : « Ce n'est pas la peine d'appeler, vous n'avez qu'à demander à votre maire… Il n'y a que votre maire qui peut faire quelque chose ». C'est vous dire un peu dans quelle situation on est. D'autant que la semaine dernière, moi-même j'ai été démarchée, vous savez qu'il y a des enquêtes, j'ai été démarchée, on m'a demandé si sur le plan de la téléphonie, j'étais chez France Télécom ou chez un autre, combien je payais, et puis tout d'un coup, au fait vous connaissez l'ADSL ? Je trouve ça lamentable, on est représentant d'une collectivité, on écrit à France Télécom et ils ne prennent même pas la peine de répondre aux élus.

Pierre-Henri Gergonne : Merci beaucoup Madame pour ce témoignage.

Françoise Bloch : Je suis maire de Mur-de-Sologne, une commune de 1 200 habitants dans le Loir-et-Cher. Nous sommes sur un grand axe de communication, sur la départementale 765, qui relie la Bretagne à l'Italie. Il y a 6 500 véhicules par jour, ce n'est pas une boutade, c'est vrai. C'est un grand réseau de communications, mais nous n'avons toujours pas l'ADSL. Ça doit arriver. Ceci dit ma commune est une commune rurale avec une moyenne d'âge assez élevée et je pense même que, lorsqu'il y aura l'ADSL, 80 % de la population ne sera pas mieux informée, parce qu'elle n'a pas les moyens ou les possibilités matérielles, intellectuelles, techniques ou la volonté de s'adapter à ces nouvelles technologies. On a deux bulletins municipaux par an qui sont effectivement très attendus et qui demandent un travail considérable et un investissement financier important pour une commune de 1 200 habitants avec une taxe professionnelle très réduite aussi. Quand on fait des projets, on fait aussi des réunions publiques. Je suis un peu sceptique sur le phénomène des réunions publiques, parce que plusieurs fois on a fait des réunions publiques en amont d'un projet et quand, le lendemain, les informations circulaient dans le village, on avait l'impression qu'on tombait de la lune. On ne sait pas où est-ce qu'ils avaient été pêcher les informations qui étaient divulguées, mais on a dû parler chinois ce soir là, parce que vraiment il se passe des choses bizarres.

Pierre-Henri Gergonne : Je vois beaucoup de vos collègues qui approuvent ce que vous venez de dire Madame.

Jacqueline Perroud : Je suis maire de Vions, commune de 357 habitants, en Savoie. Je crois que je peux dire à peu près la même chose que les collègues, en ce qui concerne les réunions publiques, on ne peut pas aller contre la mauvaise foi des gens. Ceux qui sont avec vous seront toujours avec vous, mais ceux qui font partie de l'autre projection trouveront toujours un petit détail qui ne leur convient pas. Je pense que, malgré tout, il ne faut pas baisser les bras, il faut continuer dans cette voie parce que, quand on a bien expliqué les choses, on a plus de chances d'être accepté. Petit à petit on gagne du terrain, on arrive à convaincre les gens de la nécessité de certains aménagements et de certains travaux. Ce que l'on fait dans notre commune actuellement en Savoie, il existe des mini-contrats de développement. Ce sont des subventions exceptionnelles qui sont allouées aux petites communes avec de faibles revenus. Un mini-contrat de développement est accepté une seule fois dans l'existence d'une petite commune, à condition de présenter un plan d'ensemble d'aménagement de village. Ce sont des travaux qui sont échelonnés sur trois ans. Ce sont des gros travaux qui accompagnent la vie des gens de tous les jours. Au fur et à mesure que les travaux avancent, on fait des réunions avant, pendant, c'est-à-dire on prévient les riverains, parce que vous savez toujours, on a un plan d'aménagement, on a des études préalables et après on fait quelques modifications. On informe les riverains, on tient compte autant que possible de l'avis de tout le monde, et petit à petit les choses se passent. Pour ce qui est de l'information, on a le bulletin municipal basique, ayant peu de revenus, chaque commission fait son petit topo sur disquette et c'est le maire qui s'y colle pour faire la mise en page, mais aussi le mot du maire, et qui photocopie et agrafe les pages. Quand on a peu de revenus, ça se passe comme ça, une fois par an. Autrement, pour ce qui est de l'information, l'Internet, il y a peu de gens qui ne l'ont pas encore dans la commune. L'ADSL couvre la commune à 80 %, mais moi qui suis plutôt à l'extérieur de la commune, en limite de commune, je ne suis pas couverte pas le réseau

ADSL. Au début, mes conseillers communiquaient pas mal avec moi par e-mails, mais maintenant ils trouvent que c'est pénible d'avoir un maire qui n'a pas l'ADSL. Voilà où on en est, et de toute façon, l'ADSL, il y a certaines personnes qui pourraient l'obtenir, mais pour des raisons financières, ils ne le prennent pas. J'ai constaté que ce n'est pas forcément à partir du moment où l'on a l'ADSL qu'on se connecte sur le réseau.

Pierre-Henri Gergonne : Merci Madame de votre témoignage. Madame Beaufils vous avez la parole.

Marie-France Beaufils : Je crois qu'on a déjà bien engagé le débat sur la troisième partie des thèmes, puisque c'était la notion de participer et que communiquer et participer, on a bien vu que c'était bien ensemble, que ça se mettait en place. Les pratiques qui tentent donc d'associer les citoyens aux décisions locales ne sont pas nées d'aujourd'hui, elles sont anciennes et diverses. Elles ont été souvent prises sur l'initiative des élus, et maintenant elles sont rentrées dans la loi depuis peu de temps. On a eu un certain nombre de réformes comme celles de 2002 sur le renforcement des rôles des commissions consultatives des services publics locaux. L'obligation de créer des conseils de quartiers dans les communes de plus de 80 000 habitants, mais comme on a très peu de maires femmes dans les communes de 80 000 habitants, on se rend compte que, parfois, vous n'avez pas attendu d'avoir un texte de lois pour mettre en place cela. Il y a eu aussi la mise en place des conseils de jeunes ou de sages, c'est la loi du 27 février 2002 – mais là aussi on sait que c'était mis en place avant le texte de loi 2003 et 2004 –, ça a été la reconnaissance d'un droit de pétition, la création de référendums décisionnels locaux, la généralisation des consultations locales, tout ça par de multiples textes que vous connaissez. Les réponses au questionnaire qui vous a été adressé montrent que le développement de la démocratie participative locale constitue l'une de vos préoccupations premières, et on vient de le sentir maintenant, c'est l'une des spécificités de la gestion communale par les femmes. 54 % des femmes maires interrogées déclarent ainsi avoir développé la démocratie locale dans leur commune à travers les relations avec les associations. Mais, pour 83 % d'entre elles, ce qui est beaucoup, les conseils de quartiers, consultations à un référendum local semblent rencontrer moins de succès.

Êtes-vous favorable au développement de la vie participative locale ou au contraire estimez-vous que la démocratie locale est avant tout une démocratie représentative qu'il convient de ne pas affaiblir ? Je crois que vous avez déjà commencé à y répondre. Les associations vous semblent-elles effectivement constituer des relais incontournables de votre action, un frein à vos initiatives ou un partenaire parmi d'autres, nécessaire mais pas exclusif ? Que pensez-vous des conseils de quartiers, des commissions consultatives des services publics qui ne sont obligatoires que dans les grandes communes ? Est-ce que ça peut-être quelque chose qui se développe ? Envisagez-vous d'organiser des référendums décisionnels locaux ou de simples consultations ? Dans ce cas, estimez-vous que toute la population, y compris les gens étrangers et non les seuls électeurs inscrits devraient participer à cette consultation ?

Bernadette Dupont : Je suis tout à fait désolée mais il nous reste dix minutes de débat, ce qui est bref pour un sujet aussi important. Je vous demanderai d'être très brèves, s'il vous plaît, chacune donne son point de vue.

Pierre-Henri Gergonne : Voilà une première main qui se lève, Madame.

Anne Le Gloan : Je suis maire, depuis 1989, d'une commune de 4 000 habitants (Jarrie). C'est dans l'Isère, pour vous montrer qu'il n'y a pas que l'Indre-et-Loire qui est représenté. Je voudrais juste intervenir pour vous dire qu'il n'y a pas non plus de disparités, les problèmes de communication et d'information sont valables pour les hommes comme pour les femmes. Il faut faire participer nos habitants et, on l'a vu lors de la précédente discussion, beaucoup informer, communiquer. Moi j'avoue que c'est parfois difficile : toutes les réunions des conseils municipaux sont publiques et il y a souvent peu de monde, sauf lorsque les sujets préoccupent personnellement les citoyens. C'est pour ça que je suis réservée et même défavorable aux référendums locaux. Pourquoi ? Tout simplement parce que ce sont ceux qui ont une question personnelle à régler qui viennent et qui participent. Les questions d'ordre général et d'intérêt communautaire se traiteront lors des échéances communales. Il faut quand même être vigilant afin de ne pas subir les pressions permanentes des uns et des autres.

Pierre-Henri. Gergonne : Chacun comme vous dites regarde midi à sa porte, n'est-ce pas ? Merci Madame. D'autres témoignages ? Madame.

Astrid Gaignault : Je suis maire de Diors dans l'Indre. Je voulais juste approuver ce que vient de dire ma collègue, évidemment. C'est vrai que quand je suis entrée dans la commune, je me suis posé la question de faire un référendum auprès de ma commune, et puis quand je me suis rendu compte des bruits qui couraient sur cette entrée dans l'agglomération que ferait Rosine, les ragots qui se racontaient sont venus de je-ne-sais-où et sortaient de la tête des gens n'importe comment.

Pierre-Henri Gergonne : Ils avaient peut-être une opposition, remarquez.

Astrid Gaignault : Non, ce n'était pas une opposition, justement, parce qu'il n'y a pas d'opposition dans une commune de 750 habitants. Il n'y a pas d'opposition politique mais personnelle. J'ai renoncé en me disant que l'enjeu ne serait pas pris en compte, mais seulement les idées, les ragots qui se racontaient.

Pierre-Henri Gergonne : Merci. Madame, on vous écoute.

Annie Lagrange : Je suis maire, dans la Vienne, à 40 kilomètres de Poitiers. Je voudrais vous parler des associations dans nos communes. À Lussac-les-Châteaux, il y a 42 associations sur une commune de 2 500 habitants, et je voudrais leur rendre hommage aujourd'hui parce que nos communes, sans les associations, n'auraient pas d'âme. Pour moi, c'est très important, je crois que nous leur devons beaucoup et je crois aussi que c'est le monde associatif qui arrive ensuite à la mairie.

Pierre-Henri Gergonne : Et donc pour vous la démocratie participative passe par les associations ?

Annie Lagrange : Absolument. Et pour nous, nous avons besoin, en tant que maires, de nos associations.

Pierre-Henri Gergonne : Merci Madame.

Marie-France Burgaud : Maire de la commune de Bouaye (Loire-Atlantique), qui appartient à une métropole de 24 communes. Je voulais tout à l'heure intervenir sur la confrontation et le travail que l'on ne pouvait faire avec les partenaires pour l'ADSL, du coup je rebondis par rapport aux associations, parce qu'en définitive, avec le mandat que nous avons, on s'est rendu compte qu'il fallait beaucoup de liens, de concertations et parfois pas en réunion publique parce que les thèmes n'adhéraient pas complètement. Toute la population ne se déplace pas forcément, mais par contre, s'il y a des sujets transversaux, cela intéresse, et notamment on a découvert cette participation-concertation à travers les contrats éducatifs locaux ou les associations. Les acteurs extérieurs (conseil général, jeunesse et sports...) au moins participent et il est possible de créer des actions dans le cadre d'un projet qu'on a mis en place en début de mandat, et que l'on reconduit. Ce sont des actions de terrain, qui sont finançables et qui en tout cas mobilisent. Il faut faire savoir que les actions sont bien traduites par un certain nombre de supports et elles sont vécues par les acteurs de la commune. Au départ, on avait une dizaine d'actions, maintenant, sur l'année 2005, on a 25 actions sportives, culturelles, humanitaires... De même, on vient avec les écoles pour l'amélioration de la vie scolaire. Juste une parenthèse, on a fait un travail pour l'informatisation des écoles via les nouvelles technologies wi-fi puisqu'on a l'ADSL et en fait tout ce travail de partenariat a réussi à satisfaire complètement les enseignants, parents d'élèves et surtout les enfants.

Bernadette Dupont: Vous avez combien d'habitants Madame ?

Marie-France Burgaud : 5 600 habitants

Pierre-Henri Gergonne : Merci beaucoup. D'autres réactions, d'autres témoignages ?

Yolaine Le Cadre : Je suis maire de Vezin-le-Coquet (Ille-et-Vilaine), une commune limitrophe de Rennes, appartenant à Rennes métropole, un peu plus de 4 000 habitants. Je voudrais apporter un témoignage en termes de démocratie participative sur deux projets que nous avons mis en place dans notre commune à l'occasion de la création d'un projet urbain avec une démarche de développement durable particulièrement innovante. On a souhaité associer les citoyens à cette démarche, on a réfléchi à la façon dont on pouvait les faire participer et on a mis en place ce qu'on appelle les ateliers thématiques, auxquels volontairement les citoyens se sont associés très vite, mobilisés de façon assez enthousiaste. On les a incités à réfléchir sur le devenir de notre commune dans les 20 prochaines années, et je dois dire que dans notre ville, la démocratie participative était une vraie découverte de l'attente des citoyens à participer à ces projets futurs et on m'a conduit également à un autre projet de ce type qui est en cours de réalisation. C'est comme l'a dit un bon nombre d'intervenants sur la mise en place des contrats éducatifs locaux et effectivement c'est aussi un bon moyen de démocratie participative particulièrement riche, en particulier quant à l'implication des associations et de tous les partenaires éducatifs. La démocratie participative que nous avons découverte est pour nous un bon moyen de sensibiliser les citoyens et de les faire participer à ce qu'ils souhaitent pour demain.

Pierre-Henri Gergonne : D'autres réactions, d'autres témoignages sur cette démocratie participative que l'on dit parfois plus féminine, si je puis dire, que la démocratie représentative ?

Colette Dubosc : Je suis maire de Saint-Laurent-du-Bois (Gironde), un petit village de 219 habitants aux portes de l'Entre-deux-mers. Un village essentiellement viticole. Au niveau des associations, nous faisons partie depuis peu de la Communauté de communes des Coteaux Macariens. À Saint-Laurent, nous avons une seule association pour passer l'information sur toutes les associations concernant la communauté de communes. Nous éditons nous-mêmes notre bulletin municipal et le distribuons au porte-à-porte.

Pierre-Henri Gergonne : Merci Madame, merci beaucoup.

Bernadette Dippe : C'est à propos des associations. Suite à l'installation dans la communauté de communes d'une station expérimentale de haut débit par satellite qui marche maintenant, et reprend cette installation à son compte pour redistribuer du haut débit jusqu'à deux villages plus loin. Ça se passe dans le Loir-et-Cher, dans le Perche vendômois, entre Saint-Agil et Boursay. On reçoit le haut débit par satellite et c'est retransmis par wi-fi, parce que l'on fait partie de la zone qui n'aura jamais l'ADSL, parce qu'on est en bout de distribution. Et c'est une association qui se charge maintenant d'étendre les possibilités à un autre village, qui est le mien d'ailleurs.

Pierre-Henri Gergonne : D'accord, merci beaucoup Madame. D'autres témoignages pour finir ?

Il faut d'abord que je donne la parole à Mme Beaufils qui doit nous faire une petite synthèse de tout ce qui a été dit et au besoin, vous pourrez rajouter un élément, mais nous avons encore 5 minutes, donc Mme Beaufils, vous avez la parole.

Marie-France Beaufils : Je vais être très brève. Ce que j'ai retenu de ce matin dans ce que vous avez dit, c'est la nécessité de préparer la relève par la formation des conseillers municipaux, mais aussi par l'intermédiaire des conseils municipaux des jeunes, pour que je ne trahisse pas votre pensée. Vous avez exprimé également pour l'une, mais je crois que c'était largement partagé, l'inquiétude que fait naître l'intercommunalité par rapport aux rôles des communes et des maires dans ces communes. Vous vous êtes également interrogées sur l'insuffisance de l'intervention des services de l'État ou peut-être sur la nécessité de les solliciter plus pour d'autres. Remarquez que les lois sont très compliquées et leurs interprétations peuvent être diverses, c'est ce qui pose problème, car vous n'avez pas obligatoirement les moyens d'interprétation ni de financer les personnels pour le faire. Mais vous appréciez aussi quand vos associations de maires départementaux peuvent vous mettre à disposition des moyens d'information réguliers. Quant à la communication, pour l'essentiel, vous la travaillez au travers du journal, fait bien souvent par les élus. Vous êtes nombreuses à avoir des sites Internet, ce qui quand même est intéressant malgré les problèmes d'ADSL, y compris de France Télécom qui n'apporte pas toujours la contribution au niveau qu'il conviendrait. Vous privilégiez quand même beaucoup les réunions avec les habitants, et il se trouve que c'est très intéressant.

Sur la notion du communiquer, avant, pendant et après, je pense que ce sont en effet des façons d'apporter la possibilité d'engager l'ensemble des habitants concernés dans ces projets. Constater également que ce n'est pas par la présence au conseil municipal que vous associez le plus les habitants. C'est malheureusement un constat que l'on fait toutes. D'autre part, vous avez, les unes et les autres, dit que vous utilisiez des outils comme les contrats éducatifs locaux, mais aussi les associations comme élément important dans cette vie locale.

Je crois quand même que, globalement, ce sont davantage les rencontres avec les habitants que vous semblez privilégier toutes dans ce domaine. Je ne sais pas si j'ai bien résumé, mais j'ai essayé de le faire au mieux.

Bernadette Dupont : Je vous remercie, Madame Beaufils, Madame la rapporteure. Vous nous avez fait une synthèse qui me paraît être une vue très générale est très consensuelle du rôle des élus et des maires de villes, quelle que soit leur importance. On peut peut-être mettre des nuances sur les très grandes villes, mais en fait, il y a quand même de nombreux problèmes qui se recouvrent. Donc je pense que vous pourrez, que nous pouvons accorder à Madame la rapporteure la possibilité de nous faire une synthèse pour cet après-midi à la séance plénière. Je pense que nous nous y retrouverons tous, toutes plutôt.

Synthèse de la Commission n° 3

« S'informer, communiquer et participer »

La commission n° 3 s'est réunie afin d'examiner trois thèmes ayant trait aux relations entre les maires et l'ensemble des acteurs de la vie locale et intitulés : s'informer, communiquer et participer.

Elle a tout d'abord constaté que les maires éprouvaient de grandes difficultés à se tenir informés des réformes incessantes affectant la vie de leur commune et souhaitaient en outre y être davantage associés.

Elle a souligné que ces réformes, décidées par l'Union européenne, l'État ou même des entreprises chargées d'une mission de service public, emportaient des conséquences parfois considérables, qu'il s'agisse de la modification des normes en matière de sécurité ou d'assainissement, du transfert de nouvelles compétences dans le cadre d'une loi de décentralisation, de la fermeture d'un bureau de poste, ou encore de la réorganisation des perceptions.

Certaines femmes maires ont exprimé un sentiment de désarroi - et parfois même d'abandon - face au nombre et à la complexité des règles applicables, à la difficulté de dégager du temps pour suivre des formations adaptées, au manque de personnel, notamment dans les petites communes, et au soutien insuffisant des services déconcentrés de l'État, dont les décisions sont parfois contradictoires. Dans le même temps, le développement des intercommunalités, qui permet de pallier certaines de ces difficultés, laisse à de nombreuses femmes maires le sentiment d'une dépossession progressive de leurs attributions.

La commission a ensuite noté que la communication constituait une dimension essentielle de l'exercice des fonctions électives, nécessaire à la fois pour recueillir les attentes des acteurs locaux mais également pour faire connaître les résultats des actions menées par les élus.

Elle a observé que les femmes maires avaient dans une large majorité éprouvé la nécessité, peu après leur élection, de définir de nouvelles orientations en matière d'information et de dialogue avec les habitants de leur commune. Beaucoup ont souligné l'importance du bulletin municipal, souvent réalisé par les élus eux-mêmes.

La commission a estimé que le recours aux nouvelles technologies de l'information et de la communication constituait une chance, en permettant d'éviter les déplacements inutiles et les échanges de documents encombrants, mais représentait également une obligation extrêmement lourde pour les petites communes, la constitution de réseaux de télécommunications performants et leur maintenance induisant en effet de lourdes charges.

Il a été rappelé qu'en tout état de cause, aucune technologie ne saurait remplacer le contact direct entre les maires et leurs concitoyens, qu'il s'agisse de recueillir les attentes de ces derniers ou d'expliquer les projets communaux.

Enfin, la commission a observé que les pratiques tendant à associer les citoyens aux décisions locales étaient anciennes et diverses mais faisaient l'objet d'un encadrement croissant par la loi. Ont ainsi été évoquées les dispositions adoptées depuis 2002 pour renforcer le rôle des commissions consultatives des services publics locaux, rendre obligatoire la création de conseils de quartiers dans les communes de 80.000 habitants et plus, instituer un droit de pétition des électeurs des collectivités territoriales, permettre l'organisation de référendums décisionnels locaux et généraliser les consultations locales.

La commission a relevé que le développement de la démocratie participative locale constituait l'une des préoccupations premières des femmes maires et l'une des spécificités de leur gestion, les relations avec les associations, « âme de la vie locale », étant privilégiées par rapport aux conseils de quartier, consultations et référendums locaux. L'importance de l'organisation de réunions publiques avant, pendant et après la décision a également été soulignée, certaines femmes maires jugeant cependant leurs résultats parfois décevants.

Les travaux de la commission ont ainsi mis en exergue la triple nécessité :

- d'associer davantage les maires aux réformes qui affectent la vie de leur commune et de mieux les informer sur les nouvelles règles qu'ils doivent appliquer ;

- de permettre à l'ensemble du territoire d'accéder au haut débit sur Internet afin de simplifier le fonctionnement des communes et de faciliter la communication avec l'ensemble des acteurs de la vie locale ;

- de développer la démocratie participative sans pour autant remettre en cause la légitimité des élus locaux, fondée sur leur élection au suffrage universel direct, et de préparer la relève en associant les jeunes à la vie publique, notamment au sein des conseils municipaux de jeunes.

Commission n°4 – Salle des Séances

Comment favoriser une participation plus importante des femmes à la vie publique ?

COMMISSION N°4 :

COMMENT FAVORISER UNE PARTICIPATION PLUS IMPORTANTE DES FEMMES A LA VIE PUBLIQUE ?

Présidente : Mme Michèle ANDRÉ, Sénatrice du Puy-de-Dôme
Rapporteure : Mme Valérie LÉTARD, Sénatrice du Nord

Animateur : Franck Guérin,
journaliste au Bulletin Quotidien

Mme Michèle André, Sénatrice du Puy-de-Dôme, vice-présidente du Sénat, présidente de la commission n° 4

Mesdames les Maires venues de toutes les communes de France. Madame le Maire d'Heidelberg, en Allemagne, assise au premier rang. Mes chers collègues Sénatrices, Sénateurs, mon premier mot sera pour vous souhaiter, au nom du président du Sénat, la plus cordiale bienvenue dans l'enceinte du Sénat, et plus spécialement dans cette prestigieuse salle des séances. Dans l'immédiat, je vais donner la parole à M. Franck Guérin, journaliste au *Bulletin quotidien,* qui va vous fournir quelques indications sur le déroulement de nos travaux. Vous avez la parole, Monsieur Guérin.

Franck Guérin : Merci Madame. Bonjour Mesdames les Maires. Il m'a été demandé d'animer les travaux de cette matinée. C'est, je crois, je suis même certain, assez impressionnant d'être ici, pour vous toutes comme pour moi. Dans cette salle des séances du Sénat où se façonne, se pétrit la loi, où s'édictent les normes qui s'imposent à nous tous ensuite. Vous êtes ici pour plancher, si je peux me permettre, au sein de la commission intitulée « Comment favoriser une participation plus importante des femmes à la vie publique ». Si votre présidente, Mme Michèle André, m'y autorise, j'aimerais vous la présenter ainsi que la rapporteure, Mme Valérie Létard. Mme André est sénateur socialiste, pardonnez-moi, sénatrice socialiste du Puy-de-Dôme, et ce depuis 2001. Elle est également vice-présidente du Sénat depuis le dernier renouvellement partiel de la Haute Assemblée ; c'était à l'automne dernier en 2004. Elle est membre de la commission des lois, dans cette maison. Mme André est, par ailleurs, vice-présidente du conseil général du Puy-de-Dôme et conseillère municipale de la ville de Clermont-Ferrand. Cet ancrage local est l'illustration du lien très fort, très fort car constitutionnel, qui existe entre le

Sénat et le territoire, autrement dit l'ensemble des collectivités territoriales, communes, départements et régions. Je rappellerai également que Mme André a occupé des fonctions ministérielles : elle a ainsi été secrétaire d'État chargée des Droits de la femme, c'était dans le gouvernement de Michel Rocard, je crois, de 1988 à 1991 et ce souci de la défense du droit de la femme constitue d'ailleurs un axe majeur de son engagement politique, puisqu'elle vient, avec d'autres élus socialistes et la totalité du groupe socialiste de la Haute assemblée, de déposer une proposition de loi visant à renforcer la lutte contre les violences commises à l'égard des femmes et au sein des couples. Ce texte, d'ailleurs, je crois, vient en commission des lois demain et fera l'objet d'une discussion en séance plénière ici, dans cette salle, à la fin de ce mois-ci avec l'aval, l'accord de l'ensemble des membres de cette Haute assemblée.

J'en viens maintenant à Mme Valérie Létard ici présente, votre rapporteure. Elle est sénatrice – cette fois je n'ai pas dit sénateur – du Nord, et ce aussi depuis 2001. Elle est membre du groupe de l'UC-UDF du Sénat. Elle est également conseillère régionale de Nord-Pas-de-Calais. Et sans rien dévoiler du contenu de ce que vous allez nous dire, dans quelques instants, Madame, permettez-moi de noter que vos engagements territoriaux sont l'illustration de ce que les femmes peuvent fort bien sortir du champ social : handicapés, personnes âgées, crèches, secteur que les hommes sont assez tentés de leur réserver, quand ils se voient contraints de partager avec elles le pouvoir, afin de mieux les y enfermer. Ne surtout pas s'occuper de budget, de choses sérieuses, autrement dit. Mme Létard, certes, a été assistante sociale, à Saint-Amand-les-Eaux. Elle est ici au Sénat, vice-présidente de la commission des affaires sociales, mais elle est, dans sa région, présidente de la commission de l'aménagement du territoire et de la politique de la ville, donc de la région Nord-Pas-de-Calais. Je rappelle que nous avons la chance d'avoir avec nous Beate Weber qui est maire de Heidelberg. J'espère avoir été bref, Madame, et je vous rends bien volontiers la parole.

Michèle André : Je vous remercie. Permettez-moi, Monsieur Guérin, de corriger un tout petit peu mon curriculum vitæ, je ne suis plus vice-présidente du conseil général du Puy-de-Dôme, j'ai choisi de ne pas garder ce poste quand je suis arrivée ici, à la vice-présidence du Sénat, soupçonnant que j'y aurais une activité intense et souhaitant le faire le mieux possible. Donc je ne suis plus vice-présidente du conseil général. Je suis conseillère générale dans le canton de Clermont, et je ne suis plus non plus conseillère municipale, parce que je n'avais pas le temps de me consacrer à toutes les activités.

Franck Guérin : Alors, trop informé ou mal informé, je bats ma coulpe.

Michèle André : Merci beaucoup. Mesdames les Maires, mes chères collègues, c'est pour moi un honneur, un privilège et pour tout vous dire, un grand bonheur, de présider un hémicycle composé de femmes à la quasi-unanimité. Une assemblée de femmes. Je suis habituée à observer d'ici, lorsque je préside les séances du Sénat, en effet, une assistance assez uniforme, mais beaucoup plus masculine. C'est la seconde fois que la salle des séances du Sénat se met ainsi à l'heure des femmes. La première fois, c'était pour la Journée du livre d'histoire, en juin dernier. Une journée entièrement consacrée à l'histoire des femmes. Le moment est exceptionnel. Nous sommes à la veille de la Journée de la femme, et tout près d'une date anniversaire importante : voilà soixante ans aux municipales du printemps 1945, les femmes votaient pour la première fois. Il a fallu un siècle et demi de lutte pour qu'elles en acquièrent le droit. À la Révolution, Olympe de Gouges avait en vain revendiqué que l'on donne à la femme qui a le droit de monter sur l'échafaud aussi celui de monter à la tribune. Pendant longtemps, les hommes ont considéré les femmes non comme des citoyennes, mais uniquement comme des épouses et comme des mères. Lorsque le suffrage prétendument universel fut institué, en mars 1848, les femmes en furent exclues comme les hommes privés de leurs droits par la justice, les faillis ou les déments internés. Lueur d'espoir au début du XXe siècle, les propositions de loi se succèdent pour reconnaître le droit de vote aux femmes. Mais les parlementaires ne sont guère enthousiastes, particulièrement ici au Sénat. Que les femmes nous gardent la paix, le refuge du foyer de la famille, voilà leurs rôles et leurs missions, c'est là qu'elles ont du génie, et non pour d'autres activités. Voilà ce que l'on pouvait entendre alors. Cette époque de misogynie triomphante, nous pouvons sans honte la rappeler dans cette enceinte, car le Sénat d'aujourd'hui ne ressemble guère à celui d'hier. Il a depuis longtemps fait sa révolution et nos états généraux sont une illustration de son attachement à la parité. On n'avait pas fait grand pas à la veille de la Seconde Guerre mondiale, en faveur de la participation des femmes à la vie politique, avec ce paradoxe cependant : la femme fut admise comme ministre avant d'être reconnue citoyenne. Trois femmes, en effet, participèrent au gouvernement du Front populaire. Je veux saluer ici les trois femmes sous-secrétaires d'État de Léon Blum : Irène Joliot-Curie à la Recherche scientifique, la Périgourdine Suzanne Lacore à la Protection de l'enfance, et Cécile Brunschvicg à l'Éducation. Les Françaises ne pouvaient toujours pas voter, alors qu'à l'étranger le droit de vote avait été accordé aux femmes dans la plupart des pays de développement comparable à la France, souvent à l'issue du conflit de 1914-1918. C'est dans la Résistance que les Françaises ont gagné le droit de voter, et de se présenter aux élections. À la suite de l'engagement pris par le général de Gaulle au printemps de 1942, l'article 17 de l'ordonnance du 21 avril 1944, relative à l'organisation des pouvoirs publics à la Libération, a posé ce principe : les femmes sont électrices et éligibles, dans les mêmes conditions que les hommes. Mais l'obtention tardive du droit de vote s'accompagne jusqu'à la fin du XXe siècle d'une sous-représentation des femmes dans la vie politique française. Dans l'Union européenne, la France était à l'avant-dernier rang pour le pourcentage des femmes dans les assemblées parlementaires. Au niveau mondial, nous étions au 59e rang. Le Sénat de l'an 2000 comptait moins de femmes que le

Conseil de la République de 1946. Il y eut trois vice-présidentes : Gilberte Brossolette, entre 46 et 54, Marcelle Devaud entre 48 et 51, et Marie-Hélène Cardot entre 59 et 71 pour la composition à ce moment-là du Sénat. La scène politique était immobile, verrouillée par des partis aux instances très majoritairement masculines, c'est de là qu'est née la revendication de la parité. On s'est enfin posé une question élémentaire. Combien d'hommes, combien de femmes, là où sont votées les lois, là où sont prises, à tous les échelons de la vie publique, les décisions collectives qui s'appliquent à tous, aux femmes comme aux hommes ? Est alors apparu que seule une politique volontariste, une intervention du législateur, serait de nature à vaincre les blocages partisans et à aider les femmes à combattre les obstacles historiques et sociologiques qui les empêchaient véritablement de participer à la vie politique. La loi dite de parité du 6 juin 2000, intervenue malgré certains propos d'arrière-garde tenus ici même, dont j'ai relu les débats, après une modification de la Constitution, a obligé les partis politiques à présenter un nombre égal d'hommes et de femmes pour les élections au scrutin de liste : régionales, municipales (dans les communes de 3 500 habitants et plus), sénatoriales (à la proportionnelle dans les départements avec un nombre de sièges qui était de trois, et qui est hélas remonté à quatre) et européennes. Elle a prévu aussi de pénaliser financièrement les partis qui ne respectent pas le principe de parité, lors de la désignation des candidats pour les élections législatives. Le bilan de cette législation est contrasté. Quand la loi est contraignante, c'est-à-dire quand elle impose des investitures paritaires, le taux de participation des femmes à la vie publique s'en trouve incontestablement amélioré. On l'a vu aux municipales de mars 2001, aux sénatoriales de septembre 2001 et septembre 2004, aux régionales et européennes de 2004. La présence des femmes est aujourd'hui importante dans les conseils municipaux 33 %, régionaux 47,6 %, au Parlement européen 43,6 %, au Sénat, nous sommes 17 % de femmes. Là où la loi se borne à inciter les partis politiques, la parité, en revanche, ne progresse guère. Aux législatives de 2002, la part des femmes a progressé de manière dérisoire. Aux élections de 2002, les grands partis ont préféré les sanctions financières à la promotion des candidates. Et puis, il y a là où la loi est muette, les cas qu'elle n'a pas abordés, notamment celui des élections aux conseils généraux. La proportion globale des femmes dans les conseils généraux est de 10,9 %. Dans 18 départements français, il y a sans doute parmi vous des femmes de ces départements, dans 18 départements français on ne trouve, encore aujourd'hui, aucune femme élue. Enfin la législation sur la parité n'aborde pas certaines questions pourtant essentielles en termes de pouvoir politique, notamment la question des exécutifs. Les femmes sont entrées massivement dans les conseils municipaux, peu nombreuses sont celles que vous représentez aujourd'hui qui ont pu s'asseoir dans le fauteuil de maire, 10,9 % de femmes maires, un peu plus de 4 000 pour nos 36 000 communes. Et les conseils régionaux, qui sont les assemblées les plus féminisées, n'ont qu'une seule femme actuellement présidente de région. Autre point noir, l'intercommunalité, vers laquelle de nombreuses compétences sont transférées. 5 % seulement des structures intercommunales à fiscalité propre ont à leur tête une femme, et cette proportion diminue dès qu'il s'agit de structures démographiquement importantes. Pour conclure, je veux insister sur l'essentiel : l'enjeu démocratique des partages des pouvoirs. Les décisions reflètent les valeurs, les points de vue et les expériences de ceux qui les prennent. La politique c'est l'affaire de tous, des femmes comme des hommes, et les femmes ne peuvent peser sur les décisions qu'à condition d'être suffisamment nombreuses. Les sociologues fixent ce seuil à 30 %, nous sommes encore loin de l'être aux postes de responsabilité. Pour cela, il faut lever un certain nombre d'obstacles, créer un environnement propice. Nous avons là matière à réflexion. Je vais donc laisser la parole à notre rapporteure, qui va nous proposer de mener cette réflexion autour de deux thèmes successifs : « La législation sur la parité en débat, caution ou tremplin ? », « Les obstacles matériels et culturels à la participation des femmes à la vie publique ». Madame la rapporteure, vous avez la parole.

Mme Valérie Létard, Sénatrice du Nord, rapporteure de la commission n° 4

Merci, Madame la Présidente. Mesdames les Maires, Mesdames et Messieurs les Sénateurs, comme notre présidente, je voudrais vous dire combien je suis heureuse et fière d'être parmi vous aujourd'hui. Ce n'est pas tous les jours effectivement qu'on voit autant de femmes dans cet hémicycle, et j'espère que cela viendra, et qu'en tout cas un jour il y en aura à parité. Notre présidente, Mme André, l'a souligné en nous rappelant les principaux chiffres. Le bilan actuel de la législation sur la parité, mais c'est encore une loi jeune, est mitigé. L'observatoire de la parité, qui est placé auprès du Premier ministre, a rendu plusieurs rapports sur l'application de la loi. Il a constaté des progrès mais aussi des insuffisances. Il a fait un certain nombre de recommandations. Constatant, je le cite, que « les résultats montrent clairement qu'en l'absence de mesures contraignantes, il ne se passe rien », il propose d'enrichir et de compléter la loi pour que la parité s'applique selon des modalités adaptées à toutes les élections. Il recommande aussi que les partis politiques adoptent pour leurs instances dirigeantes, à tous les niveaux, une composition paritaire. Nous avons, aujourd'hui, l'occasion de confronter cette expertise officielle à votre expérience de terrain, à votre jugement sur la parité. Vous avez répondu à un questionnaire avant de venir, et vos réponses sur la parité sont extrêmement intéressantes. Nous savions que la parité faisait débat, pas la parité en elle-même, bien sûr, mais l'intervention de la loi pour l'imposer. Vous nous en apportez une parfaite illustration. Vous êtes en effet divisées à peu près de moitié, j'allais dire, à parité, sur la parité mise en œuvre dans la loi du 6 juin 2000. Pour les unes, la parité est une mesure utile et nécessaire, pour les autres une mesure de principe qui ne change pas fondamentalement les choses. Faut-il compléter la loi sur la parité, pour inciter les Françaises à participer plus activement à la vie publique ? La très grande majorité d'entre vous ne se prononce ni dans un sens ni dans l'autre. Mais celles qui font confiance à la loi pour améliorer la participation des femmes souhaitent majoritairement son intervention pour rendre la parité obligatoire à toutes les élections. On peut, je crois, résumer ainsi vos réactions. Vous n'êtes pas séduites par l'idée de passage en force que traduit la parité imposée par la loi. Certaines d'entre vous vivent même comme une insulte le fait qu'elles pourraient devoir leur place non à leurs compétences, mais à leur sexe devenu critère de composition des listes électorales. Il est bien légitime que les femmes veuillent s'engager en politique sur d'autres bases. Nous sommes toutes et tous d'accord. Cependant, pourrait-on faire autrement ?

Le rappel historique de notre présidente l'a montré : il était difficile de s'en remettre à l'évolution naturelle de la société pour espérer une participation croissante des femmes à la vie publique, sauf en attendant très longtemps. Si peu de choses avaient bougé en un demi-siècle, alors qu'aucun retard socioculturel des femmes par rapport aux hommes ne pouvait plus être invoqué, il fallait vraisemblablement en passer par là, un geste fort, pour ouvrir une brèche décisive, dans le monopole masculin sur la politique. Il fallait une démarche volontariste pour installer la mixité en politique. Faut-il maintenant en rester là ou aller plus loin, nous allons en débattre. La question n'est pas seulement celle de l'entrée des femmes dans la vie publique, mais aussi celle de la place qu'elles occupent, celle de leur accès aux fonctions de responsabilités. Pour ne prendre que l'échelon communal, mais on pourrait prendre aussi la région, il existe une véritable distorsion entre le nombre de femmes élues conseillères municipales et la place des femmes dans les exécutifs municipaux. Vous le savez mieux que quiconque. Cette distorsion entre les limites d'une loi qui ne s'applique qu'à la composition des listes, mais ne concerne pas l'élection du maire et de ses adjoints souligne aussi les difficultés que les femmes rencontrent pour accéder au lieu réel du pouvoir. Nous touchons là le point crucial et la même réflexion peut être faite pour l'intercommunalité – Madame la Présidente l'a bien rappelé – échelon où les femmes sont largement absentes et vers lequel les transferts de compétences sont pourtant nombreux. Je vais vous faire une confidence, bien qu'ayant bénéficié de la loi sur la parité pour accéder au mandat sénatorial, je n'avais pas, a priori, de sympathie pour les processus de discrimination positive à l'égard des femmes. Je jugeais que, homme ou femme, chacun devait être choisi en fonction de ses compétences et non pour son genre. Et puis, j'ai changé de regard, je me suis rendue à cette évidence : malgré l'avancée que représente la parité des candidatures, le champ politique reste largement dominé par les élus masculins. Comment espérer que les choses changent en matière de parité, de parité réelle, et pas simplement formelle, si les femmes restent à la porte des exécutifs. Ma conviction est aujourd'hui qu'il faut les aider à franchir cette porte, les aider à prendre des responsabilités au niveau communal : à y faire leurs premières armes pour pouvoir ensuite aller plus loin, si elles le souhaitent. Il faut créer un vivier de femmes entraînées à la gestion des affaires publiques, si l'on veut faire évoluer petit à petit le paysage politique, y compris au niveau national. À mon avis, les femmes doivent être à tout le moins représentées dans les exécutifs municipaux en proportion de leur présence dans les conseils. J'ai testé cette idée auprès des femmes élues dans les conseils municipaux de mon département, qu'elles soient maires, adjointes ou conseillères municipales. J'ai obtenu 88 % de réponses favorables. Ces réponses sont certes, souvent, assorties de commentaires qui soulignent les résistances à en passer par là. Nous sommes encore une fois toutes d'accord, nous voulons être choisies pour nos compétences et non pour le seul fait d'être une femme. Mais si l'on ne fait rien, les femmes risquent de se heurter longtemps encore, pour accéder aux postes de responsabilités, au réseau masculin traditionnel de désignation. Car force est de constater que pour l'heure, la répartition des rôles et des fonctions politiques entre les hommes et les femmes a très peu changé. La structuration du monde politique est restée sensiblement la même. Voilà ce que je livre à votre réflexion, Mesdames, et maintenant nous allons vous écouter. Merci à vous.

Franck Guérin : Merci Madame le Rapporteur. Le thème abordé maintenant est la législation sur la parité qui est en débat. Était-ce une loi caution, une loi alibi ou plutôt, plus enthousiasmant, une loi tremplin ? Vous avez une petite demi-heure de discussion pour ce temps fort républicain. Juste un mot avant de vous céder la parole : dans vos interventions soyez très courtes, très resserrées, très concises, et quand vous vous présentez, indiquez le nom de votre commune, le département dans lequel elle se situe, et la taille de la population de votre commune. Je vais lancer un premier point, la problématique, une parité, la parité oui bien sûr, vous êtes toutes d'accord, mais la parité imposée par la loi, vous avez comme un sentiment mêlé. Donc si quelqu'un, c'est toujours la première intervention la plus difficile, alors que Turgot et Malesherbes au-dessus de nous ne s'effarouchent pas. Quelle est la première qui va rebondir sur les thèmes lancés par Mme Létard ?

Françoise Barre : Monsieur, merci de me donner la parole, merci Madame la Présidente. Françoise Barre, maire de Callas, village du Var, 1400 habitants. Tout d'abord, une toute petite remarque concernant la féminisation des noms. J'ai bien compris que vous disiez Madame « la rapporteure ». Alors, bien sûr, on ne dit pas « Madame la rapporteuse » parce que c'est très vilain, il faut le dire. J'ai toujours dit : c'est difficile de dire « Madame la Sapeuse pompière » aussi. Moi je suis très académique, alors ne peut-on pas dire « Madame le Rapporteur » ? Parce que « Madame la Rapporteure » ça ne va pas, à mon avis, à mon humble avis. C'est vrai qu'il y a beaucoup d'anecdotes très importantes. Je serai très rapide, j'ai toujours été pour la loi sur la parité, toujours. Car je pense que la femme a besoin, d'être comme on dit, à l'heure actuelle, « boostée » c'est un mot très à la mode, mais qui veut dire ce qu'il veut dire. La femme doit être mise en avant, doit montrer ses capacités, elle n'en est pas sûre, elle n'est pas sûre de ce qu'elle est, de ce dont elle est capable, il faut absolument lui donner toutes les opportunités possibles. C'est tout ce que j'ai à dire, je crois que la femme a beaucoup de choses à dire, mais elle n'est pas en situation encore de pouvoir le faire.

Franck Guérin : Donc c'était une loi nécessaire, il faut donc aller plus loin...

Françoise Barre : Pour moi, la loi sur la parité est nécessaire, il est nécessaire d'imposer les choses, car d'elle-même, elle ne pourra pas prouver. Si elle n'est pas en position de pouvoir agir, elle ne pourra pas agir.

Franck Guérin : Merci, merci Madame le Maire, je crois que je vais être repris très souvent. Qui veut reprendre la parole et prendre le relais ?

Michèle André : Je voudrais seulement ajouter un petit bout de commentaire, sur cette question. La question de Madame « le », « la », au final c'est une question extrêmement importante. Lorsque j'étais secrétaire d'État, nous l'avions abordée, au fond nous n'avions pas tout à fait tranché. Et c'est dans le temps que l'on voit les effets de Madame la Ministre, par exemple, Madame la Ministre Demessine qui est ici présente, sait bien combien il a fallu se battre pour seulement se faire appeler Madame. Voilà donc, je crois que nous n'allons pas fonder tout le débat là-dessus mais il faut trouver un terrain d'entente pour trouver le meilleur moyen de dire qu'au féminin, on peut exprimer la fonction qu'on occupe, le métier occupé. Mais je pense qu'on est en train de progresser dans ce domaine, et sans doute on va progresser toutes ensemble, j'y crois beaucoup.

Franck Guérin : Merci Madame la Présidente, parce que je vais souvent faire des petites erreurs sur l'article le ou la, Merci Madame. Donc cette loi était nécessaire, d'autres maires, Madame la Maire, le Maire pardon, excusez-moi, voilà. Je vais être épinglé toute la matinée.

Danielle Jeanne : Je suis maire d'Aulnay-sur-Iton dans l'Eure, également conseillère régionale. Lorsque la loi sur la parité est arrivée en discussion j'étais chargée de mission aux droits des femmes au cabinet du préfet. Et donc, bien évidemment, tout le monde s'est tourné vers moi dans le département pour me demander mon avis. On a tout entendu là-dessus. Il y avait les « persuadées » que nous valions tellement plus qu'une loi sur la parité, échos qui remontaient de certains partis. Nicole Ameline, en particulier, qui est maintenant notre ministre s'était entendu reprocher à un congrès à Deauville le fait que peut-être les femmes valaient mieux que des quotas comme les vaches laitières. Ceci dit, bien sûr, ayant les femmes en haute estime, je pensais qu'elles valaient sans doute mieux qu'une loi, et à l'époque j'avais trouvé l'expression : c'est un mal nécessaire. Et je suis toujours convaincue que cette loi était absolument nécessaire. Je ne serais pas aujourd'hui conseillère régionale de Haute-Normandie si la loi n'était pas passée par là. Les hommes ont toujours mille et une très bonnes raisons pour nous donner les places qui restent, pour nous envoyer sur les combats où l'on sait que l'on va être battue, et pour se garder dans les partis politiques, de droite comme de gauche, les places où éventuellement on pourra se faire entendre et on pourra participer aux exécutifs. Donc définitivement, je pense que cette loi nous a bien aidées et nous aidera puisque, maintenant, nous pouvons prendre la parole. Cela veut dire qu'un certain nombre dans tous les départements seront connues et reconnues pour leur valeur et non pas parce qu'elles étaient femmes. Et pourront accéder à d'autres mandats. Il fallait en passer par là. C'est ma conviction profonde.

Franck Guérin : Merci Madame. C'est donc un mal nécessaire, Madame le Maire juste, oh pardon, que voulez vous…

Reinette Juliard : Je suis maire de la commune du Lamentin en Guadeloupe. Nous avons aussi près de 16 000 habitants, c'est quand même une grosse commune. Donc je considère moi aussi, que la loi sur la parité est une très bonne chose, mais il faut aussi que les femmes s'imposent. Pour notre part, en Guadeloupe, c'est le seul département qui compte 5 femmes maires. En Guyane, il n'y aucune femme maire, ni en Martinique, et je pense que Lucette Michaux-hevry, la sénatrice, elle n'est malheureusement pas là aujourd'hui, a tracé la voie aux femmes. Puisque c'est une femme battante et pour ma part j'ai été longtemps à ses côtés vice-présidente du Conseil régional, je considère qu'il faut que les femmes s'imposent, il faut qu'elles se battent, il ne faut pas qu'elles aient peur du combat, parce que les hommes ne font pas de cadeau en politique.

Franck Guérin : Merci Madame. Y a-t-il d'autres interventions sur cette question, pardon, Madame le Maire… ?

Anne-Marie Cousin : Merci Monsieur, merci Madame la Présidente. Anne-Marie Cousin maire d'une ville de 2 700 habitants, Torigni-sur-Vire dans la Manche, et conseillère régionale de Basse-Normandie.

Je souhaitais prendre la parole car, en octobre 1996, j'avais créé avec une amie qui était d'une autre couleur politique que moi-même, une association de femmes élues du département de la Manche regroupant d'ailleurs des femmes de toutes tendances politiques confondues. Nous avions travaillé sur cette évolution vers une parité, à l'époque on ne parlait pas encore de loi. Je dois dire que dans notre association, nous avions remarqué que les femmes de gauche étaient pour une loi, et tandis que les femmes de droite ou du centre n'étaient pas forcément pour la solution législative pour parvenir à cette parité. Puis nous avons travaillé ensemble fort bien, sans sectarisme et nous avons à cet égard été auditionnées par l'Observatoire national de la parité. Nous avions dit à l'époque que le seuil de 3 500 habitants était un seuil très intéressant parce que, curieusement, il nous paraissait presque plus facile en tant que femme de devenir maire d'une petite commune. À ce niveau, la femme était spontanément reconnue par les associations dont elle s'occupait en général. Par ailleurs, elle n'était pas écartée par un parti politique. Donc nous avons fait cette remarque, et j'ai vu que la loi en avait tenu compte. Personnellement, comme la précédente intervention, je n'étais pas à l'origine pour une loi, mais elle a été effectivement ressentie finalement comme un mal nécessaire. Il faut se rappeler que nous étions avec la Grèce un des deux pays à n'avoir pas la parité, c'était un peu choquant. Quand je vois encore aujourd'hui les femmes algériennes qui n'ont qu'un statut de mineure, je me dis que nous avons beaucoup de chance d'habiter en France. Je voudrais juste ajouter un point, par rapport à la discrimination positive qui a été évoquée tout à l'heure par Valérie Létard. Je considère que ce n'est pas une discrimination comme les autres. On ne peut pas dire : faites des quotas comme on va faire un quota pour les jeunes, les handicapés, pour les gens de couleur. On ne peut pas faire cette assimilation, parce que la différence essentielle, c'est que les femmes sont l'autre moitié de l'humanité.

Franck Guérin : Merci, Madame, pour votre intervention. Les deux points que vous avez soulevés, à savoir la présélection que les partis politiques organisent pour réserver des places aux hommes semble-t-il, assurément même, et aussi la nécessité de différencier le quota pour les handicapés et d'autres catégories de la population et de rappeler que vous n'êtes pas un quota, vous êtes la moitié de l'humanité, ce que tout le monde sait. Mais tout le monde ne l'intègre pas dans son comportement politique.

Michelle Demessine : Je suis sénatrice, et j'ai envie d'intervenir, car c'est un peu difficile d'entendre, plusieurs fois « le mal nécessaire ». Enfin, personnellement, je souhaiterais qu'on ne porte pas ça encore comme une culpabilité supplémentaire. Je pense que, d'abord, le mouvement des femmes vers la parité est un mouvement long, qui est justement accroché au combat des femmes pour leur émancipation et qui a parcouru le siècle précédent. Je pense qu'à un moment donné, c'est vrai que nous avons gagné des droits civils et notre citoyenneté en matière de droit. Nous avions gagné aussi le droit au travail, et cet obstacle qui était notre place dans la vie politique demeurait fort, sans qu'on arrive vraiment à pousser cette porte. Or, il apparaissait comme étant un frein sur le chemin de cette émancipation, et je pense que nous avons eu raison, car c'est quand même aussi le résultat du combat des femmes. Cette loi sur la parité, nous avons eu raison de pousser aussi cette porte. Je voudrais dire aussi : ce combat pour la parité, il n'est pas seulement de notre pays, il existe au plan mondial. Moi j'ai été en 1995 à Pékin, où était le Congrès mondial des femmes, c'était le sujet principal. La parité, parce que partout dans le monde sur le chemin de leur émancipation, les femmes avaient cet obstacle, et j'ai été particulièrement frappée, et cela m'a donné personnellement encore plus de courage pour me battre pour la parité. C'est que des femmes, dans certains pays qui étaient en voie de développement qui n'étaient pas du tout au niveau de notre développement, avaient encore beaucoup de choses à conquérir. Elles avaient mis ça aussi comme une des revendications principales. Alors donc je crois que nous n'avons pas à porter cette culpabilité, c'est un moment nécessaire sur le chemin de l'émancipation des femmes. D'ailleurs, depuis 2001, le bilan est extrêmement encourageant puisque, regardez entre 2001 et 2004, 2005 maintenant, ça fait, donc à peine 4 ou 5 ans, regardez le travail qui a été fait par les femmes dans leurs fonctions d'élues. Elles n'ont vraiment pas à rougir de ce bilan. De partout, quand même, autour de nous, se dit que les femmes réussissent dans leurs fonctions. Une nouvelle fois, il est vrai que l'on porte beaucoup de culpabilité. Mais la culpabilité avec cette loi qui a bousculé peut-être un certain nombre d'entre nous, mais je pense que l'essentiel était que l'on réussisse à combattre cette anomalie qui faisait que nous, les femmes, nous étions la moitié de la société, la moitié du ciel, comme disent les Chinois, et que dans la prise de décision publique, nous n'étions pas présentes. Aujourd'hui, je pense que nous avons un bilan extrêmement positif, il y encore du chemin à parcourir, comme l'a dit tout à l'heure Valérie, et c'est vrai que la place des femmes dans les exécutifs est encore trop faible pour que nous puissions vraiment réaliser. Ce qui est nécessaire à notre société c'est que tous les citoyens puissent participer à la vie publique.

Franck Guérin : Merci Madame le Ministre. On a compris : pas de honte, pas de culpabilité, il fallait passer par là. Merci. Madame le Maire d'Heidelberg, vous avez un point de vue, un point de vue venant d'Allemagne.

Beate Weber, maire de Heidelberg (Allemagne)

Bon d'abord, je voudrais vous remercier d'être invitée ici, c'est un grand honneur. Merci Madame « la Présidente ». Il me semble être à la maison, c'est la même discussion chez nous aussi. Et je crois qu'il y a beaucoup d'hommes et de femmes qui ont oublié qu'il y avait, quasiment clandestin mais naturel, un quota pour les hommes pour une centaine d'année, dans nos vies politiques, dans nos pays. Il y avait des quotas pour les hommes, mais personne ne le disait. Et c'est pour ça que je suis, après beaucoup d'années, engagée en politique. J'ai été député au Parlement, presque 12 ans. Et j'étais présidente d'une commission. Et à ce moment-là, soudainement, j'ai réalisé combien il était nécessaire, étant femme, d'avoir une position forte dans un Parlement extrêmement intéressant dans ce temps-là. Et j'ai vu comment les femmes réagissaient, ont réagi, sur cette position et comment elles ont réagi quand elles ont vu que c'était possible d'avoir une position comme celle dans laquelle j'étais. Et de voir que c'était possible d'être femme encore, d'être forte, d'avoir des positions claires et fixes et comme ça elles ont compris que c'était aussi possible pour elles. Depuis ce temps-là, j'ai défendu les quotas. Sans les quotas, il n'est pas possible à une femme d'être en position éligible sur les listes si ce n'est pas imposé par la société et il est évident que la société le veut. Chez nous on n'a pas de quotas stricts, et on a beaucoup moins de succès que chez vous. On réalise qu'il y a des femmes qui se présentent. Avant ça on disait toujours : on n'a pas assez de femmes qui se présentent, qui ont la volonté, mais les femmes ne voulaient pas toujours se battre parce que c'était tellement naturel que les hommes obtiennent une bonne place sur les listes, ou qu'ils la conservent. Il n'y avait pas non plus de pression pour se retirer d'une liste après une vingtaine d'années d'exercice d'un mandat politique. Je crois vraiment que cette bataille est nécessaire et aussi très utile pour la société, parce que ce que les femmes font dans la société et dans leur position est positif. Merci beaucoup.

Franck Guérin : Merci, Madame, on a bien compris que les femmes en Allemagne ont décidé de mettre à bas le slogan des « 3 K » : Kinder, Küche, Kirche. Qu'elles sont sorties des enfants, de la cuisine et de l'église. Merci. Je crois que l'on va aborder le deuxième point de la première intervention, à savoir, il faut aller plus loin, et donc Madame a lancé une idée, émis l'idée que pour qu'il y ait plus de femmes maires, il faudrait pousser le curseur législatif un peu plus loin en faveur de la parité. À savoir, faire en sorte que, au sein des exécutifs communaux, la proportion des femmes soit la même que celle au sein du conseil municipal, puisqu'on a vu 33 % de conseillers municipaux femmes, mais seulement 10,9 % femmes maires. Donc, dans la salle si quelqu'un veut rebondir. Merci, Madame.

Monique Debosque : Je suis maire dans l'Oise d'un village de 850 habitants (Etouy). J'ai été 12 ans conseiller municipal. Quand j'ai décidé de faire une liste avec cette parité, je n'ai sur ma liste de 15 trouvé que deux femmes pour 15 places. Donc, nous sommes trois femmes sur 15. C'est très très difficile. Je pense que les femmes n'osent pas se lancer. C'est aussi le temps qui manque. Ou alors, on commence à rentrer là-dedans quand on a la cinquantaine, que les enfants sont élevés. Très peu de jeunes femmes veulent s'investir dans cette vie communale. Il me semble que mes collègues maires doivent ressentir la même chose que moi. C'est-à-dire que la vie d'une femme maire est beaucoup plus difficile, surtout dans une petite agglomération que la vie d'un homme maire.

Il y a beaucoup de difficultés pour se faire entendre au sein des communautés de communes où nous sommes excessivement peu représentées et où les places de présidents et vice-présidents sont tenues par des hommes. Voilà, enfin je voulais dire que la parité ça va être très difficile. Merci.

Franck Guérin : Merci Madame.

Marie-Juliette Tanguy: Je suis maire de Saint-Léger-sous-Cholet (Maine-et-Loire), 2 700 habitants, et vice-présidente du Conseil régional grâce à la loi sur la parité. J'aimerais d'abord rebondir un petit peu par rapport à ce que j'ai entendu tout à l'heure, parce que je crois que la loi était nécessaire sur la parité, mais que les hommes en place ont du mal à se retirer. Si nous avions été en place, nous ne nous serions pas retirées facilement non plus. Si je pense que la loi était nécessaire, j'espère par contre qu'elle ne sera que temporaire. Je ne suis pas d'accord pour qu'on reste dans cette logique-là. Ce n'est pas plus difficile pour les femmes maires que pour les hommes. C'est difficile pour tout le monde. Mais c'est vrai que quand on entre en politique, on rentre dans un monde d'hommes, avec des habitudes d'hommes, avec des horaires d'hommes, avec des plaisanteries d'hommes, avec tous ces aspects-là, et nous n'y sommes pas forcément à l'aise. Je n'ai pas trouvé de candidates pour instaurer la parité, mais si on ne se prend pas par la main, qu'on n'attend que des lois, on en sera toujours au même point. Les habitudes ne changent pas facilement, on est vraiment dans un monde avec des habitudes d'hommes, j'en témoigne.

Franck Guérin : Merci Madame.

Mme Yveline Druez : Je suis maire d'une commune (Urville-Nacqueville) de 2 300 habitants dans la Manche, appartenant à une communauté de communes. Si je précise ça, c'est parce que, contrairement à mes collègues maires, j'ai réussi à mener une liste qui est entièrement paritaire. 10 hommes, 9 femmes, c'est pas trop mal, mais, et je parle sous le contrôle de mes deux autres collègues maires du canton, nous sommes 100 % des maires du canton ici présentes aujourd'hui. Nous avons un cas de figure un peu particulier. Toutes les compétences ont été transférées à la communauté de communes. Et à la communauté de communes, nous sommes 6 femmes sur 64 délégués. Donc, même si j'avais réussi à faire une liste paritaire, ce dont j'étais fière, dans cette instance la parité est totalement battue en brèche. Je crois que c'est quelque chose de très très important, il va falloir s'y pencher, parce que la communauté de communes est devenue aujourd'hui véritablement le lieu décisionnel pour la plupart des communes du rural, et je crois que là, il y a une véritable distorsion.

Franck Guérin : Merci Madame.

Rolande Perseval : Maire de Jouy-lès-Reims, petit village de la Marne, vice-présidente d'une communauté de communes de 30 communes, je suis en partie d'accord avec ce qui a été dit, par contre je ne dirais pas que la tâche d'un maire est plus difficile pour un homme que pour une femme. Je dirais que tout dépend de ce qu'on fait dans sa commune ou sa communauté de communes. À la communauté de communes de 30 communes, je suis la seule maire déléguée et vice-présidente, et néanmoins très bien perçue par tous mes collègues. Et s'il n'y a pas plus de femmes, c'est parce qu'il n'y a pas plus de femmes non plus qui se sont investies dans les communes. Les femmes ont besoin aussi de prendre confiance en elles. Ça n'a pas été l'habitude, et les habitudes sont très longues à changer. Pour exemple lorsque vous avez parlé tout à l'heure des intitulés Madame « le » Maire, Madame « la » Maire. Je dirai que je suis maire depuis plus de 20 ans, et je reçois encore des courriers Monsieur le Maire des services administratifs. Il est tellement simple dans un courrier de mettre « Madame » ou « Monsieur ». Pour aller un petit peu plus loin, je dirais que, moi aussi dans ma commune, je suis assez fière d'avoir 4 femmes conseillers sur 11 conseillers. Elles sont jeunes, efficaces, mais je reconnais que ce n'est pas encore vraiment les habitudes, et que bien souvent quand on interroge une femme pour lui demander si elle veut s'investir davantage, elle dit : il y a déjà mon mari. Moi, ce sont les hommes qui sont venus me chercher à une certaine époque, puisque mon village est viticole et les hommes étaient plutôt tournés vers les intérêts de coopératives, etc. et je ne regrette aucunement d'avoir cette place. Merci.

Franck Guérin : Merci Madame. Peut-être encore une intervention…Si vous permettez pour pouvoir tenir dans nos débats, vous savez c'est très dommage que nous n'ayons pas l'infini du temps devant nous, parce que je crois que nous aurions une grande richesse à retenir de ces propos. Mais je vais vous proposer de nous en tenir à deux interventions tout de suite, un peu brèves, si vous le voulez bien, pour aborder le deuxième thème.

Une maire : Je vous remercie de m'avoir donné la parole, c'était juste une intervention très brève, je suis maire d'une commune de 1 500 habitants. La parité s'est fait tout naturellement, et je voudrais dire que les femmes, contrairement à ce que l'on peut penser, veulent effectivement s'investir et elles réussissent à s'investir puisque, dans mon conseil municipal le maire est une femme, nous sommes trois adjoints, deux adjoints femmes, un adjoint homme, et ça été très difficile de trouver un adjoint homme.

Franck Guérin : Merci Madame.

Elisabeth Murat : Je suis maire d'une commune rurale de 40 habitants (Lagarde-d'Apt, Vaucluse) toutefois très importante par sa superficie agricole. Je suis moi-même agricultrice. Nous sommes 75 % de femmes dans notre conseil et je pense qu'il ne faudrait pas qu'il y ait de seuil, parce qu'il y a beaucoup de femmes dans les communes agricoles. Or, nous savons que dans ces communes rurales les femmes seraient tout à fait favorables à un engagement politique, avec l'accord de leur époux qui ont des travaux physiques sur les champs plus importants. Le monde rural, je pense, est paradoxalement en grande évolution. Je vous l'ai dit, nous sommes 7 femmes sur 9 conseillers, ça marche très bien. C'est un très gros enjeu, puisque c'est la reconversion du plateau d'Albion et que sur notre petite commune de 40 habitants, nous avons engagé plus de 6 millions de travaux pour reconvertir à la vie civile ce qui était la base atomique française. Et ce sont des femmes qui l'on fait. Il faut vraiment lever ce seuil, et vous verrez qu'il y aura beaucoup de femmes dans les petites communes rurales à s'engager.

Franck Guérin : merci beaucoup, Madame. Alors, cette fois à gauche.

Ginette Raynaud : Je suis maire d'une commune rurale de 227 habitants, (Saint-Pierre Colamine) située dans le Puy-de-Dôme. Au fin fond des neiges. Je remercie Madame la Présidente de nous recevoir dans cette assemblée, je trouve que c'est quand même agréable de vous regarder aujourd'hui pour venir assez fréquemment au Sénat, où je vois bon nombre de messieurs. Je voulais déjà dire que j'étais très heureuse de voir qu'il y a dans la Manche une association de femmes. Je préside moi-même dans le Puy-de-Dôme l'association des femmes élues depuis 20 ans qu'elle existe. À l'association, nous cherchons à donner beaucoup plus d'assurance aux femmes pour exercer leur mandat, pour qu'elles se sentent beaucoup plus dans leur élément. Et c'est quand même une chose très importante, car les femmes n'osent pas prendre la parole. Il y a un autre problème : les horaires des hommes. Ça, c'est vrai : c'est adapté pour les messieurs le soir, parce que les dames, elles sont faites pour rester à la maison avec les enfants. Je crois que de ce côté-là, il va falloir revoir la situation. Les femmes ne sortent pas des urnes dans le monde rural, moi je suis maire et je n'ai que des messieurs dans mon conseil. Je trouve un déséquilibre total, et ça il faut y remédier. Alors dernièrement, justement pour essayer un petit peu d'impliquer les femmes à l'extérieur peut-être – en dehors de leur mandat d'élues, il faut qu'elles aient un contact avec leurs administrés, avec les citoyens –, je viens de signer une convention avec l'État et la déléguée régionale aux droits des femmes qui va nous permettre de prendre des contacts avec les femmes, parce qu'après tout, les femmes votent-elles pour les femmes ? On se pose la question. Aidons-les, et nous aurons peut-être plus de voix. Alors convention avec l'État, ce qui veut dire que l'on va aller au-devant des femmes qui chercheront à créer des entreprises, on va aller au-devant des jeunes filles qui, en fonction de leurs orientations scolaires – scientifiques surtout – auront des aides. Le savent-elles ? Si on ne leur dit pas, elles ne le sauront pas. Nous sommes correspondantes relais pour la parité, que ce soit dans l'égalité professionnelle, politique, scolaire. Je crois que c'est un atout à prendre pour nous,élues, de faire des relais dans nos communes. C'est à partir de là que nous aurons les femmes avec nous. Un autre tremplin, ce sont les associations, qui permettent aux femmes de sortir un peu de leur cuisine, excusez-moi l'expression, mais c'est encore ça dans le rural. Voilà, je voulais dire que les femmes avaient leur place et apportaient un certain équilibre. Les sénateurs, la semaine dernière, j'étais encore là, ont dit : on voit arriver les femmes, et c'est vrai que l'ambiance change, les propos changent et les commissions, les discussions commencent à être différentes. Alors, merci à vous mesdames de vous impliquer dans la vie publique.

Mme Michèle André : Je suis désolée, mais on va garder le maximum de temps pour le deuxième rapport, quand Valérie Létard va nous faire un petit point de fond. Mais j'aurais voulu que Mme Luc qui est sénatrice – depuis combien de temps, ma chère collègue, vous allez nous le dire ? – que vous intervienne brièvement, si elle le veut bien.

Mme Hélène Luc, sénatrice du Val-de-Marne :

Madame la Présidente, tout d'abord, je ne me sens pas très à l'aise à cette place parce que, évidemment, c'est la place des ministres. Mme Demessine qui a été ministre, en a l'habitude, moi je suis assise d'ordinaire à la place de Victor Hugo. C'est un grand honneur. Victor Hugo a d'ailleurs mené, vous le savez, un combat féministe à sa façon et en son temps. Madame la Présidente, je voudrais vous dire toute la joie que j'ai de vous voir assise à cette tribune. Je vous assure que ça fait chaud au cœur, de voir toutes ces femmes avec leur écharpe. C'est la première fois que cela arrive. Et je voudrais vous dire que plus que jamais aujourd'hui je suis fière d'être une femme. Et d'être une femme sénatrice qui a mené un combat depuis 20 ans, puisque j'étais présidente d'un groupe, pourquoi ne pas le dire, du groupe communiste républicain et citoyen. Je peux vous dire que c'est un combat difficile, mais combien valorisant, combien passionnant, et toutes les difficultés que nous rencontrons nous rendent chaque jour plus fortes. Ce qui me frappe, c'est l'énergie des femmes. Cette énergie, je la constate dans ma vie de tous les jours, à Choisy-le-Roi, où j'ai été conseillère générale jusqu'à il y a trois ans. Je me rends compte que dans les associations de femmes, dans les associations de locataires, les associations de parents d'élèves qui sont les plus nombreuses, ce sont les femmes, et souvent – il faut le dire – maintenant des femmes seules qui, quand même, viennent dans ces assemblées. Alors, je voudrais quand même vous dire un brin d'histoire, car dans cette assemblée, qui n'est pas réputée pour son combat féministe, on a eu du mal. Vous avez devant vous Michelle Demessine qui est allée au congrès de Pékin, congrès international et quand elle en est revenue, j'ai dit au président Monory : « Monsieur le Président, nous ne pouvons pas en rester là, il faut que nous ayons une délégation de femmes » et c'est de là qu'est partie notre délégation des femmes. Il faut dire qu'avant l'Assemblée nationale, nous avons créé une délégation qui a auditionné de très nombreuses personnes. Nous avons fait ce livre avant, même, et c'est une fierté pour nous et pour le Président Poncelet que je veux remercier aujourd'hui, même si je suis contente de vous voir comme présidente aujourd'hui. Voilà la dernière chose que je veux dire – on pourrait dire beaucoup de chose encore – : lorsque nous avons voté la réforme de la parité à Versailles, j'ai eu l'honneur de parler au nom de mon groupe. C'était un grand jour, on sait, nous savons, que nous n'avons pas réglé tous les problèmes, qu'il en reste beaucoup. Mais je suis persuadée qu'avec cette loi nous avons franchi un pas important. Malheureusement, il y avait une loi électorale qui avait permis qu'il y ait plus de femmes dans cette assemblée et maintenant on est revenu dessus, et c'est bien dommage, parce qu'on avait commencé à avoir un peu plus de femmes. Mon grand souci, et c'est l'appel que je veux vous lancer : il faut que vous nous demandiez à nous tous, les parlementaires, de voter un statut pour les femmes. Un statut pour qu'elles puissent avoir du temps et qu'elles n'aient pas à quémander une heure par-ci une, heure par-là, et deuxièmement y compris, quand il le faut, qu'elles puissent recevoir une aide du point de vue financier. Oui, il faut aider les femmes parce que, je le vois dans mon département du Val-de-Marne, il y a de très nombreuses conseillères municipales, mais très peu d'adjointes et une seule maire pour tout le département du Val-de-Marne. Merci Madame la Présidente.

Franck Guérin : Madame Létard, vous avez la parole.

Valérie Létard : Le deuxième thème de notre discussion porte sur les obstacles matériels et culturels à la participation des femmes à la vie publique. Quel que soit le jugement que l'on porte sur la législation relative à la parité, on ne peut compter que sur elle pour améliorer la participation des femmes à la vie publique. J'ai trouvé dans les réponses au questionnaire qui vous a été adressé cette formule de la plume de l'une d'entre vous : « La parité ne change rien, il faut avant tout des femmes motivées. » Alors comment motiver les femmes ? Une majorité d'entre vous considère, toujours d'après le questionnaire qu'une participation plus nombreuse des femmes à la vie publique passe par une amélioration des conditions matérielles d'exercice des mandats électifs. Ça vient d'être dit. L'articulation vie publique/vie privée, et notamment le problème de la garde des enfants, vient largement en tête de vos préoccupations, elle revient comme un leitmotiv dans l'enquête que j'ai moi-même menée auprès des femmes élues de mon département, à laquelle 520 femmes conseillères municipales, adjointes et maires ont répondu. Il faut reconnaître que cet aspect des choses est pour nous, les femmes, extrêmement important. Nous avons là une des seules vraies différences entre sexes en politique. Nous, les femmes, pour nous engager, nous devons anticiper la difficulté qu'il y a à mener de front un mandat, des charges familiales et souvent une activité professionnelle. Nous sommes très attentives, plus que les hommes à ce que notre mandat rencontre le soutien de notre famille. Et pourquoi ne pas l'avouer, nous avons besoin d'être matériellement aidées pour nous défaire du sentiment de culpabilité que nous éprouvons parfois du temps donné à la vie publique. L'articulation heureuse réussie entre temps privé et public dépend de notre engagement, et en tout cas sa pérennité. La loi de février 2002 sur la démocratie de proximité a apporté des progrès. Mais qu'il s'agisse de la garde des enfants ou du régime des absences pour exercer un mandat, l'accompagnement n'est visiblement pas encore suffisant pour rendre l'engagement simple. Tous les témoignages que j'ai recueillis dans mon département concordent. Or, si l'engagement n'est pas simple, la participation des femmes à la vie publique n'évoluera que sporadiquement via la parité. C'est un mouvement d'adhésion profond de la part des femmes qui doit être recherché. Vous invoquez aussi dans vos réponses comme cause de la faible participation des femmes à la vie publique leur manque de confiance. On n'imagine guère cette explication chez les hommes. Cette réponse me permet d'aborder ce que par abus de langage, je vais appeler les obstacles culturels à la participation plus massive des femmes à la vie politique. Il y une manière féminine de faire de la politique qui tient notamment à la nécessité de faire ça simultanément aux responsabilités familiales et politiques, voire professionnelles. Mais il faut se méfier du discours sur la spécificité féminine en politique, car il peut aussi conduire à enfermer les femmes. Deux exemples : on dit que les femmes sont attirées par le social : leur qualité d'écoute, leurs sens du dévouement, l'attention qu'elles portent aux questions quotidiennes et concrètes de la vie qui les y prédisposent. Attention, si on s'en tient à la valorisation des qualités associées à la féminité, certains pourraient en profiter. Elle n'accorde aux femmes la possibilité d'exister en politique que par leur différence. Mais pas comme équivalentes ou comme concurrentes. Quand les femmes s'occupent des dossiers sociaux par goût, c'est bien. Quand elles le font par défaut, non. Les hommes ont tendance à monopoliser les secteurs qu'ils jugent plus gratifiants en termes de pouvoir, comme les finances ou l'urbanisme. Dans l'enquête que j'ai menée dans mon département sur 517 réponses, je n'ai trouvé que 13 femmes en charge des finances et 16 de l'urbanisme. Les femmes doutent, pensant que ces domaines nécessitent une expérience et des compétences particulières. Les femmes doivent, au contraire, prendre confiance en elles et croire en leurs capacités. Pourquoi seraient-elles moins performantes que les hommes sur les secteurs réputés plus techniques ? Donnons la possibilité à celles qui le souhaitent d'approfondir leurs connaissances. La demande de formation est importante chez les femmes élues. Dans mon département, elle vient dans leurs préoccupations juste après les problèmes de disponibilité. Elle ne peut toujours être satisfaite, en dépit des progrès réalisés en la matière par la loi sur la démocratie de proximité, notamment à l'initiative du Sénat. On bute encore sur la question du temps, des horaires et des déplacements. L'offre de formation devrait tenir compte de ces contraintes et proposer des solutions plus adaptées dans lesquelles le recours aux nouvelles technologies, en particulier à l'Internet a, à mon sens, un rôle à jouer. Deuxième exemple : le discours sur les ambitions limitées des femmes en politique. Beaucoup d'élus locaux souhaitent s'en tenir à leur mandat municipal. Ce constat ne doit pas empêcher les autres de faire carrière en politique si elles le désirent. Les femmes peuvent être tentées de faire de l'échelon municipal comme beaucoup d'hommes un tremplin pour une carrière départementale, voire régionale, voire nationale. Or, il y a un discours qui cherche à cantonner les femmes à l'échelon municipal en valorisant leur talent pour les relations de proximité. Il faut regarder ce qui se cache parfois derrière. On peut se demander, d'ailleurs, si l'augmentation du nombre de femmes maires dans les petites communes ne tient pas dans une certaine mesure au fait que les hommes se désintéressent des mandats qu'ils jugent insuffisamment gratifiants en termes de pouvoir et de rémunération. Il faut faire évoluer les discours, les visions sexuées sur les mandats, les mentalités aussi. Le machisme ambiant reste une réalité que les élues qui m'ont répondu sont très nombreuses à dénoncer. Certaines d'entre vous suggèrent, pour faire progresser la participation des femmes à la vie publique, de travailler au changement des mentalités dès le stade de l'éducation. Au travers de l'éducation civique et en incitant les filles à prendre des responsabilités dès le système scolaire. Pour susciter des vocations féminines, j'ai trouvé cette suggestion dans vos réponses : réunir un conseil municipal le 8 mars, jour des femmes, et inviter des femmes à y participer largement. Pourquoi pas ? Il est encore temps que les femmes fréquentent les assemblées d'élus, car elles disposent moins que les hommes de modèles en politique. Ce constat d'ailleurs, nous oblige, nous les élues, car nous devons non seulement montrer aux hommes que nous comptons, mais aussi susciter par nos résultats et notre action, bref par notre réussit des vocations chez les femmes. À vous la parole.

Franck Guérin : Merci Madame le Maire.

Isabelle Cassar : Bonjour, chères collègues, Madame la Présidente. Je suis maire d'une commune de 1 300 habitants (Chaulgnes, département de la Nièvre) et vice-présidente d'une communauté de communes, mais vice-présidente uniquement par l'importance de la commune et non pas par rapport à la parité. En ce qui me concerne, je voudrais rebondir sur ce qu'a dit ma collègue tout à l'heure. Si, c'est très difficile de mener un mandat d'élue quand on est femme, par rapport aux hommes, c'est que souvent on est obligées de cumuler trois métiers, dont son activité professionnelle à temps plein, l'activité d'élue et l'activité, non négligeable d'être mère et épouse. Souvent, on ne peut pas lâcher son métier pour des raisons financières, comme vous l'évoquiez tout à l'heure, mais on ne peut pas non plus, je dirais, se consacrer totalement à son mandat d'élue, alors que c'est passionnant. C'est passionnant, mais ce qui est dommageable, c'est peut-être d'attendre, pour la plupart d'entre nous, l'âge de la retraite pour se consacrer complètement à son mandat d'élue. Je le regrette, et c'est vrai, je suis venue pour cela, pour entendre ce que l'on pourrait proposer pour justement mettre des moyens à la disposition des communes, à la disposition des élus pour que les femmes puissent avoir plus de formation, avoir plus de temps. Parce qu'elles ont des idées, d'ailleurs ça je l'ai constaté également, une idée commune rassemble les femmes en tant que femmes, en mettant de côté les clivages politiques. Ce qui est, je crois, la différence fondamentale avec les hommes. Je vous remercie.

Franck Guérin : Merci Madame. Madame le Maire.

Marie-France Le Bozec : Maire de La Ferrière-aux-Étangs, 1 700 habitants, dans l'Orne. Je pense que les textes et tous les règlements ne changeront rien au machisme ambiant, et tant qu'on n'aura pas des prescriptions très claires dans l'exercice de la vie professionnelle pour pouvoir, quand on est obligée de travailler – et beaucoup de femmes travaillent –, mener de front à la fois la vie publique, la vie professionnelle, et la vie d'élue, on n'avancera pas. Pour en avoir été victime moi-même, les règlements sont détournés plus ou moins, ou les crédits d'heures, on vous le fait remarquer, alors qu'on ne le fait pas remarquer à un homme. Il y a sûrement, sans prendre de texte législatif, une pression sociale à exercer, une pression des femmes pour qu'on nous accorde et qu'on ne nous culpabilise pas quand on est cadre de la fonction publique, sur les crédits d'heures que nous prenons.

Animateur : Merci Madame, Madame le Maire.

Francesca Ferre : Merci Madame la Présidente, merci, chères collègues, d'abord je voulais témoigner, puisqu'il me semble que je dois être, peut-être pas la plus jeune, mais l'une des plus jeunes aujourd'hui ici. C'est vrai que c'est très difficile d'avoir une activité professionnelle et d'avoir une activité élective. Pour moi, c'est plus simple, je n'ai pas d'enfant. Et je crains que ce soit pour certaines d'entre nous une sorte de choix à faire. C'est d'autant plus inacceptable qu'on ne demande pas à un homme de choisir entre sa profession, entre le fait qu'il est père de famille et qu'il mène des responsabilités dans la vie publique. Alors la question que je veux poser est assez simple : pourquoi nous, les femmes, devons-nous choisir ? Pourquoi sommes-nous dans cette situation ? Il me semble que la loi est nécessaire, je ne dirais pas un mal nécessaire. Mais je dirais nécessaire comme outil pour faire progresser les choses. Puisque les choses naturellement n'avancent pas. Mais il me semble que le point matériel amènera à ce que le culturel évolue lui aussi. Matériel, c'est la question de la garde des enfants pour celles qui en ont. Alors que faire ? J'ai une proposition à vous soumettre. Elle n'est peut-être pas bonne, je demande que les parlementaires y réfléchissent. Ne serait-il pas possible qu'il y ait une ligne budgétaire, une indemnité de prise en charge des heures de garde à chaque fois qu'une femme ou un homme, parce qu'il peut aussi y avoir, peut-être pour certains pères, des difficultés. Mais qu'il y ait, en tout cas, une indemnité qui rembourse tous les frais engagés pour la garde des enfants lorsqu'ils sont petits ? Et peut-être que si nous faisons du point de vue matériel, c'est-à-dire financier, cette proposition, davantage de femmes qui mènent une vie professionnelle et familiale pourront aussi s'investir et être davantage motivées dans la vie publique. Merci.

Franck Guérin : Merci Madame le Maire.

Anne Delhoume : Je suis le maire d'une ville de 2 127 habitants dans les Vosges (Sauley-sur-Meurthe). Je crois être la seule femme des Vosges ici, département du Président. Je dois dire que les Vosges c'est 0 femme sénateur, 0 femme députée, et une seule conseillère générale. Alors, il y a encore du travail, même chez le Président. Je voudrais rebondir tout de suite, parce que je crois effectivement être aussi une jeune femme maire. J'ai été élue à 34 ans, j'ai trois enfants de moins de 10 ans et je ne pense pas que ce soit incompatible, loin de là, ça me donne de la force. Je suis également vice-présidente de la communauté de communes et je m'engage énormément dans l'association des maires et tout ce que je peux faire pour faire avancer la condition de la femme en tant qu'élue. Je n'ai jamais raté une sortie d'école, je ne rate pas les devoirs de mes enfants. Simplement, quand on veut faire quelque chose, on l'obtient. Quand on dit que c'est difficile, c'est vrai. Simplement, si on a besoin de changer les horaires, on se prend en charge et on change les horaires. Toutes les réunions dans mon village se font à 20 h 30, parce que c'est comme cela que les femmes peuvent être disponibles, et si les hommes ne sont pas contents parce que c'est l'heure du match de foot, eh bien tant pis ! Je pense qu'effectivement c'est important qu'un statut de l'élu soit fait. La loi sur la parité a été une formidable opportunité pour nous, on nous a entrouvert une porte, c'est à nous maintenant de mettre un coup de pied pour que la porte s'ouvre en grand. En tout cas, si le statut de l'élu doit être fait, pour moi c'est un statut de l'élu homme et femme et surtout pas femme. Une dernière chose : on n'arrivera jamais à obtenir l'égalité et non pas la parité, mais l'égalité de l'homme et de la femme, si on continue à vouloir nous différencier. On nous a donné la possibilité, à nous de nous prendre en main.

Franck Guérin : Merci Madame.

Chantal Cor : Je suis maire de Rouziers dans le Cantal, 130 habitants. Je suis aussi vice-présidente de ma communauté de communes. Je pense que l'engagement – si on est là c'est que, quelque part, on est engagée. Il commence, je dirais dans nos familles, il commence chez nos jeunes, et l'avenir des femmes dans la politique va aussi commencer à l'école. Donc je pense que c'est très très important, parce qu'aujourd'hui il y a quand même bien trop de jeunes qui ne savent pas comment sont élus les conseillers municipaux, qui ne savent pas comment sont élus les maires, qui ne savent pas comment sont élus les conseillers généraux, les députés, les sénateurs. On devrait commencer par là, commencer à former nos jeunes. Et commencer aussi nous à être des modèles, parce que quand je vois aujourd'hui autant de jeunes qui s'abstiennent d'aller voter, alors que tant de gens se sont battus pour que nous, femmes, nous ayons le droit de vote, ça me révolte. Et je dis aujourd'hui quand j'entends parler d'indemnité pour les gardes, qu'on a besoin d'une indemnité qui nous permette de nous engager, on n'a pas besoin de savoir si c'est pour une nounou ou si c'est pour autre chose. On doit être assez grandes pour savoir comment on gère nos budgets. Je suis agricultrice, je suis veuve, je suis engagée syndicale professionnelle, je suis maire et je pense qu'on doit pouvoir tout mener de front, si tant est qu'on en ait envie.

Franck Guérin : Merci Madame.

Marie-Françoise Navelot-Gaudnik : Maire d'un village de 115 habitants (Nantois) dans la Meuse. Maire depuis 22 ans, j'ai été élue à 36 ans, je vais bientôt raccrocher, mais pas pour des raisons de retraite. Je voudrais simplement effectivement dire que moi, je ne suis pas venue faire une révolution, ici, féministe. Maire, jeune, femme, travaillant, j'ai même travaillé pour un homme qui siège aujourd'hui ici. J'ai eu une vie hyper *speedée*, j'ai divorcé, mais pas à cause de mon mandat, à cause de mon mari. Je dirais tout simplement qu'il faut que l'on sache se faire respecter. Je ne vais pas vous raconter 22 ans de mandat, mais je vais vous raconter ma vie tout simplement de maire, j'ai été élue, et trois semaines après une inondation emportait un pont. Le président m'a dit : « Eh ben, ma poule, maintenant va falloir que tu fasses savoir ce que tu vaux. » Je lui ai dit « Monsieur, je suis Madame le Maire, vous êtes Monsieur le Maire, vous ne m'appellerez plus ma poule. » Cela fait 22 ans que ça dure, et effectivement il faut simplement se faire respecter. La parité, moi, j'étais contre, mais je trouve que ce n'est pas mal. Nous sommes, je pense, des pionnières. Ce que je souhaite, et on est là. Quels sont les obstacles matériels et culturels à la participation des femmes ? Je voudrais simplement dire, au bout de 22 ans, que je suis fière de ce que j'ai fait. Je n'ai pas réussi à être conseillère générale, mais je n'ai pas dit mon dernier mot. Mais en tout état de cause ce que je voudrais dire, c'est ne soyons pas nous-même notre propre obstacle culturel en nous plaignant d'une condition pour laquelle, en fait, mesdames nous sommes faites et sommes largement résistantes.

Franck Guérin : Merci Madame.

Marie-France Cayeux : Je suis maire de Troissereux dans l'Oise depuis 25 ans, donc j'ai été maire aussi à 37 ans, seule femme au conseil municipal à l'époque, c'est vrai que la fin de mon premier mandat n'a pas été facile. Au fur et à mesure des mandats, nous sommes maintenant 6 femmes au conseil municipal, donc ça progresse. Par contre, ce qui est inquiétant en ce qui concerne la parité, c'est que c'est une parité forcée. Et c'est vrai que quelquefois, on s'est rendu compte de la place des femmes sur les listes présentées : sur les photos, les femmes étaient toujours au premier rang, mais finalement, dans la liste ensuite, elles se trouvaient dans les responsabilités en arrière-garde. Ça c'est pour la petite histoire. Par contre, ce que je voudrais dire : si je n'avais pas eu mon mari pour m'épauler tous les jours dans la vie quotidienne, familiale et autre, je n'aurais certainement pas pu faire 25 ans de mandat, et je voudrais aussi que, quelque part, on puisse lui rendre hommage.

Odile Dywicki : Je viens du Val-d'Oise, je suis maire de Nucourt, commune de 780 habitants et je suis présidente de la communauté de communes du Plateau du Vexin, qui est la plus petite du Val-d'Oise qui a, de fait, 2 780 habitants. Je rejoins tout ce qui a été dit jusqu'à maintenant, et je vous remercie, Madame la Présidente, de me laisser la parole. Je travaille aussi à temps plein, et s'il y a une complaisance à m'accorder des journées pour remplir mon mandat, c'est vrai que je reçois à chaque fois une petite remarque, « ça fait une demande supplémentaire ». Parce que souvent, dans le monde du travail, ce sont aussi des hommes qui nous gouvernent, j'allais dire. Donc, même si c'est toujours d'accord, j'ai quelquefois du mal à aller demander une disponibilité. La loi sur les 35 heures m'a beaucoup aidée parce que ça pouvait me permettre de rencontrer les services de l'État, les jours où je suis en RTT. Si on remet en cause les 35 heures, il faudrait soit nous donner du temps, pour notre fonction, soit nous laisser un peu le temps des 35 heures.

Franck Guérin : Merci Madame.

Valérie Létard : Alors, très brièvement puisqu'on a pris un peu de retard, je vais essayer de synthétiser en 5 points ce qui ressort de ce débat, même si effectivement vous recevrez des éléments plus précis par la suite. D'abord, un accord pour dire que la parité était nécessaire pour installer la mixité en politique. Ensuite, nous sommes d'accord aussi pour dire que la politique reste largement un monde d'homme. Nous sommes d'accord pour dire que la parité est battue en brèche là où se font les décisions, intercommunalité et exécutif. Pour dire qu'il est plus difficile pour les femmes d'exercer un mandat, compte tenu notamment des responsabilités familiales et de la charge des enfants qui sont un élément supplémentaire. Et enfin, que nous souhaitons voir évoluer ce statut de l'élu pour faciliter l'exercice des mandats et sans réserver les améliorations aux femmes. C'est-à-dire qu'effectivement un statut, il vaut pour les femmes et pour les hommes même s'il y a des spécificités certainement à la fonction, enfin au fait d'être une femme dans son engagement. Il faut effectivement que ce statut soit accessible à tous. Voilà, je vais en rester là. Je laisse la parole à Madame la Présidente, et bravo et merci à tous.

Michèle André : Merci à Valérie Létard, merci à toutes mes collègues et à tous mes collègues sénateurs, sénatrices, merci mesdames de votre indulgence à l'égard du temps de parole, que je n'ai pu donner à toutes. Mais si cette journée vous a plu, peut-être pourrions-nous recommencer plus longuement. Nous allons donc établir un compte rendu de ces travaux qui vous sera distribué cet après-midi en séance plénière. Je vous remercie de votre attention et de votre diligence, et je sais combien parmi vous ont dû trouver des conditions de transport difficiles, compte tenu de la météo. Je suis d'autant plus sensible à leur présence, que ce soit celles du Massif Central ou des autres territoires qui aujourd'hui sont bien enneigés.

Merci infiniment. C'était un grand plaisir de vous voir, et je voudrais dire en vous voyant toutes que j'ai eu une pensée ce matin, pour une femme maire du département du Puy-de-Dôme, Mme Simone Palpacuer. Alors seule femme maire, elle avait l'habitude de tricoter pendant les réunions. À un collègue qui l'interpellait, elle avait répondu : « Je suis capable de tricoter et d'écouter en même temps. Ce n'est pas plus mal élevé que de lire le journal quand quelqu'un parle ! Je suis certaine de plus que mes enfants auront des pull-overs... ». Elle s'était fait respecter dans ce monde d'hommes...

Je veux remercier M. Franck Guérin pour sa médiation. Je nous souhaite une belle fin de travaux et une grande Fête des femmes, qu'il faudra transformer définitivement en égalité et peut-être un jour, certains hommes nous remercieront d'avoir voté la loi pour la parité, parce qu'elle les protégera. La séance est levée.

Synthèse de la Commission n° 4

« Comment favoriser une participation plus importante des femmes à la vie publique ? »

La Présidente a introduit les travaux de la commission par une mise en perspective historique de la participation des femmes à la vie publique française et un bilan de la législation sur la parité.

La commission, à laquelle a participé Mme Beate WEBER, maire de Heidelberg, a ensuite débattu de deux thèmes qui ont été successivement présentés à la discussion par un exposé liminaire de la rapporteure.

► **Caution alibi ou tremplin ? La législation sur la parité a fait l'objet du premier débat**. Les discussions ont porté, comme l'y invitait le propos introductif de la rapporteure, tant sur les candidatures aux élections que sur l'accès aux postes de décision.

La parité des candidatures imposée par la loi a donné lieu à **des appréciations concordantes** : la législation sur la parité était un « mal nécessaire », ou même une nécessité tout court, elle a « beaucoup aidé les femmes et continuera à les aider », « les hommes ne faisant pas de cadeaux en politique et les femmes devant se battre ». Elles ont « beaucoup de choses à dire en politique », mais ne sont pas toujours en capacité de le faire.

L'introduction de la parité en politique a été jugée comme une **discrimination positive fondamentalement différente des autres** car les femmes représentent « l'autre moitié de l'humanité », et nous sommes loin des quotas.

Si le bilan de la législation sur la parité a été jugé globalement positif, les **difficultés rencontrées par les femmes pour accéder aux fonctions exécutives** ont été soulignées. La « **distorsion** » existant entre la présence désormais importante des femmes dans les assemblées locales et leur très faible représentation aux postes de responsabilité a été dénoncée. De même, les femmes ne sont guère nombreuses à **l'échelon intercommunal** qui bénéficie d'un transfert de compétences : l'intercommunalité reste un « bastion » masculin. Au total, lorsque les enjeux de pouvoir deviennent plus importants, la politique reste encore très souvent l'affaire des hommes et la parité a du mal à s'installer : « les femmes ne sont alors au premier rang ... que sur les photos. »

La législation sur la parité était nécessaire pour installer la mixité en politique. Son principe est battu en brèche là où se prennent les décisions, dans les exécutifs ou à l'échelon intercommunal qui bénéficie de transferts de compétences de plus en plus larges.

► La rapporteure a introduit le **deuxième thème** de discussion en invitant la commission à dépasser le débat sur la parité pour examiner **les obstacles d'ordre matériel et « culturel » qui freinent la participation des femmes à la vie publique.** Elle a notamment insisté sur l'obligation pour les femmes qui s'engagent en politique de mener une double et parfois triple vie entre mandat, charges familiales et activité professionnelle. Elle a démontré que l'intervention des femmes en politique était aujourd'hui bien admise lorsqu'elles sont « complémentaires » (sur les secteurs d'intervention comme sur les mandats), beaucoup moins lorsqu'elles se positionnent en concurrentes.

Un point a fait l'objet d'un large accord : **la participation plus nombreuse des femmes à la vie publique passe d'abord par l'amélioration des conditions matérielles d'exercice des mandats électifs**. Le fait que le partage des tâches domestiques et familiales reste largement théorique a été rappelé. Comme sa conséquence : l'articulation vie publique/vie privée, et notamment le problème de la garde des enfants, est une préoccupation majeure des femmes qui exercent un mandat, et conditionne souvent l'entrée des femmes en politique. « La vie d'une femme maire est plus difficile que celle d'un homme maire ». « La politique reste largement un monde d'hommes ».

Il a été estimé que l'accompagnement n'était pas encore suffisant pour faciliter l'engagement des femmes en politique. Le financement de la **garde des enfants** et le régime des absences pour exercer un mandat ont été considérés comme des facteurs clés.

Une évolution du **statut de l'élu** a été jugée souhaitable pour faciliter l'exercice des mandats, mais il a été insisté sur le fait que les améliorations devraient **bénéficier à tous**, pas seulement aux femmes.

L'introduction de la parité a été une décision de première importance. Pour améliorer durablement la participation des femmes à la vie publique, un problème majeur demeure : celui de l'articulation du mandat et des charges familiales, et souvent professionnelles. Des réponses apportées, dépendra le degré de leur engagement dans la vie politique. Le statut de l'élu doit évoluer pour faciliter l'exercice des mandats, mais sans que les améliorations soient réservées aux femmes.

Commission n°5 – Salons de Boffrand

La vision des femmes sur l'avenir de la cité

COMMISSION N° 5 :

LA VISION DES FEMMES SUR L'AVENIR DE LA CITE ?

Présidente : Mme Monique Papon, Sénatrice du Finistère
Rapporteure : Mme Claire-Lise Campion, Sénatrice du Finistère

Animateur : M. Emmanuel Kessler,
journaliste à Public Sénat

Mme Monique Papon, Sénatrice du Finistère, présidente de la commission n° 5

Mesdames les Maires,

Mes premiers mots seront pour vous souhaiter, au nom du Président du Sénat, la plus cordiale bienvenue dans cette enceinte. Je vais donc déclarer ouverts les travaux de cette Commission des États généraux de la démocratie locale et de la parité, consacrés à la vision des femmes maires sur l'avenir de la cité. Nous avons une matinée très chargée et nous souhaitons que vous puissiez vous exprimer les plus nombreuses possible, je vais donc immédiatement donner la parole à M. Kessler qui est journaliste à *Public Sénat* et va vous fournir quelques indications sur le déroulement de nos travaux.

Emmanuel Kessler : Merci, Madame Papon. J'ai bien conscience du caractère incongru de ma présence ici, d'une part parce que je n'ai pas d'écharpe et d'autre part parce que je suis un homme. C'est assez rare dans ce genre de tribune et ça mérite d'être souligné. Après tout, je vais le prendre comme une chance et un honneur. Je suis ravi d'être là pour faciliter vos débats ce matin.

C'est vraiment un moment d'échanges. Ce n'est pas du tout un moment où vous venez, si je puis dire, recevoir la bonne parole. Chacune va pouvoir s'exprimer, vous le ferez simplement. Pour que vous soyez les plus nombreuses à pouvoir vous exprimer, je vous demanderai de le faire relativement rapidement et d'avoir des interventions assez courtes. Pour travailler avec vous ce matin, sur cette tribune, la présidente de la commission qui vient de s'exprimer et qui retracera aussi le cadre de l'exercice dans un instant : Madame Papon. Et à ses côtés, Claire-Lise Campion, qui est rapporteure. Rapporteure avec un « e ».

Ça a été aussi un grand débat pour savoir s'il faut dire, c'est que nous sommes dans l'expression libre, pour savoir s'il faut dire sénateur ou sénatrice. Si j'ai bien compris, Mme Papon a plutôt l'habitude de dire « Madame le Sénateur » et Mme Campion a plutôt celle de dire « Madame la Sénatrice ». Mais chacune est libre et chacune choisit.

Madame Papon, vous êtes Sénateur de la Loire-Atlantique, au groupe UMP, secrétaire du Sénat. Je crois que c'est assez représentatif de la manière dont les femmes investissent la vie politique, de plus en plus. C'est-à-dire qu'en étant à la fois mère de famille, Madame Papon, vous êtes mariée, vous avez 4 enfants. Madame Campion, vous êtes mariée, vous avez 3 filles également. Vous avez donc toujours tenu votre vie familiale et votre vie politique en même temps. Madame Papon, vous avez 18 ans de mandat municipal, votre première élection date de 1983. Vous avez été adjointe au maire et ensuite à Nantes, conseiller municipal d'opposition. Vous siégez également au conseil général, 26 ans de mandat, dont 10 ans à la vice-présidence. Et je crois que vous avez été la première élue au conseil général de Loire-Atlantique. Vous avez été députée pendant 11 ans et vous êtes sénateur depuis 2001. On peut dire que vous appartenez un peu à cette génération de pionnières des femmes entrées dans la vie politique à une époque où elles n'étaient pas encore si nombreuses. Non pas qu'elles soient aujourd'hui extrêmement nombreuses, mais en tout cas, on est entré dans un mouvement assez important. Au départ, vous étiez, si je puis dire, assez isolées.

Madame Campion, vous êtes sénateur ou sénatrice de l'Essonne. Vice-présidente de la Commission des affaires sociales, ici au Sénat. Conseiller municipal depuis 1983, et maire depuis 1990, d'une petite commune située dans l'Essonne, dans la partie un peu rurale ou semi-rurale du département, à Bouray-sur-Juine. Vous avez été collaboratrice d'Edgard Pisani lorsqu'il était au Parlement, puis à la Commission européenne. C'est important, parce que ça vous donne toute cette expérience de l'aménagement du territoire qui est très importante aujourd'hui. Vous avez été vice-présidente du conseil général de l'Essonne. Vous êtes arrivée au Sénat en 2000, et vous avez été réélue lors de la dernière élection de septembre 2004. Ces quelques mots de présentation montrent bien le parcours de femmes qui ont des responsabilités électives, nationales, locales et des responsabilités aussi familiales. Et qui se sont inscrites dans ce mouvement d'émergence des femmes en politique. Je crois que ça peut aider notre réflexion et faciliter votre dialogue. Il y aura deux parties dans notre débat, ce matin. Mais Madame Papon va nous donner d'abord le cadre général de cette commission.

Mme Papon : Merci, M. Kessler. Mesdames les Maires, pensez bien que c'est un honneur pour nous de vous recevoir, ce matin, au nom du Président du Sénat, dans le cadre de ces États généraux de la démocratie locale et de la parité. Ce grand rassemblement des femmes maires qui nous réunit aujourd'hui s'inscrit dans le cadre de la commémoration du soixantième anniversaire de la Libération, mais cette manifestation revêt un caractère tout à fait symbolique, puisqu'elle marque le soixantième anniversaire du vote des femmes, il y a juste soixante ans. En effet, le 29 avril et le 13 mai 1945, les Françaises votaient pour la première fois, et justement pour des élections municipales.

À l'issue du scrutin, les femmes maires étaient 250 ; aujourd'hui vous êtes plus de 4 000. Bien sûr, la progression s'est fait très lentement et, à mon goût, un peu trop lentement. En 1971, vous n'étiez que 2 %, en 1995 7,5 % et aujourd'hui, vous êtes près de 11 %. Sachez que dans l'enceinte du Sénat, aujourd'hui, vous êtes près de 2 000 femmes maires présentes, c'est-à-dire la moitié de l'ensemble des femmes maires de notre pays. Vous avez été très nombreuses à répondre à l'appel du Sénat et très nombreuses à répondre au questionnaire qui vous a été envoyé par Monsieur le Président du Sénat. Nous sommes d'autant plus heureuses de vous accueillir que c'est un Sénat à la fois féminisé et rajeuni qui vous accueille. Féminisé parce qu'au Sénat, actuellement, nous avons un pourcentage de femmes qui est plus important que celui de l'Assemblée nationale. Nous sommes 17 %, alors qu'à l'Assemblée nationale, les femmes députées ne sont encore que 12 %.

Et c'est un Sénat rajeuni, parce que depuis le dernier renouvellement triennal pour les élections sénatoriales, notre âge moyen ne dépasse que de trois ans et demi celui de nos collègues députés. Donc Sénat rajeuni, Sénat féminisé. Et s'il a été décidé cette consultation auprès de vous, les femmes maires, c'est parce que le Sénat a choisi de s'engager avec détermination dans le combat destiné à favoriser la promotion des femmes dans la vie politique. Et je crois qu'ici vous êtes un peu la génération montante, puisque pour beaucoup d'entre vous, si ce n'est peut-être pas la première fois que vous êtes élues municipales, c'est pour la première fois que vous accédez aux fonctions de maires. Et ce, depuis les dernières élections. Il faut dire que ces élections municipales ont marqué un tournant historique pour l'entrée en masse des femmes dans les conseils municipaux. Et j'ai la conviction que les femmes vont savoir, qu'elles savent déjà, que vous savez, démontrer que vous pouvez faire de la politique, non pas mieux que les hommes, ce n'est pas cela, mais peut-être autrement. Et pourtant ce qui est incontestable, c'est que le fait d'être femmes en politique et d'avoir des responsabilités, comme vous en avez, ce n'est pas un long fleuve tranquille. Je crois que vous ne me contredirez pas. Vous avez toutes des expériences dont vous pourrez nous faire part et vous mesurez sûrement tous les jours le poids de toutes les responsabilités, toutes les difficultés et toutes les contraintes que cela comporte. Et c'est un peu le sens de ces États généraux qui nous réunissent aujourd'hui, car ce que nous voulons c'est échanger avec vous, c'est vous écouter, c'est que vous puissiez nous présenter vos préoccupations, faire entendre vos demandes et faire entendre vos propositions.

À cet égard, ma collègue Claire-Lise Campion va essayer, nous allons essayer toutes les deux, au cours de cette courte matinée, d'organiser nos travaux autour du thème de la vision des femmes sur l'avenir de la cité, et peut-être de façon plus générale d'avoir votre avis sur la conception que vous avez de la politique. J'oserai vous dire que, et c'est un peu ce qu'a rappelé M. Kessler à l'instant, Claire-Lise Campion et moi-même sommes un peu des pionnières en politique, parce que, du moins à nos débuts, nous étions une curiosité, j'allais dire une anomalie. Aujourd'hui, heureusement, notre société a beaucoup évolué, cette époque est tout à fait révolue et la société commence à avoir un regard beaucoup plus mûr sur la place des femmes dans la vie politique. Je dois vous dire, et vous le savez bien, que cette problématique transcende tous les clivages politiques. La question de la parité, ou plutôt celle de la place des femmes en politique, ce n'est pas une préoccupation ni de droite ni de gauche. D'ailleurs, avec Claire-Lise Campion, ce matin nous en sommes un peu la démonstration, puisque nous sommes de sensibilité politique différente, mais nous avons travaillé ensemble. Nous vous accueillons ensemble ce matin, et nous nous entendons très bien. Je vais donc vous passer la parole, Madame « la » rapporteur, « eur » ou « eure », ça n'a pas grande d'importance. Elle va être chargée de vous donner les principales orientations autour desquelles vont s'organiser nos travaux de ce matin. Et elle aura la lourde responsabilité cet après-midi, au Palais des congrès, devant toutes les femmes maires présentes, de faire la présentation des conclusions de nos travaux. Chère Claire-Lise, je vous laisse la parole, et j'espère que vous pourrez, Mesdames les Maires, vous exprimer très librement et vous exprimer très nombreuses ce matin, c'est le souhait que je formule. Je vous remercie encore d'être aussi nombreuses, ce matin, au Sénat.

Mme Claire-Lise Campion, Sénatrice de l'Essonne, maire de Bouray-sur-Juine, rapporteure de la commission n° 5

Madame la Présidente, chère Monique Papon, merci des mots que vous venez de prononcer. Je salue M. Emmanuel Kessler et chacune d'entre vous, Mesdames et Mesdemoiselles les Maires et chères collègues. Je me joins à Monique Papon, notre présidente, pour vous remercier de votre présence si nombreuse aujourd'hui au Sénat, dans le cadre de ces États généraux de la démocratie locale et de la parité. Effectivement, nous sommes plus de 2 000, comme Monique Papon vient de vous le dire, réunies à Paris aujourd'hui : c'est un réel plaisir pour nous toutes. Vous avez déjà commencé par répondre à un questionnaire qui était assez conséquent. Beaucoup d'entre vous ont fait un long chemin pour arriver ici ce matin à l'heure, au Sénat. Vous allez

maintenant participer à ces discussions directement, à notre réflexion sur la vision des femmes maires sur l'avenir de la cité. Monique Papon vient de vous rappeler le sens que nous avons voulu donner à ces États généraux, qui est d'abord de vous écouter, de débattre, d'échanger avec vous et ensuite de relayer et de faire remonter vos préoccupations, vos analyses et vos propositions. Il est évident que nous n'aurons pas, et nous n'avons pas cette prétention, la réponse à tout aujourd'hui. Mais je prends l'engagement avec Monique Papon, au terme de ces travaux d'aujourd'hui, d'être votre porte-parole. Nous répercuterons vos messages, et si nous le pouvons, le cas échéant nous essaierons de les traduire en actes législatifs. Il est important pour nous de vous le dire, ces États généraux ne resteront pas sans lendemain. Vous le savez, le Sénat a bien souvent traduit les préoccupations des élus locaux que nous sommes en lois, améliorant ainsi de multiples situations qui pouvaient poser problème. Pour cette réunion de la cinquième commission, ce matin, nous disposons d'une heure et demie seulement, aussi en accord avec Monique Papon, je vous propose qu'on centre notre réflexion sur deux thèmes principaux.
Le premier thème : la manière, la façon dont vous envisagez en tant que femme élue de préparer l'avenir de votre commune. Votre commune : la cité avec un petit « c ». Et vous allez nous dire la vision de cet avenir, compte tenu notamment des évolutions qui touchent de plus en plus notre paysage institutionnel, et je pense, en particulier, aux intercommunalités et sans doute aussi à la relance de la décentralisation.
Second thème : la façon dont une femme maire vit son engagement. Son engagement politique en tant qu'élue et comment elle voit l'avenir de la Cité, cette fois avec un grand « C ». À vous de nous dire si les femmes peuvent faire de la politique autrement. Et comment elles pensent pouvoir réconcilier les Français avec la politique. Comme base de travail, et avant de vous céder la parole pour ces débats qui sont très importants, ma mission de rapporteure est de vous livrer quelques réflexions personnelles qui ont été alimentées par les réponses au questionnaire que vous avez reçu, il y a maintenant quelques semaines. Pour faciliter ce débat, il va vous être remis – ou il vous a déjà été remis – par le secrétariat un récapitulatif écrit de ces réflexions, de manière à ce que nous puissions, les unes et les autres, suivre les choses plus facilement dans le courant de cette matinée. Cela étant, je ne ferai qu'évoquer les résultats de cette enquête parce que cet après-midi, la séance plénière, au Palais des congrès, sera consacrée à leur présentation officielle, intégrale, et aux commentaires que l'on pourra y faire plus en détail.

Je reviens donc vers vous pour le premier thème de ce matin. Votre vision de l'avenir de la cité avec un petit « c », c'est-à-dire de l'avenir de votre commune. Sur ce point, j'ai été frappée par la conception très volontariste de votre engagement à toutes, puisque presque 70 % d'entre vous, dans ce questionnaire, ont dit avoir voulu réorienter de manière significative la gestion communale précédente. 70 %, c'est important. D'où une interrogation, qui me semble fondamentale : Y a-t-il une approche typiquement féminine de cet engagement communal, et une façon particulière, pour les élues femmes, de gérer les problèmes que rencontrent tous les maires ? Sans être totalement certaine de dégager un sentiment unanime sur ce thème, je vous propose qu'on engage la réflexion dans un premier temps en trois directions.

Premièrement : pensez-vous qu'il puisse y avoir des différences entre les femmes et les hommes dans leurs façons d'aborder les priorités à long terme, c'est-à-dire l'avenir de vos communes et de vos administrés à l'horizon de 10 ou 15 ans ?

Deuxième direction : comment, par rapport aux hommes, les élues femmes voient-elles les évolutions de l'environnement institutionnel de la commune, en particulier avec ces défis majeurs et les enjeux majeurs, qui sont nouveaux, de l'intercommunalité qui forcément nous préoccupent toutes ?

Et, troisième direction : plus généralement, comment en tant que femme, percevez-vous le mouvement actuel de relance de la décentralisation ? Et quelles peuvent être vos interrogations ?

Emmanuel Kessler : Puisque vous avez donné un cahier des charges assez fourni, j'imagine qu'il y a d'ores et déjà dans la salle un certain nombre d'entre vous qui souhaitent apporter leur réflexion ou leur question. Ça va être très libre, il y a des micros qui circulent, un ou deux micros. Ce que je vous demanderai, c'est de lever la main, comme à l'école. On va commencer par vous, Madame. Je vous demanderai simplement d'être relativement brève dans votre intervention pour que vous puissiez être le maximum à vous exprimer. Et de bien vouloir vous présenter pour l'enregistrement et le compte rendu des débats, et puis qu'on situe un petit peu votre commune en un mot. Allez-y Madame, c'est à vous.

Annie Tallard : Je suis maire d'une commune rurale de 120 habitants, dans le fin fond du Puy-de-Dôme, Lastic, à la limite de la Corrèze. J'ai un parcours un peu atypique, n'étant pas née dans le village. Je suis devenue la première femme maire dans le canton, « par accident », parce que personne dans le village ne voulait présenter de liste pour les municipales. Je m'y suis donnée à fond. Mon premier objectif a été de rénover la mairie, de lui redonner un aspect attractif.

Emmanuel Kessler : Cela veut dire que les hommes ne sont pas très attentifs à la propreté ?

Annie Tallard : Ils n'en voyaient pas la nécessité : refaire la façade de la mairie, des petites choses qui changent beaucoup, finalement, l'aspect du village et la vie dans le village. La deuxième orientation essentielle que j'ai imposée ça a été l'entrée dans l'intercommunalité qui avait été refusée dans un premier temps par la commune. Je ne suis pas la seule dans ce cas, et si j'en parle, ce n'est pas pour ma commune seulement, mais pour beaucoup de petites communes similaires dans le monde rural en désespérance. J'insiste sur le mot. J'ai insisté pour entrer dans cette communauté de communes, qui représente pour moi le seul avenir possible de ces petites communes. Pour vous donner un ordre de grandeur, les deux cantons de notre communauté de communes font 4 500 habitants. Les populations sont majoritairement au-delà de soixante ans. C'est une petite ruralité avec des petites exploitations dont les trois quarts ne continueront pas dans 10 ans, après la retraite des parents actuels, les enfants ne continueront pas. Donc, quand vous parlez d'avenir pour ces communes, il est très difficile de leur donner même le goût de continuer. Tout a disparu, les services publics, il n'y a plus rien.

Emmanuel Kessler : Merci, Madame, de votre témoignage. Vous avez bien illustré la réorientation que vous avez voulu donner à l'action municipale.

Marie-Gabrielle Gagnadre : Je suis maire d'une commune de 5 000 habitants (Lezoux) dans le Puy-de-Dôme. Je suis élue depuis 1971, je suis également conseiller général depuis 1985. Je commence mon quatrième mandat. J'ai failli aller à l'Assemblée nationale, il ne m'a manqué que 1 %. C'est peut-être parce que j'étais une femme, si j'avais été un homme, j'aurai certainement été élu. Je ne regrette rien.

Pour moi, être élue et être élue femme, ce sont deux directions.

Il y a d'abord le quotidien, la gestion du quotidien. L'embellissement de la commune, comme il a été dit lors de la précédente intervention, est important : rendre la commune propre, la fleurir, ce son des choses qui ne coûtent pas très cher. Le quotidien, ce sont aussi les services, tous les services à l'enfance, le service aux personnes âgées, tout ce qui facilite la vie de tous les jours. Ça, c'est la première direction.

La deuxième direction, c'est de réaliser de grands projets structurants, parce qu'en plus je suis présidente d'une communauté de communes de 14 000 habitants, que j'ai mise en place en 1998. Les grands projets structurants, pour moi, cela a été le raccordement à l'autoroute, que j'ai mis 9 ans à obtenir.

À côté de la mise en place de la communauté de communes, il y a eu l'humanisation de ma maison de retraite. Il faut très longtemps pour cela. J'ai commencé en 1987, j'en suis à la troisième phase, il en reste encore une. Pour les grands projets, il faut vraiment du temps pour les faire aboutir, et quelquefois c'est un peu décourageant. Il faut de la volonté, il faut du temps. Mais je voudrais dire autre chose d'important, c'est l'intercommunalité, le souci d'intercommunalité : c'est vraiment important d'être efficace tout en gardant l'identité des communes, c'est-à-dire de ne faire en communauté que ce que les communes ne peuvent pas faire seules mieux et moins cher, qu'une intercommunalité.

Emmanuel Kessler : Voilà une explication très claire de ce qu'on appelle, parfois, le principe de subsidiarité. Madame, allez-y.

Renée Stievenart : Je suis maire d'une commune du Valenciennois, Aubry-du-Hainaut (Nord), et j'appartiens à la Communauté de communes de Valenciennes-Métropole, créée par M. Borloo. Pour moi, je suis élue depuis 1983 comme conseiller, avec le même conseil municipal, et lorsqu'en 2001 le maire n'a pas souhaité se représenter, c'est moi qui ai pris la place, donc je dirige la même équipe. Depuis 1983 j'avais envie, quand je m'étais fait élire à cette époque-là, de développer des actions en direction des familles. Et j'ai toujours déploré que les hommes du conseil municipal, puisqu'à cette époque j'étais la seule femme, ne soient intéressés que par des travaux publics, des trottoirs, des assainissements, etc. Comme je ne voulais pas entrer en conflit avec eux, et que c'était dans l'intérêt des habitants, je n'avais pas de raison de m'y opposer. Mais je me suis dit que si un jour je devenais maire, j'agirais en faveur des familles. C'est ce que j'ai fait au niveau de la commune depuis 2001.
Je voulais dire une autre chose, c'est que les femmes maires et les femmes dans la politique ne sont pas carriéristes. On prend le temps de faire les choses, on n'a pas besoin de réaliser tout, tout de suite parce qu'il y aura l'échéance électorale.
Moi, c'est ce que je m'efforce de faire, et au niveau de l'intercommunalité ce que j'essaie de développer, ce que j'essaie de faire passer comme message, c'est qu'on doit essayer de se fédérer au maximum. Je regrette que l'on fasse tout en intercommunalité. Je suis maire d'une petite commune de 1 600 habitants, et je n'ai pas de projets communautaires. Donc à la limite, je ne peux pas recevoir d'aides, sauf la solidarité, et je trouve qu'on ne comprend pas assez qu'il faut développer les services de proximité, les services aux personnes. Si je demande une halte-garderie, ce n'est pas pour faire une halte-garderie comme on peut en voir à Valenciennes, c'est pour avoir une halte-garderie qui va rendre un service ponctuel aux habitants de la commune. Et tout est comme cela, et je crois que c'est dans ce sens que vouloir tout centraliser, ce n'est pas bon. Je pense qu'il faut laisser des petites structures de proximité. C'est vrai que cela a un coût, mais on doit nous aider, nous les petites communes, sinon on va mourir, c'est tout. Voilà le message que je voulais faire passer.

Emmanuel Kessler : Merci, Madame, de votre témoignage. Il y a donc déjà deux choses qui émergent. On va voir si ça continue. L'idée que les femmes maires investissent des sujets que les hommes ont parfois délaissés, et d'autre part que les femmes maires que vous êtes s'intéressent à l'intercommunalité. Mais je dirais une intercommunalité bien cadrée où, en tout cas, le curseur soit situé au bon endroit entre l'action des communes et l'action de la structure intercommunale.

Maryse Casanova : Je suis maire d'un village de 300 habitants dans la Haute-Garonne, Puymaurin. J'ai une anecdote sur la différence entre les hommes maires et les femmes maires. Le maire précédent avait trente ans de mandat et quand je suis arrivée, la cour de la maternelle servait le week-end de terrain de pétanque, donc le lundi il y avait des mégots plein la cour. Il n'y avait pas une fleur dans le village, exactement tout ce qu'ont dit mes collègues. On n'est pas carriéristes, je crois que, dans l'ensemble, qu'on soit réélue ou pas, nous nous voulons très pragmatiques, très près du terrain, et souhaitons nous adapter à la commune et aux besoins des gens. Nous rencontrons un autre problème dans notre commune, c'est la question de l'intercommunalité. Nous n'arrivons pas à mettre en place une communauté de communes, parce que dans le canton tous les maires sont des hommes, à part moi, et qu'ils veulent garder leur pouvoir. Ils ont l'impression que le pouvoir sur 47 habitants et la notoriété sont bien plus grands que si nous étions en communauté de communes. Donc nous sommes dans un statu quo.

Sophie Dessus : Je suis maire d'Uzerche, dans la Corrèze, conseillère générale, présidente de communauté de communes. C'est une ville de 3 300 habitants. Je vais tenir un discours peut-être un peu différent. D'abord, je trouvais que ça ronronnait un petit peu quand j'ai été élue maire en 2001. J'ai été élue dans une équipe hommes/femmes, moitié-moitié. La première chose que j'ai demandée, c'est que je voulais que l'on refasse complètement notre ville, sur une période de 7 à 10 ans. Ce n'était pas carriériste, puisqu'il me faut un peu de temps quand même pour tout redynamiser et faire en sorte que notre commune, qui est située à la croisée de deux autoroutes, la 20 et la 89, puisse revivre, accueillir de nouvelles populations, des entreprises, faire en sorte qu'il y ait de la culture et qu'on respecte l'environnement. On a mis en place un énorme projet, on a appelé ça « poly structurant », sur 10 ans, vous voyez que j'ai de l'espoir. Le budget a été arrêté et toutes les actions rattachées sont décidées. Je suis allée rechercher des fonds européens, étatiques, régionaux, pour pouvoir le faire financer. C'est un travail considérable, mais peu importe. L'esprit féminin, c'est avec beaucoup d'humour et beaucoup de douceur, jamais de brutalité.
Un petit mot sur les communautés de communes : certes, je suis présidente de communauté de communes, mais pour la proximité, j'essaie de garder un parfait équilibre entre nos communes, parfois contre l'avis d'autres maires. Seuls les maires et les adjoints connaissent parfaitement toutes les mamies, toutes les personnes isolées, parce que c'est ça le monde rural, et il faut que

l'on garde cette proximité, et que les mairies ne soient pas uniquement des petits fantômes. Là ce n'est pas toujours facile à gérer, mais j'y tiens beaucoup et on y travaille. C'est un long combat qui m'inquiète : si on perd nos services publics, en milieu rural, c'est terminé, on n'aura plus d'habitants, ils iront vivre ailleurs vers les villes. Qu'on nous donne réellement les moyens financiers !

Emmanuel Kessler : En tout cas, c'est une préoccupation que vous pouvez exprimer ce matin : que services publics, décentralisation, et que les mairies ne soient pas des fantômes, j'ai noté votre expression.

Brigitte Lemoine : Je suis maire de Champagne-sur-Oise (Val-d'Oise), située dans la banlieue parisienne. C'est une commune qui connaît la remontée des habitants de Paris vers la lointaine banlieue. J'ai été élue maire pour la première fois en 1983 et j'ai perdu mon mandat en 1989 ; réélue dans l'opposition en 1995, j'ai été réélue maire en 2001. J'ai retrouvé en 2001 ma commune dans la situation de 1983. Nous avions un très gros problème, une centrale EDF, dont on annonçait la fermeture parce qu'elle avait atteint sa limite d'âge dès 1984. Lors de mon premier mandat, dans le cadre des grands projets d'évolution de la cité, j'ai préparé l'avenir, une reconversion industrielle, en créant une zone artisanale. Une zone artisanale, à côté d'une centrale EDF, c'est une peccadille, bien sûr, mais ça nous sert maintenant, puisque la centrale est fermée depuis 2003. Nous avons donc perdu la taxe professionnelle, et nous nous trouvons dans une situation où pendant 12 ans, on a dépensé sans investir pour l'avenir. Je dois donc gérer une commune en état d'urgence. Je dois constamment sélectionner les priorités. Donc je me trouve, moi, dans la situation, non pas du confort et de la beauté de l'environnement, mais dans une situation de sélection des priorités.
Lors de mon premier mandat, j'ai pu créer des centres de loisirs, des cantines et des garderies. Aujourd'hui, nos projets d'avenir c'est trouver des compensations, les préparer dans le plan local d'urbanisme, c'est gérer le quotidien un peu d'une manière « masculine », dirons-nous, dans la mesure où je suis obligée de m'intéresser à l'assainissement, aux trottoirs, autant qu'au monde de l'enfance et des personnes âgées.

Emmanuel Kessler : Ce serait caricatural de ressortir d'ici en disant que les hommes ne s'intéressent qu'à l'assainissement et les femmes qu'au social. D'ailleurs, il existe maintenant des femmes qui essaient d'éviter les mandats de maire, ou d'adjoint au maire chargé du social, parce qu'après on les cantonne dans ce type d'action.

Ghislaine Lapchin : Je suis maire d'une commune du Val-d'Oise (Vienne-en-Arthies), et je voudrais dire à ma collègue du département que je l'envie énormément, parce qu'elle est obligée de sélectionner maintenant les priorités. Moi je les sélectionne depuis toujours, parce qu'on n'a jamais eu de taxe professionnelle. Je pense qu'elle a manqué d'inconfort. Je voulais simplement souligner la difficulté : dans le Val-d'Oise, ou peut-être en Île-de-France, on est les champions de France des syndicats intercommunaux. C'est pour ça que l'intercommunalité a autant de peine à se créer, parce qu'on trouve dans nos syndicats intercommunaux tous nos besoins. Et on ne comprend pas pourquoi on nous oblige à nous regrouper en communauté de communes. Dans mon canton, la communauté de communes est une question de pouvoir. Je voulais simplement dire que je regrette le côté normatif de cette loi : pourquoi ne pas nous laisser continuer à gérer nos communes ? On ne voit pas toujours l'utilité de ce regroupement en communauté de communes. Laissons-nous du temps, demandons aux représentants de l'État de nous laisser le temps de travailler.

Michèle Collard : Je suis maire de la commune de Mauchamps, 275 habitants, dans le sud de l'Essonne. Je fais partie de la même communauté de communes que Mme Campion, nous travaillons fort régulièrement ensemble. Pour répondre à votre question : « Comment, en tant que femme, on envisage de préparer l'avenir de la cité ? », il me semble que pour nous, en tout cas, dans notre cas, je rejoins un petit peu les collègues de la région parisienne, le gros souci pour ce qui est de l'avenir, c'est de maintenir le caractère rural de notre commune. L'espace agricole qui nous entoure est vital pour ces populations qui partent tous les matins vers Paris et qui ont énormément de transport, pas d'emploi sur place ou tout au moins, pas suffisamment. Nous sommes en intercommunalité depuis l'année dernière. Je suis personnellement assez satisfaite de la façon dont ça fonctionne, contrairement à ce que je viens d'entendre dire. Je crois que depuis un an et demi, pour notre part, on y a gagné un certain nombre de choses, à commencer par des services aux populations, notamment en direction de la petite enfance puisque c'est la toute première action qui vient d'être menée. Puisque nous sommes un certain nombre de petites communes sans étiquette, il s'agit surtout de se battre pour gagner, et de conserver cet espace environnemental qui est quand même très préservé à 40 kilomètres de Paris. Notre crainte est cette urbanisation qui galope, et qui se rapproche de nous. Si j'ai une action à mener, comme l'ont dit les collègues tout à l'heure, ce serait peut-être de se battre à tout prix pour garder ce cadre de vie qui est très important pour nous, je crois, et cet espace agricole auquel on tient tant.

Françoise Ramond : Je suis maire d'une commune qui s'appelle Épernon, 5 000 habitants, en Eure-et-Loir. Et je suis présidente d'une communauté de communes de 11 000 habitants. Je rejoins tout à fait le maire du Puy-de-Dôme, je suis tout à fait d'accord sur cette recherche de proximité au quotidien des femmes maires, et je suis tout à fait d'accord sur l'importance de l'intercommunalité. J'habite Épernon, qui est à 65 kilomètres de Paris : on est aussi dans la grande aspiration parisienne, et tout mon effort au niveau de l'intercommunalité, c'est de développer une zone d'activité économique et de réussir ce projet avec tous mes collègues de l'intercommunalité.

Emmanuel Kessler : Est-ce que vous pensez, Madame, que quand on est dans un milieu intercommunal, c'est finalement plus facile de rassembler quand on est une femme que quand on est un homme ?

Françoise Ramond : J'ai été élue à l'unanimité, alors je ne sais pas si c'est plus facile, mais je constate que ça fait 4 ans qu'existe ma communauté de communes et je pense qu'on fait un énorme travail de relationnel quand on est présidente de communauté de communes. En 4 ans, on a fait beaucoup de choses, les services à la population ont été transférés entièrement. Il y a un énorme travail souterrain.

Marguerite Géré : Je suis maire d'une commune de 350 habitants (Saint-Loup-du-Dorat), en Mayenne, dans la région des Pays de la Loire. J'ai été élue maire après avoir fait un mandat en tant que conseiller municipal, et j'ai été élue sur une liste ouverte. C'est-à-dire que venait s'inscrire qui voulait, avec pour objectif de travailler. C'est peut-être un peu plus facile dans une petite commune, et là je voudrais en venir justement à l'intercommunalité. Nous avions, depuis 1990, mis un syndicat intercommunal en route, qui nous a préparés petit à petit à l'intercommunalité. Je dois dire que dans une commune de 350 habitants - j'ai une école avec 68 élèves - le fonctionnement en personnel est lourd. Je n'ai pas de taxe professionnelle. La plus grosse commune faisait 1 000 habitants, et nous n'avions pas de gros projet. Nous avons préparé l'intégration dans cette intercommunalité, nous comptons aujourd'hui 12 000 habitants. Il y a seulement deux femmes dans cette intercommunalité. Cette structure m'a permis de construire des logements afin de garder la population sur place, d'avoir les enfants à l'école chez moi et de réaliser des travaux d'assainissement. Il y a des choses que je n'aurais pas fait toute seule, et je partage le sentiment que certaines communes peuvent être adhérentes ou non adhérentes, selon la position que l'on peut avoir dans sa commune.

Jeannette Chataigne-Gaschard : Je suis de l'Aude, et probablement le maire d'une des plus petites communes, puisqu'on a 40 habitants, répartis en trois lieux (Mayronnes). Le village comporte 15 habitants permanents, les autres résidents sont dans des hameaux plus éloignés. C'est un problème pour la circulation, pour le transport scolaire, pour tout ce que vous pouvez imaginer.

Ce que je voulais dire, c'est que nous, on est plus de non-natifs que de natifs de la région. La demande des gens est la qualité de vie. On l'a, puisqu'on a de l'espace et c'est très beau. Alors, il y a eu une démarche culturelle avec un sentier d'exposition de sculpture en plein air, et on reçoit jusqu'à 5 000 personnes. Or, il n'y a ni café, ni aucun service qui aille avec : donc ce sont des retombées sur le canton, ce qui fait que les gens du canton souhaitent que l'on continue cet effort. Par ailleurs, des questions relatives à l'assainissement se posent. Mais ne doit-on pas rester une petite commune pour laisser aux gens qui viennent un espace de respiration ? C'est une question que se pose le conseil municipal.

Emmanuel Kessler : Service public, environnement, avenir du monde rural : ce sont des préoccupations très fortes et qui traversent l'ensemble de vos témoignages.

Claire-Lise Campion : Je crois qu'il faut s'orienter vers la deuxième question, le deuxième thème de ce matin que j'évoquais tout à l'heure. Votre vision de la Cité avec un grand « C », même si, bien entendu, certaines d'entre vous disent que la Cité, c'ést bien loin du quotidien. C'est-à-dire, le sens de votre engagement, votre conception de l'entrée en politique. Alors, l'entrée en politique, je la mets entre guillemets, et évidemment nous prenons le sens politique au sens noble du terme, et la contribution spécifique que les femmes peuvent apporter pour réconcilier les Français avec leurs élus. Permettez-moi de citer un autre pourcentage assez décisif dans l'enquête qui a été faite auprès de vous. À la question qui vous a été posée : « Selon vous, les femmes exercent-elles leur fonction élective différemment des hommes ? », vous avez répondu oui massivement, puisque c'est à 80 %. Ce chiffre à lui seul est évidemment une interpellation forte, votre interpellation. C'est surtout et aussi un formidable espoir de modernisation de la vie politique de notre pays, j'en suis très convaincue personnellement. À nouveau, je voudrais vous livrer quelques réflexions du résultat de cette enquête, et donc je vous les présente sous forme de quatre questions. Vous êtes très partagées, quasiment moitié-moitié sur l'utilité réelle de la loi sur la parité pour l'accès des femmes à des fonctions électives. Ça a toujours été depuis le début, et j'ai fait partie de celles qui se sont interrogées à un moment donné. Je m'interroge beaucoup moins maintenant, je vais vous dire pourquoi. Il est vrai que cette obligation, l'application de la parité, s'applique et ne concerne donc que les communes de plus de 3 500 habitants, mais ne pensez-vous pas que cette loi a permis de créer un contexte favorable, un véritable appel d'air à l'entrée des femmes dans les fonctions électives ? Vous me permettrez de prendre l'exemple que nous trouvons ici, au Sénat, puisque aujourd'hui nous sommes 57 femmes sénatrices sur les 331 sénateurs soit, Monique Papon le disait tout à l'heure, un tout petit peu plus de 17 %. C'est bien l'obligation de parité des listes qui a permis à l'origine de féminiser plus fortement le Sénat.

Quelques chiffres pour illustrer cela, et c'est l'exemple du Sénat, mais je pense que l'on doit pouvoir aussi, même si c'est moins flagrant, le transposer dans nos municipalités : la série qui a été élue en 1992 a fait que 5 sénatrices ont été seulement élues cette fois-là au Sénat. En 2001, la série élue comptait 22 sénatrices, et sur ces 22, il y en avait 20 qui avaient été élues au scrutin proportionnel, dans les départements où la parité était obligatoire. Deuxième question : « Pour vous, l'exercice d'un mandat électif est-il avant tout un engagement citoyen au service des autres ? ». Le débat qui est entamé depuis ce matin depuis quelque temps nous le montre bien, et l'enquête révèle que vous ne concevez pas votre engagement dans la vie publique comme une démarche de professionnelle de la politique. Vous l'avez dit aussi tout à l'heure. D'où la question : « Voyez-vous la politique autrement ? Quelle place accordez-vous à la proximité ? »

On a déjà entendu de nombreuses réactions sur toutes ces questions. On sait que c'est une place importante au contact avec les administrés et à la transparence.

Troisième question, une autre tendance s'est dégagée de vos réponses. Une préférence pour la gestion à long terme, plutôt que pour la gestion quotidienne, même si cette gestion quotidienne, vous l'avez dit, dans différents exemples, est importante et capitale pour les habitants de nos communes « Qu'en est-il concrètement pour vous de cette vision à long terme pour vos communes ? ». Et dernière et quatrième question : « Est-ce que vous pensez, enfin, que les femmes puissent apporter une contribution spécifique à la réconciliation de nos concitoyens avec la politique ou au contraire, pensez-vous que les femmes seront fatalement rattrapées par des travers qu'aujourd'hui beaucoup dénoncent ? »

Emmanuel Kessler : Voilà quatre questions sur lesquelles vous pouvez réfléchir pour tenter d'y apporter votre réponse. Ça fera peut-être la transition entre les deux parties.

Édith Errasti : Je voudrais vous faire partager mon expérience sur la parité. Je suis maire de Soissons, 30 000 habitants. Je suis jeune élue de 2001, enfant de première adjointe. C'était un ami qui m'a amenée en me disant : « Écoute, tu as un engagement citoyen dans ta ville, est-ce que tu ne veux pas m'accompagner ? Oui, alors allons-y. » Et puis, après le décès brutal de ce maire, je l'ai remplacé, et je suis donc maire de la ville et je ne le regrette pas. Cela n'était pas du tout mon projet personnel. C'est arrivé comme ça.
Je suis heureuse de ce débat car nous, les femmes, avons une vision un peu différente de celle des hommes, qui est complémentaire. On est bien à mon sens dans le débat de la démocratie locale, puisque nous savons attendre

9 mois la naissance d'un enfant. Nous savons attendre 25 ans l'éducation d'un enfant. Nous savons pendant 50 ans construire une famille, et cela ressemble un petit peu à notre engagement citoyen dans la ville. Nous voulons rassembler, être à l'écoute des autres, que chacun se réalise et prenne son épanouissement et ça me semble un rôle très important pour le maire d'une ville ou même d'une petite commune. Je me dis aussi que nous, les femmes, même si c'est nous qui avons la trousse à maquillage en général avec nous, nous sommes quand même plus dans l'être que dans le paraître, et vous serez toutes d'accord, je pense, pour dire que l'être, c'est quand même ce que l'on préfère. C'est dans ce sens que la politique m'intéresse. Chez nous, dans l'Aisne, on dit les choses, et je me sens plus une faiseuse qu'une diseuse, la plupart du temps. Tout cela pour dire que les femmes sont sur le terrain et qu'elles ne sont pas inutiles.
Nous avons une représentation féminine de 50 % et j'observe que, dans mon équipe, les femmes sont sur le terrain, c'est une bonne chose, mais elles se transforment en « *superwomen* » à essayer de concilier leur vie professionnelle, familiale, d'élue. Dans leur vie d'élue, elles essayent d'être présentes sur tous les terrains, alors que les hommes, à côté de cela, forts de cette représentation féminine sur toutes les petites choses de la vie, se recentrent ou se concentrent sur les présences aux grandes commissions, sessions, réflexions. J'observe, mois après mois, que nos hommes se démobilisent. Toute ma vie, j'ai lutté pour le partage du pouvoir entre les hommes et les femmes. On en est encore loin.

Emmanuel Kessler : Les hommes ne sont pas là pour vous répondre, donc vous pouvez y aller, Madame.

Annie Davy : Je suis maire d'une commune de 3 300 habitants (Bédée, Ille-et-Vilaine). Je suis élue depuis 1989, et je considère que la parité a permis de retrouver plus de femmes élues et je crois que la force que nous avons, c'est de régler les problèmes de société et qu'il faut retrouver au niveau du monde politique, les hommes et les femmes à parité. Bien qu'ayant une commune de moins de 3 500 habitants, j'ai établi la parité au niveau de mon équipe municipale et des postes de maires adjoints. Ensuite, je pense que si la femme favorise le lien social au niveau de sa commune, elle offre aussi effectivement une approche différente et je pense que, lorsqu'on respecte cette parité homme/femme au niveau municipal, on a aussi une approche de l'ensemble des dossiers qui peuvent nous préoccuper : que ce soient des dossiers sociaux, les politiques de l'habitat, les politiques de développement économique. Je pense que les femmes peuvent peut-être réconcilier les Français avec la politique, ce qui n'est pas facile, parce que je crois qu'aujourd'hui le chemin est long. C'est vrai qu'on a plusieurs centres d'intérêts et que la famille reste toujours quelque chose pour nous d'important et qu'on a souvent le sentiment d'être un peu coupable, et c'est un sentiment que l'on a peut-être plus fort que les hommes. Je crois que la parité a favorisé le renouvellement politique. Donc, nous avons une approche différente des problèmes de société d'aujourd'hui qui ne sont pas ceux d'hier, qui sont, je crois, des problèmes de jeunesse, de politique de l'habitat au sens large du terme.

Emmanuel Kessler : Il ressort pour l'instant de tous vos témoignages que vous n'êtes pas toutes forcément du même avis et que si des lois contraignantes sont un moindre mal, cela a permis une certaine dynamique qui donne aujourd'hui cette meilleure complémentarité des équipes au niveau municipal entre hommes et femmes.

Jacqueline Aboudaram : Je suis maire de Bazainville, dans les Yvelines, une ville de 1 200 habitants, et présidente d'une communauté de communes, qui s'est créée en 1998, regroupant environ 13 000 habitants. En ce qui concerne la parité, dans nos villages, nous ne sommes pas tenus de la pratiquer, et même si nous y étions obligés, nous ne pourrions pas l'effectuer parce que nous avons beaucoup de difficultés à trouver des femmes disponibles pour se joindre à l'équipe municipale, même si elles en ont envie. La difficulté pour nous, qui sommes aussi dans l'Île-de-France, dans le « *Far West* » des Yvelines, c'est que la plupart de nos villages qui étaient des villages ruraux sont devenus des villages urbains, avec une population qui part le matin et qui rentre le soir et qui est demandeuse de services qu'on ne peut pas toujours leur offrir. L'intercommunalité ne permet pas certains services comme les entreprises de loisirs. Mais tout ce qui est cantine, accueil périscolaire, ça reste encore du ressort de la commune, mais ce n'est pas toujours très facile à organiser.

Micheline Fusée : Bonjour, je suis maire d'une commune dans l'Oise, de 600 habitants (Saint-Vaast-de-Longmont). Nous n'avons pas le même problème que les communes dont on vient de parler. Mais dans tous les cas, en ce qui concerne la parité, je pense que c'est dommage qu'on ait eu à faire une loi exprès, parce qu'il me semble que les femmes auraient dû et devraient prendre plus conscience de la nécessité de participer à la gestion des communes et à la vie des habitants qui les occupent. Je voulais dire qu'en ce qui concerne les communes rurales, c'est difficile pour les femmes de se mobiliser pour participer à cette gestion, dans la mesure où il y a encore un machisme très fort. Je le subis chaque jour dans ma commune et c'est parfois très difficile à gérer. Cela nous empêche quelquefois d'agir avec toute la liberté dont on aurait besoin.

Emmanuel Kessler : C'est-à-dire ?

Micheline Fusée : Par exemple, sur la commune, j'ai toujours un noyau d'hommes qui s'élèvent contre tout, créent des associations, et nous mettent des bâtons dans les roues.

Emmanuel Kessler : Et vous pensez que si vous étiez un homme ça ne serait pas la même chose ?

Micheline Fusée : Cela ne se passerait pas de la même façon.

Emmanuel Kessler : Votre témoignage fait réagir en tout cas. Merci.

Michelle Gualde : Je suis maire de Saint-Jean-Ligoure, en Haute-Vienne. Je voulais dire que j'étais contre la loi sur la parité. Je pense que si les femmes sont compétentes, elles seront élues aussi bien que les hommes. Je suis maire d'une petite commune rurale sans aucun problème. Je voulais insister sur le bénévolat : dans nos communes, on manque de bénévoles, j'insiste beaucoup sur cette pénurie. Je pense qu'en politique, on parle beaucoup trop d'argent. À mon avis, les plus méritants, ce sont les maires des communes de moins de 500 habitants qui remplissent leur fonction par plaisir, choix, goût. Je pense que dans la vie politique, il faut aussi une dose de bénévolat, et peut-être que nos élus, à tous les niveaux, ont perdu cette notion. La politique, ça ne doit pas devenir un métier à tous les niveaux. Je crois que les femmes maires, peut-être, font plus volontiers bénévolement leur fonction de maire.

Emmanuel Kessler : Je ne voudrais pas défendre les hommes, mais il y a aussi beaucoup d'élus hommes de petites communes, qui agissent par passion.

Sylvie Houzard : Je suis maire d'une commune rurale de 656 habitants, en Seine-Maritime, dans le canton de Cany-Barville, qui s'appelle Vittefleur. J'ai été élue maire en 1992 lors d'une élection partielle. Je me présentais pour être conseillère municipale et, du jour au lendemain, je me suis retrouvée à la tête de la commune, parce que plus personne ne voulait être maire. La loi sur la parité, c'est une bonne chose aujourd'hui, même si je n'y étais pas favorable, parce que c'est sans doute le seul moyen pour nous, bien que nous ayons aussi quelques connaissances, de pouvoir participer aux listes et aux différents mandats qui nous sont proposés.
Personnellement, je connais quelques difficultés parce que notre communauté de communes regroupe 38 communes et 24 000 habitants. Je suis la seule femme maire sur ces 38 communes, ce qui me pose quelques difficultés, parce

que nous sommes dans un milieu rural. Je n'appartiens pas à ce milieu, je suis une horsain, comme on dit. C'est peut-être ce qui a facilité ma réélection en 1995 et en 2001. Mes collègues maires ne me font pas de cadeaux. La vision de la cité, je crois que je l'ai eue dès le départ, puisqu'étant dans une commune rurale, j'ai souhaité maintenir le commerce, qui était en voie de disparition. Nous avons mené une action, et ça marche très bien, puisque aujourd'hui nous avons 4 commerces, plus un restaurant qui fonctionnent bien où la commune s'est beaucoup investie. Je crois qu'il est important dans notre village rural d'apporter un service de proximité, quand on voit que beaucoup de personnes âgées n'ont pas les moyens de se déplacer. J'ai également développé les services à la population. J'ai créé une halte garderie-crèche, et je crois que ça fonctionne très bien, nous avons même une liste d'attente. Même dans les petites communes, nous pouvons apporter des services. Cela nous amènera peut-être une nouvelle population puisque, pour pouvoir accueillir une population, il faut avoir des services publics.

Nicole Chevassus : Pour moi, c'est une expérience complètement différente, puisque je suis élue à la ville de Lyon, dans une mairie d'arrondissement. Ce sont des expériences qui se rejoignent, toutefois. Il est vrai que j'ai été, en effet, contre la parité, mais à partir du moment où une loi est nécessaire, c'est un bon choix.

Le pouvoir centralisateur est en mairie centrale, comme à Paris et comme à Marseille, nous sommes donc presque une ville de plein exercice, mais à la fois on n'a ni le pouvoir, ni le choix, ni le carnet de chèques. C'est extrêmement difficile, parce que c'est un travail quotidien, et quand on a 115 km de trottoir à patrouiller, c'est très difficile. Comme avantage, nous avons une équipe de 27 élus, dont 20 à la commune et nous avons beaucoup délégué de façon à couvrir ce territoire. C'est vrai que certains hommes ont des carences énormes dans certains domaines, notamment en matière sociale (crèches, résidences pour les personnes âgées...). Moi, j'ai confiance et je dis qu'effectivement les femmes ne sont pas carriéristes. Elles ne travaillent pas pour être réélues mais travaillent pour le mandat qu'elles effectuent.

Marie-Josée Morlot : Je suis maire d'un village de 150 habitants (Origne), dans le sud de la Gironde, en Aquitaine. Je souhaite vous faire part de mon expérience : j'étais adjointe dans la mandature précédente, et je suis arrivée par hasard. Comme vous avez pu le lire dans la presse, j'ai été élue par mon opposition. Donc, les débuts ont été particulièrement difficiles. J'ai été très fraîchement accueillie bien entendu au sein de mon conseil municipal, et je suis la doyenne. Je n'ai que des jeunes et, grâce à cette municipalité, le village qui était presque « mort », comme quoi il ne faut pas perdre espoir, comporte maintenant 150 habitants ; j'ai 57 enfants, des parents jeunes, forcément, et je n'ai que 20 personnes âgées. Parmi tous ces jeunes, je n'ai que deux RMIstes.

Il s'est avéré que nous avons eu, un mois après notre arrivée, à 300 mètres de la commune, une proposition de centre de déchets utiles sur 30 hectares : je suis en pleine forêt, donc on a abattu 4 hectares de terrain, qui ont échappé à la tempête de 1999, sur lequel on allait installer un fonds de déchets utiles. Il y a quatre communes autour de ce centre et j'étais la seule femme maire. Les trois autres maires qui sont des hommes, pas de mon bord politique, ont tout de suite dit : « Écoutez, vous êtes le chef de file de ce contre-projet qui dure depuis 2001 ». Je dois dire que les hommes m'épaulent bien. Alors ça donne sûrement une autre approche des femmes dans la gestion du quotidien, parce que toutes les populations m'ont soutenue et les gens viennent souvent me dire : « Merci pour le combat que vous menez ». Dans ma petite commune, les femmes sont très actives, j'ai une adjointe et un adjoint. Voilà des jeunes femmes qui travaillent beaucoup, qui sont femmes d'artisans, qui aident leur mari et qui restent sur la commune. C'est assez vivant, on a construit des jeux d'enfants, notamment un plateau sportif pour les plus petits. Pour une petite commune comme la nôtre, c'est très dynamique.

Emmanuel Kessler : Vos expressions ne sont pas manichéennes, on n'aura pas entendu que du mal des hommes ce matin. C'est déjà bien.

Annie Paillet : Je suis maire de Gray-la-Ville en Haute-Saône, une commune d'un peu plus de 1 000 habitants. Je voudrais rendre hommage aux hommes : mais pas les hommes élus, les hommes qui restent à la maison : qui, lorsqu'on arrive de réunion, nous ont préparé le dîner et ont mis le couvert, et qui s'occupent des tâches ménagères. Je voudrais leur dire quand même merci, parce qu'ils le méritent bien honnêtement.

Emmanuel Kessler : Ce sera noté dans le rapport.

Annie Paillet : Une chose moins drôle, c'est la ruralité. Nous sommes actuellement confrontés à des cartes scolaires qui sont absolument aberrantes et nous risquons des fermetures de classes alors que le nombre d'élèves augmente et qu'on est en train de se battre justement pour que les petites communes rurales gardent leurs écoles, leurs enfants, leurs vies, parce que c'est ça la vie d'une commune. Et malheureusement, nous avons affaire, je ne vais pas dire à des hommes, mais à des technocrates, je ne sais pas si ce sont des hommes ou des femmes, qui fonctionnent avec des machines à calculer et pas avec des enfants. On a des fermetures à 26 élèves et demi, n'oubliez pas le demi-élève. La question que je voulais poser, c'est qu'on ait un peu plus les pieds sur terre et que la ruralité soit vraiment prise en compte, même dans nos petites communes.

Denise Laurent : Je suis maire d'une commune de 250 habitants (Briaucourt, Haute-Saône). J'ai été élue aussi par accident, parce que dans nos petites communes peu de gens ont envie de s'investir, et la parité n'existe pas. Nous sommes 2 femmes et on s'entend très bien, on forme une équipe formidable et c'est moi qui entraîne les hommes et les maires des trois communes voisines. Nous fonctionnons en RTI au niveau des écoles et nous sommes, nous aussi, confrontés à une fermeture de classe. J'espère que nous arriverons à la défendre, mais les maires hommes s'appuient aussi sur moi. En intercommunalité, nous appliquons presque la parité et je crois que les femmes, nous nous défendons très bien.
En ce qui concerne l'assainissement, puisqu'on en parlait tout à l'heure, j'y associe le social, parce que je fais du social avec un grand « S ». C'est-à-dire que mon prédécesseur voulait mettre à tout prix un lagunage qui aurait dérangé le village. Nous avons réussi à concilier les deux, à la fois faire de l'assainissement et faire du social pour ne pas déranger les habitants de la commune afin qu'ils l'acceptent plus facilement.
Parce que, nous les femmes, nous sommes très proches de la population et je répète que pour le contact, je crois que nous sommes meilleures que les messieurs.

Emmanuel Kessler : C'est votre point de vue, Madame.

Sylvie Vermeillet : Je suis maire de Cernans, une commune rurale du Jura. C'est mon deuxième mandat, et je suis également conseillère régionale de Franche-Comté. Je crois au bienfait de l'équilibre et la parité a permis l'émergence de nouvelles élues et l'émergence de certaines sensibilités qui, à mon avis, permettent d'appréhender des problèmes beaucoup plus largement et puis de les traiter, également à mon avis, avec infiniment plus de richesse. Je voudrais surtout intervenir sur le long terme et l'avenir des cités, parce que je me rends compte qu'ici les femmes ont de l'énergie à revendre, je voudrais en particulier m'adresser au Sénat, et aux libertés que vous voudrez bien nous accorder. J'ai un peu d'inquiétudes par rapport à la synergie des intercommunalités et du tissu économique. Les fonds de concours dans la loi du 13 août 2004 nous ont donné un petit peu d'oxygène, mais je ne suis pas tout à fait encore convaincue. Je vais être un peu technique, l'article III-167 du traité de la Constitution européenne, au nom du principe de la concurrence, risque de compromettre les aides que les intercommunalités ou les collectivités pourraient mettre en œuvre au profit des entreprises. Je souhaite m'adresser à vous pour que cette énergie, ici présente, au niveau local, ne puisse pas être compromise par cet article. Et en tout cas, nous sommes des élues de terrain, nous sommes là pour faire des diagnostics. En général, ce sont les maires, ou le président d'EPCI, qui font le meilleur diagnostic, et je suis là pour vous demander de nous faire plus confiance. Le peuple nous a fait confiance, est-ce que les lois ne peuvent pas nous aider un petit peu plus, nous laisser un petit peu plus de liberté pour donner des aides là où elles sont nécessaires ? Bien sûr toujours sous contrôle, nous en sommes garants. Mais continuer à dynamiser le tissu économique, continuer à créer des actions de proximité, comme chacune d'entre nous le revendique. Je compte sur vous pour tout cela. Merci.

Emmanuel Kessler : Votre intervention Madame, était d'autant plus intéressante qu'au début de cette matinée, il a été souligné que le Sénat était aussi une caisse de résonance des préoccupations des élues et que les choses pouvaient ensuite se traduire sous forme de propositions de lois ou sous forme, en tout cas, d'un acte législatif.

Elisabeth Launay : Je suis maire de Louans, une commune d'Indre-et-Loire, de 600 habitants. J'ai été élue maire en même temps qu'élue tout court, il y a trois ans. Le mandat se partage en deux temps et j'ai moi-même l'impression que le premier temps est un temps d'exécution, de projets qui étaient déjà initiés et qu'il fallait exécuter, donc obligée de s'informer, d'acquérir une certaine compétence et dans un deuxième temps, peut-être avec une vision à plus long terme. Et je dirais que c'est peut-être là que je me retrouve le mieux à me dire que maintenant il y a un document d'urbanisme à établir et que là, on va pouvoir faire du travail intéressant, parce qu'on va pouvoir imaginer ce que pourra être notre commune de 600 habitants qui est dans la grande ceinture tourangelle. Donc, très vite, ma préférence je crois va au long terme.

Annie Tallard : Je m'excuse de reprendre la parole, mais il y a une petite chose sur la parité qui n'a pas été dite, à mon sens, et qui est importante : sur le plan éthique, j'étais tout à fait contre il y a 10-15 ans. Nous n'avons pas de parité dans la commune mais j'ai quand même forcé la main et d'autres collègues l'ont fait, pour que certaines femmes se présentent, simplement parce qu'il en fallait onze. Et je me suis aperçue que ça a permis à ces femmes de se révéler à elles-mêmes. On leur a un peu forcé la main, et finalement ce sont des conseillères municipales extrêmement efficaces et qui se sont découvertes, qui n'avaient pas idée de leurs qualités.

Andrée Abry : Je suis maire d'une commune de 3 400 habitants (Eloyes), dans les Vosges. Je pense qu'il est très important dans un conseil municipal qu'il y ait effectivement des hommes et des femmes. Cet équilibre, qu'il soit exactement paritaire ou qu'il soit un petit peu différent, ce n'est pas grave, mais là où les femmes sont, je pense, elles ont une sensibilité un peu différente, surtout concernant les notions de durabilité et de développement à long terme. Parce que, ce que nous voudrions, en fait, c'est léguer à nos enfants un monde correct, que ce soit dans le domaine économique, environnemental ou social.

Monique Papon : Madame la rapporteure, pouvez vous nous tirer les comptes de synthèse, et faire état du nombre de participants, car tout le monde n'a pas pu encore s'exprimer. Et surtout de l'énergie qui apparaît dans les débats auxquels nous avons assisté.

Claire-Lise Campion : Oui tout à fait, Monique Papon. Nous avons pu entendre que les femmes maires que vous êtes investissent bien souvent des sujets qui ont pu être délaissés précédemment par des élus hommes. Nous avons entendu d'une manière très prégnante le fait que les femmes maires ne sont pas carriéristes, elles sont souvent à cette fonction nouvelle pour elle par hasard, c'est des mots que nous avons entendu plusieurs fois : par hasard, parce que par exemple dans vos petites communes il n'y avait pas de candidat, il n'y avait pas de volontaires, on est venu vous chercher, on vous a sollicitée, c'est un point, je pense important, qui est ressorti assez souvent. La notion de proximité, la notion de souci de la vie quotidienne de nos concitoyens, des habitants de nos communes, c'est aussi quelque chose qui est ressorti beaucoup dans vos propos et qui est très important pour vous. Les services aux personnes – vous avez beaucoup parlé de l'enfance, de la petite enfance, en disant que parfois ce n'était pas une préoccupation précédente, de vos prédécesseurs –, les services aux personnes âgées, à tous ceux qui, génération après génération, âge après âge, forment nos familles. Vous avez souvent employé le mot « famille » dans vos interventions. Vous avez également beaucoup évoqué les problèmes liés à la ruralité, liés aux tailles et à l'ancrage de vos communes rurales avec les soucis de leur devenir, de ces petites communes rurales. Avec la notion des ces services publics de proximité qui sont indispensables également et qui posent beaucoup de questions dans la vie quotidienne des femmes maires que vous êtes. Vous avez évoqué également l'intercommunalité, beaucoup sont également présidentes de communauté de communes, c'est une bonne nouvelle, une bonne surprise, de voir que nous ne sommes pas cantonnées exclusivement à la gestion de nos petites communes rurales. Vous avez donc beaucoup parlé également du travail de préparation à cette intercommunalité quotidienne, la nécessité de faire un gros effort dans le relationnel avec ceux qui ne connaissent pas encore complètement la gestion quotidienne de leur commune et qui vont devoir le faire dans l'intercommunalité. Nous avons terminé cette matinée en évoquant beaucoup la question de la parité : j'avais un peu provoqué les choses, mais c'est effectivement des notions qui vous tiennent à cœur. Beaucoup d'entre vous on dit : « Au début, je n'étais pas pour cette loi sur la parité, effectivement, mais petit à petit, les années passant, je vois l'intérêt de cette loi. » La parité a permis donc de mieux équilibrer – on est bien d'accord les unes et les autres, il n'est pas question de parler du strict équilibre obligatoirement, mais en tous

les cas de meilleur équilibre, vous l'avez dit à de nombreux moments. Elle a permis de se consacrer à des sujets différents : vous avez évoqué les questions de la jeunesse, de l'habitat. Difficultés à trouver, malgré tout, des femmes pour les intéresser et les amener à nous accompagner, à vous accompagner dans la gestion quotidienne de nos communes.
Je voudrais terminer également en redisant que notre volonté à Monique Papon et à moi, comme à l'ensemble de nos collègues dans l'ensemble de nos 5 commissions ce matin, est bien de déboucher, si cela est utile et pointé comme nécessaire dans nos discussions, sur des propositions de lois. Voilà donc, pour faire très vite parce que ce rendez-vous pour la photo est très important, ce sera l'image, le symbole que nous garderons toutes présent à l'esprit pendant les années qui viennent, quand nous serons et vous serez reparties dans vos communes. Donc merci de ces débats très riches ce matin. Comme il est prévu dans l'organisation de la journée, Monique Papon vous l'a redit, il m'appartient maintenant avec les administrateurs du Sénat et avec M. Kessler de préparer le rapport qui sera forcément succinct, puisque nous serons là aussi contraints par le temps. Donc merci encore, Monique Papon et moi nous sommes missionnées pour être vos porte-parole : soyez convaincues qu'en ce qui me concerne, je le ferai avec fidélité, avec conviction et également avec enthousiasme. Merci encore et à tout à l'heure.

Synthèse de la Commission n° 5

« La vision des femmes maires sur l'avenir de la cité »

Chargée de débattre de la vision des femmes maires sur l'avenir de la cité, la commission n° 5 s'est attachée à la manière dont, en tant que femmes, les élues municipales peuvent, par leur engagement, contribuer à améliorer la qualité de vie de leurs concitoyens et à réconcilier les Français avec la politique, tout en replaçant ce thème dans le contexte du développement de l'intercommunalité et de la relance de la décentralisation.

Les débats ont montré que la plupart des femmes maires faisaient de la préparation de l'avenir de la cité un axe primordial de leur action politique, avec un certain nombre de choix à moyen et long termes assez généralement partagés, tels que l'embellissement et l'assainissement du cadre de vie, le respect de l'environnement dans les projets d'équipements publics et la valorisation du patrimoine, notamment en milieu rural. Certaines ont pourtant regretté de ne pas toujours disposer des moyens suffisants pour engager de tels projets à long terme.

Un large consensus s'est établi sur le fait que pour la plupart des femmes maires, la priorité est de **faire la politique avec et pour ceux qu'elle concerne, en consacrant une place essentielle au contact et au dialogue avec les habitants**.

La commission a constaté l'importance accordée par ses membres à **la préservation et au développement des services publics de proximité**, en particulier en milieu rural : services aux familles (petite enfance et scolarisation), aux personnes (accueil des personnes âgées), vie quotidienne, etc.

Les femmes maires ont réaffirmé leur attachement à la commune en tant qu'échelon privilégié d'une **action politique de proximité,** tout en percevant la coopération intercommunale comme un instrument de gestion plus efficace pour certaines réalisations. Plusieurs d'entre elles ont fait valoir leur prise de responsabilité dans les structures intercommunales.

Si beaucoup de femmes maires étaient au départ réticentes au principe d'une loi sur la parité, la plupart ont considéré qu'elle avait contribué à faire évoluer les choses dans un sens positif, en donnant une impulsion à la participation des femmes à la vie politique et en permettant à certaines d'entre elles de se révéler dans une fonction à laquelle elles n'auraient pas forcément songé.

Elles ont estimé que les femmes maires, attachées à une approche volontariste de l'action politique, voyaient dans leur engagement le moyen d'impulser une nouvelle dynamique, en concertation avec leurs collègues masculins.

À cet égard, beaucoup d'intervenantes ont jugé que l'équilibre entre les femmes et les hommes était nécessaire à une bonne gestion des affaires publiques.

La commission a enfin souligné **l'aspiration des femmes maires à être utiles à leur commune** plutôt qu'à faire une carrière politique.

Elle a estimé que pour un grand nombre de femmes maires, **la participation aux organes de coopération intercommunale est conçue comme un moyen d'agir efficacement au service de leur commune**, plutôt que comme un tremplin dans la conquête d'autres mandats qu'au demeurant, assez peu d'entre elles envisagent de briguer.

Après un large échange de vues, **les travaux de la commission n°5 ont mis en évidence trois grandes lignes de force :**

- la volonté des femmes, dans un contexte de relance de la décentralisation, de s'investir pleinement dans la vie municipale, avec comme premier objectif d'y préparer l'avenir au plus près des préoccupations des citoyens et d'y renforcer le lien social ;

- la préservation de l'identité de la commune, notamment en milieu rural, tout en trouvant un juste équilibre avec le développement des structures intercommunales ;

- la prise en compte, au coeur de l'action communale, de l'écoute, du dialogue et de l'apport spécifique des femmes à la vie politique.

En route vers la photo de groupe…

ASSEMBLEE PLENIERE

AU PALAIS DES CONGRES

La République reconnaît ses maires…

Mme Simone VEIL, après avoir reçu une ovation exceptionnelle et unanime, lit à la tribune le message de M. le Président de la République

ASSEMBLÉE PLÉNIÈRE

Animée par M. Jean DUMONTEIL,
Directeur à la Gazette des communes

Jean Dumonteil : Le Sénat était trop petit ce matin pour vous accueillir toutes, et l'on a vu à midi que le Palais des Congrès a bien failli lui aussi ne pas suffire.

Après le travail en commission de ce matin, nous nous retrouvons donc cet après-midi en séance plénière. Cette deuxième partie traitant de la démocratie locale et de la parité va s'organiser autour de trois tables rondes : la condition féminine à l'épreuve des responsabilités électives municipales ; la gestion municipale au féminin ; et la vision des femmes maires sur l'avenir de la cité.

Cet après-midi sera aussi rythmé par une série d'interventions et de témoignages, mais tout de suite, j'invite Madame Simone Veil, ancien ministre d'État, ancien président du Parlement européen à rejoindre la tribune où elle va nous donner lecture d'un message de M. le Président de la République, Jacques Chirac.

MESSAGE DE M. JACQUES CHIRAC, PRESIDENT DE LA REPUBLIQUE, LU PAR MME SIMONE VEIL

Monsieur le Président,
Monsieur le Premier ministre,
Mesdames les Ministres,
Mesdames les Maires,

Je veux d'abord vous dire toute l'importance que j'attache à la tenue de ces premiers États généraux de la démocratie locale et de la parité. Ils marquent à mes yeux une nouvelle étape, essentielle, sur le long et patient chemin de la parité, qui est un chemin de justice mais aussi de légitimité et de représentativité de nos institutions et de notre vie publique.

Pour la première fois en effet, plusieurs centaines de femmes, maires de leur commune, vont débattre de l'avenir de la Cité et réfléchir ensemble aux moyens d'améliorer la participation des femmes à la vie publique. Je vous félicite pour votre mobilisation et je remercie Monsieur le Président du Sénat d'avoir pris cette initiative. Je salue également les sénatrices et sénateurs qui participeront à vos travaux.

La vitalité de toute démocratie se mesure à la place qu'elle réserve aux femmes.

C'est d'abord une question d'égalité. Le principe d'égalité, qui est au cœur de la démocratie, implique que l'égal accès des femmes et des hommes aux fonctions électives soit juridiquement garanti. Il commande également de s'assurer concrètement, au-delà des seuls principes, de la représentation équilibrée entre les femmes et les hommes, pour que les responsabilités dans la prise de décision publique soient effectivement partagées. Lorsque, de fait, l'élection écarte les différences avant de considérer les compétences et le souci de servir, notre démocratie est dévoyée. Trop longtemps, elle s'est contentée de garantir l'égal accès en négligeant l'objectif d'égale représentation. Elle s'en est trouvée affaiblie.

Agir en faveur d'une meilleure représentation des femmes dans la vie publique, ce n'est pas seulement agir en faveur de l'égalité. C'est aussi faire prendre une certaine orientation à notre vie démocratique. Chacun le sent, les décisions prises par des femmes ne sont pas toujours les mêmes que celles des hommes, et elles ne sont pas toujours prises de la même manière.

Élire des femmes, j'en ai la conviction, qui se fonde sur mon expérience de notre vie publique, c'est faire toute sa place, dans la prise de décision publique, au genre qui incarne et sait faire prévaloir la vie humaine, avec ses forces et ses vulnérabilités. C'est faire toute leur place aux qualités de tolérance, de ténacité et à ce goût de la liberté que l'histoire si particulière des femmes leur a conféré, avec une pleine citoyenneté acquise il y a à peine soixante ans et des droits conquis de haute lutte. C'est tourner le dos à une certaine brutalité dans la vie politique et publique. C'est se donner les moyens de réagir plus vigoureusement aux menaces de régression contre la mixité et l'égalité des sexes qui se font jour dans notre société. Dans l'action politique, c'est enfin se préoccuper encore plus de l'efficacité et de l'acceptabilité des décisions comme des résultats concrets à en attendre, en reléguant plus souvent au second plan esprit de conquête et manifestations de pouvoir.

En favorisant une meilleure représentation des femmes, la loi constitutionnelle du 8 juillet 1999 et les lois du 6 juin 2000 et du 11 avril 2003 nous ont déjà permis d'accomplir de premiers progrès. Chaque scrutin à venir nous en fera accomplir de nouveaux. Notre démocratie s'en trouvera modernisée. Mais nous ne sommes pas, loin s'en faut, au bout du chemin, notamment en ce qui concerne l'accès aux fonctions exécutives locales ou au Parlement. Je souhaite que le Gouvernement entreprenne une réflexion sur les moyens de rendre la parité réellement effective à l'occasion des scrutins uninominaux. Cela doit se faire dans un dialogue consensuel avec les partis politiques, car il leur appartient au premier chef de s'impliquer toujours davantage en faveur d'une meilleure représentation des femmes.

Mais le combat pour l'égalité entre les femmes et les hommes ne se résume pas à l'accès aux responsabilités politiques. Le combat doit également être mené sans relâche pour garantir dans les faits l'égalité de traitement à l'embauche, l'égalité de rémunération, mais aussi l'égalité des chances dans les déroulements de carrière. J'ai demandé au Gouvernement de présenter, dans de brefs délais, un projet de loi tendant à les garantir par le dialogue social. Il nous faut par ailleurs lutter avec détermination et persévérance contre les discriminations dont les femmes sont encore victimes. Ce sera l'une des missions essentielles de la Haute autorité de lutte contre les discriminations.

Toutes celles et tous ceux qui oeuvrent en faveur de l'égalité et du respect des droits des femmes le savent, l'Europe est dans ce domaine aussi, un puissant moteur de changement. À chaque étape de sa construction, l'Union européenne a toujours su œuvrer avec volontarisme pour faire progresser l'égalité et faire reculer les discriminations. En hissant l'égalité entre les femmes et les hommes au rang des valeurs de l'Union, valeurs que devront respecter tous les pays membres comme les candidats à l'adhésion, la Constitution interdit désormais tout retour en arrière. Avec elle, le mouvement vers l'égalité devient irréversible. Parce qu'elle donne à la Charte des droits fondamentaux, qui consacre les droits des femmes, une force légalement contraignante ; parce qu'elle renforce la dimension de l'égalité dans toutes les politiques de l'Union ; parce qu'elle nous donne les moyens de mieux combattre l'exploitation sexuelle des femmes et les violences domestiques, l'Europe, une nouvelle fois, nous accompagne et nous montre le chemin commun vers cette nouvelle frontière qu'est l'égalité.

Jean Dumonteil : Madame Simone Veil, merci de nous avoir porté ce message de Jacques Chirac, Président de la République.

Je cède la parole à notre hôte, Monsieur le Président du Sénat, Christian Poncelet, pour l'ouverture de nos travaux.

Intervention de M. Christian PONCELET, Président du Sénat, lors de l'ouverture de la séance plénière des États généraux de la démocratie locale et de la parité au Palais des Congrès

ALLOCUTION D'OUVERTURE DE M. CHRISTIAN PONCELET, PRESIDENT DU SENAT

Madame la Présidente, chère Simone Veil,
Monsieur le Premier ministre, cher Jean-Pierre Raffarin,
Mesdames les Ministres,
Mesdames les Maires de France,
Mes chers collègues,
Mesdames, Messieurs,
et, m'adressant à toutes et à tous sans distinction, laissez-moi vous dire sincèrement et avec sincérité : très chers amis.

D'emblée, je voudrais vous remercier Madame la Présidente, Madame la Ministre, chère Simone VEIL de nous avoir délivré ce message de M. le Président de la République, un message plein d'espoir et riche de perspective. Au-delà de ces mots que vous avez fait vôtres, je sais, chère Simone VEIL, que Mesdames les Maires de France sont sensibles à votre présence. Pour nous, vous êtes, chère Simone VEIL, l'incarnation d'un idéal féminin en politique avec toutes vos vertus : le courage, l'abnégation, la dignité, l'humanité, le sens de l'intérêt général. Merci Madame.

Permettez-moi de vous dire, Mesdames les Maires de France, de France métropolitaine et ultramarine, combien je suis fier et heureux de vous accueillir, aussi nombreuses, pour ces premiers **États généraux de la démocratie locale et de la parité**.

Merci de votre mobilisation qui honore le Sénat.

Car il s'agit bien d'une mobilisation, et même d'une mobilisation massive, puisque la moitié des femmes maires, *M.A.I.R.E.S.*, de France est réunie, ici et maintenant. C'est un événement sans précédent, une grande première.

Merci d'avoir accompli un voyage, parfois long et difficile en raison des conditions météorologiques, pour venir, -quel paradoxe-, à PARIS, dans la capitale de notre pays, traiter de votre vision de la décentralisation et de la gestion municipale.

Merci de nous avoir exposé votre opinion sur ces sujets au travers des réponses que près de 1.600 d'entre les femmes maires ont bien voulu apporter à la consultation que le Sénat a lancée auprès de vous, sous la forme d'un questionnaire particulièrement dense, riche et nourri.

Merci de votre participation active, déterminée et éclairée à ces États généraux.

Comme vous le savez, puisque vous êtes les brillantes actrices de cette commémoration, le Sénat a voulu célébrer, avec une particulière solennité, le 60ème anniversaire du premier vote des Françaises, voulu par le Général de Gaulle à la Libération. C'était les 29 avril et 13 mai 1945 pour des élections municipales et cantonales préludes à la restauration de notre République. Cette coïncidence ne pouvait laisser indifférent le Sénat qui, au-delà de son rôle d'assemblée parlementaire à part entière, exerce en outre, – c'est un *plus*, un *bonus* -, une fonction de représentant des Collectivités territoriales de la République.

Un *clin d'œil* à la *femme électrice* mais aussi, et surtout, un *coup de chapeau* à la *femme élue*. En effet, ces États généraux participent d'une *commémoration prospective*, résolument tournée vers l'avenir, celui de la parité et celui de la démocratie locale.

Le Sénat avait une **double raison** d'organiser ce grand rendez-vous symbolique, emblématique et dynamique.

Première raison, le Sénat est désormais la plus féminisée de nos deux assemblées parlementaires. Le Sénat compte, en effet, 57 sénatrices pour un effectif de 331 membres, soit une proportion de 17,2 % de femmes, au lieu de seulement 12,2 % pour l'Assemblée nationale. Encore un cliché qui s'estompe...

En outre, ce pourcentage prometteur ne constitue qu'un début pour le Sénat. D'abord, parce que la moitié des sénateurs sont élus au scrutin de liste, avec une parité alternée : un homme, une femme, etc. Ensuite, parce que le collège électoral des sénateurs est de plus en plus féminisé, dans la mesure où près de la moitié des Conseillers municipaux (dans les communes de plus de 3.500 habitants) sont des « *Conseillères municipales* ».

Nos amies, Nicole AMELINE, ministre de la Parité et de l'Égalité professionnelle, et Marie-Josée ROIG, ministre déléguée auprès du ministre de l'Intérieur, ne manqueront pas, dans leurs interventions, de procéder à une évaluation de cinq années d'application de la loi du 6 juin 2000 tendant à favoriser l'égal accès des hommes et des femmes aux mandats électoraux et fonctions électives.

Pour ma part, je considère le bilan de la parité politique comme globalement positif mais aussi, et surtout, comme largement perfectible.

Globalement positif, comme nous venons de le voir, pour les élections sénatoriales, pour les élections municipales et, d'une manière générale, pour les autres élections au scrutin de liste à la représentation proportionnelle : les élections régionales avec désormais près de 48 % de femmes, et les élections européennes avec une proportion de 43,5 % de députées parmi les représentants de la France.

Une indéniable progression de *l'égalité républicaine*, certes, mais le bilan de la parité demeure perfectible. D'abord pour les mandats électoraux pourvus au scrutin majoritaire qui échappent encore à toute forme de parité. Il en est ainsi des élections législatives pour lesquelles on pourrait envisager que le candidat titulaire et son suppléant soient de sexes différents.

Pour les élections cantonales, le même principe de mixité pourrait être appliqué mais après institution des suppléants dont les Conseillers généraux sont actuellement dépourvus. Ensuite, il en va surtout des fonctions électives, c'est-à-dire des fonctions exécutives locales. 4.000 femmes maires ou maires femmes pour plus de 36.000 communes, c'est insuffisant. Il faut poursuivre le combat pour la parité en le concentrant sur les villes moyennes et grandes. Car, paradoxalement, 75 % des femmes maires président aux destinées de communes de moins de 3.500 habitants auxquelles ne s'applique pas la loi sur la parité. Faut-il aller jusqu'à étendre la parité alternée aux municipalités et aux bureaux des Conseils généraux et des Conseils régionaux ? C'est une piste qu'il convient d'explorer sans tabous.

Seconde raison fondatrice de ces États généraux, après la parité élective : le rôle du Sénat, avocat vigilant de la décentralisation et de la démocratie locale.

Oxygène de la République, la décentralisation constitue, aux yeux du Sénat, toutes tendances politiques confondues, une réforme à l'évidence bénéfique. En effet, la décentralisation libère les initiatives locales, améliore l'efficience de l'action publique par la gestion de proximité et rapproche les décideurs des citoyens-usagers-contribuables.

Instruit par l'expérience de ses membres et échaudé par les précédents transferts, le Sénat est convaincu que, pour réussir, la décentralisation doit éviter deux écueils : d'une part, s'apparenter à une opération de délestage de l'État ; d'autre part, s'assimiler à un facteur d'aggravation des inégalités entre les collectivités territoriales.

Conscient de l'acuité de ces deux périls, le Sénat a voulu les conjurer. D'abord, en obtenant, grâce à l'appui bienveillant, -j'allais dire la complicité amicale-, de M. le Premier ministre, l'inscription dans la Constitution de principes tels que la compensation intégrale des transferts ou extension de compétences, l'autonomie financière des Collectivités territoriales ou la péréquation entre les Collectivités locales. Ces principes à valeur désormais constitutionnelle représentent autant de garanties, de garde-fous et de lignes jaunes protecteurs des Collectivités territoriales.

Par ailleurs, le Sénat a institué, en son sein, un *Observatoire de la décentralisation* chargé d'assurer le service après vote de ces garanties. Cet Observatoire a vocation à devenir le juge de paix, objectif et impartial, de la réalité de la compensation financière des transferts ou extension de compétences.

Enfin, j'organise depuis maintenant six ans, dans chaque région de France, des *États généraux des élus locaux*, qui sont destinés à prendre le pouls des élus locaux, à recueillir leurs propositions et à déboucher sur des réponses législatives. Je tenais les 17èmes du genre, vendredi dernier, à Limoges, sur le thème lancinant et récurrent des finances locales et de la péréquation.

Telle est, Mesdames les Maires, la toile de fond de l'*Acte II de la décentralisation*, cette « *mère des réformes* », pour reprendre votre expression, Monsieur le Premier ministre, cher Jean-Pierre.

L'objet principal de ces États généraux exceptionnels est de traiter de la condition féminine à l'épreuve des responsabilités électives. De la condition féminine vécue, en premier lieu, comme un obstacle pour l'accès à la fonction de Maire, sacerdoce qui, pour la moitié d'entre vous, s'apparente, en plus, à un sacrifice. Les journées n'ont que 24 heures, les semaines que 7 jours et pour une femme l'exercice d'une fonction municipale équivaut, le plus souvent, à une troisième journée de travail, après les contraintes professionnelles et les obligations familiales.

Deuxième question qui retiendra toute notre attention : existe-t-il un regard féminin particulier, une vision féminine spécifique, de la gestion municipale et de l'avenir de la cité ? Notre débat s'annonce d'autant plus intéressant que la plupart d'entre vous, Mesdames les Maires, ont été élues pour la première fois et tout de suite à la mairie, lors des dernières élections municipales de mars 2001. A priori, la lecture de vos réponses au questionnaire ne souligne pas de divergences notables avec vos collègues masculins dans la définition de vos priorités municipales ou la perception des difficultés rencontrées dans l'exercice de vos fonctions de maire.

En revanche, il me semble qu'il existe une différence dans votre façon d'être maire et dans votre manière de vivre votre mandat. C'est ainsi que vous apparaissez plus enclines au travail en équipe, en partenariat avec vos adjoints, en concertation avec les associations, ou au sein d'instances de coopération intercommunale. En outre, vous êtes très attentives aux relations humaines, à la communication et à la participation. Enfin, vous me semblez parfois plus déterminées et souvent plus modestes que vos homologues ou analogues, comme en témoignent vos réticences à l'encontre du cumul des mandats.

Mais c'était avant votre rencontre avec mes collègues sénatrices qui ont eu le plaisir de vous accueillir ce matin en commission. Je les remercie de cet engagement à vos côtés. Elles vous ont peut-être donné l'envie de vous présenter aux élections sénatoriales. J'en accepte l'augure. Car mon objectif est d'atteindre, lors du prochain renouvellement sénatorial, un taux de féminisation compris entre 20 et 25 %.

Mesdames les Maires, avant d'aborder les travaux de nos trois tables rondes, vous entendrez M. le Premier ministre, Jean-Pierre RAFFARIN, qui s'adressera à vous et participera à la première phase de nos travaux en séance plénière.

Mesdames les Maires de France, je voudrais, pour conclure mon propos, vous assurer que nos travaux ne resteront pas lettre morte : ils vont alimenter la réflexion du Sénat, votre Maison, et déboucher, le cas échéant, sur des réponses législatives. Loin d'être une grand'messe républicaine sans lendemain, nos États généraux constituent un espace de dialogue et un atelier d'échange et de prospective.

Mesdames les Maires de France, je voudrais vous redire toute la joie et la fierté qu'éprouve le Sénat à vous accueillir aujourd'hui, vous les *nouveaux hussards de la Républiqu*e.

Nous comptons sur vous pour aider notre pays à relever le grand défi auquel il est confronté, à savoir renforcer la République, rétablir une communauté de citoyens, restaurer l'égalité des chances, relancer la machine à intégrer et retisser le lien social. Vous êtes en première ligne dans ce combat pour la République et ses valeurs.

Nous comptons enfin sur vous pour faire vivre la République des territoires au service d'une France moderne, d'une France dynamique, d'une France solidaire au sein d'une Europe forte, unie et fraternelle. Merci de m'avoir écouté. Je cède la parole à Monsieur le Premier ministre, Jean-Pierre Raffarin.

Intervention de M. Jean-Pierre RAFFARIN, Premier Ministre

INTERVENTION DE M. JEAN-PIERRE RAFFARIN, PREMIER MINISTRE

Madame la Présidente, chère Simone VEIL, Monsieur le Président du Sénat, Mesdames les Maires de France, Mesdames les Maires d'Europe aussi qui sont ici, que vous avez invitées à participer à ce débat, à vos premiers états généraux, je voudrais vous dire combien ce rendez-vous est important.

Notamment parce que c'est un anniversaire, - évidemment ces soixante ans du droit de vote - mais aussi parce que nous pouvons aujourd'hui mesurer les résultats de cette loi de 2000 complétée par celle de 2003 qui, au fond, était un pari et pour lesquelles, les deux lois, nous avons eu beaucoup de débats. Et finalement, ce débat des quotas, ce débat de la parité, ce débat de l'obligation, au fond est-ce que ça allait marcher ? Est-ce que vraiment on allait ainsi renouveler la vie politique de notre pays et de notre démocratie ?

Eh bien oui, ça a marché ! Je crois que les uns et les autres aujourd'hui nous devons constater que les résultats sont là et que le mécanisme, qui au départ pouvait paraître contraignant, était utile parce que sans ce mécanisme, nous n'aurions pas fait ces progrès. Et je crois qu'il faut s'inspirer, pour d'autres formes d'élections, des résultats qui ont été obtenus par les textes qui ont amené à ce qu'il y ait cette parité dans un grand nombre de communes de France. Alors bien sûr, nous savons tous, le Président du Sénat, Christian PONCELET le disait tout à l'heure, qu'il nous faut veiller aussi à la parité parmi les vice-présidents dans les collectivités territoriales, parmi les adjoints dans les communes et parmi l'ensemble des fonctions électives.

Mais je pense que nous avons fait, grâce à ces textes, des pas très importants vers un équilibre plus juste de notre démocratie. Et cette mixité, je crois que c'est une valeur de la démocratie. C'est pour cela que je suis partisan de prolonger les initiatives qui sont celles qui peuvent être, soit par motivation des partis politiques, soit par les textes de lois. J'ai demandé à Nicole AMELINE de travailler sur les questions telles que celles qui ont été tout à l'heure évoquées par Christian PONCELET- comme la mixité pour les mandats uninominaux pour que globalement, on se présente par des tandems qui représentent cette mixité entre le candidat et le suppléant, entre la candidate et le suppléant, et donc qu'il y ait cette possibilité de pouvoir. Je vois bien comment on pourrait présenter les choses ! Le candidat et la suppléante, non ! La candidate et le suppléant. Je pense que c'est un élément très important pour que nous puissions avancer dans cette mixité de notre vie politique qui est une nécessité politique, mais on le voit bien aussi, c'est je crois un enrichissement des équipes, c'est la capacité, au fond, de gérer nos collectivités territoriales avec toutes les sensibilités qui sont dans la société. On ne peut pas imaginer qu'un conseil municipal, un conseil départemental, général ou un conseil régional ne soit pas en ressemblance, en résonance avec la population qu'il a à administrer. Donc, il y a visiblement encore beaucoup d'efforts à faire, mais je crois que nous pouvons les faire, notamment en veillant à ce que les responsabilités soient également partagées.

La parité, c'est un enjeu, c'est une philosophie de la démocratie. C'est pour ça que nous sommes heureux de pouvoir rassembler, à l'occasion de ces états généraux, les femmes maires pour que, ensemble, nous puissions tracer ces lignes d'avenir et faire les choix, et j'attends beaucoup de vos débats pour que nous puissions nous-mêmes mener un certain nombre d'initiatives, éventuellement donc législatives, pour faire progresser cette valeur à laquelle nous sommes attachés. Je veillerai, que tout ce qui dépend du gouvernement puisse être marqué de ce même souci et je pense notamment, Monsieur le président du Sénat, Mesdames et Messieurs les sénateurs et les sénatrices, à la nomination de parlementaires en mission par exemple, de veiller systématiquement à ce qu'on puisse avoir, là aussi, la parité qui puisse être équilibrée.

Je voudrais vous dire que le gouvernement est mobilisé sur ce sujet. Il est mobilisé -et c'était clairement dit tout à l'heure dans le message du chef de l'État- également sur l'égalité professionnelle. Parce que, au fond, dans la vie d'élu local, on n'est pas seulement maire. On est maire, on est épouse, on est mère de famille, on est professionnelle, on est membre d'association, on a mille autres activités. Et que tout ce qui touche la vie professionnelle touche aussi la vie locale. Il n'y a pas la vie locale et la vie professionnelle. L'ensemble doit être regardé d'une manière globale. Ainsi, ça me paraît très important de pouvoir, dans notre société, régler un certain nombre de problèmes qui sont nés de l'inégalité entre les hommes et les femmes, notamment dans la vie professionnelle. Le président le disait tout à l'heure, entre vie élective et vie familiale, mais sur la vie professionnelle on voit bien que les problèmes de rémunération notamment sont des problèmes majeurs. Notre pays accepte, avec une forme d'indifférence quelque fois assez révoltante, que l'on puisse avoir des inégalités pour les mêmes fonctions entre hommes et femmes dans un certain nombre d'emplois de notre pays. Ceci n'est plus acceptable.

Le chef de l'État nous a donné cinq ans pour corriger cette disparité. Nous sommes engagés et avant la fin de ce semestre, avec Nicole AMELINE, un projet de loi sera présenté au conseil des ministres. C'est un élément très important. Je me souviens, quand j'étais plus jeune et que je faisais un peu d'enseignement à côté de ma vie professionnelle, un jour j'ai été jury d'une école. On m'avait donné comme instruction de mettre des notes inférieures aux filles par rapport aux garçons. Je n'ai pas participé au jury. Et j'ai dénoncé cette attitude. Mais tout ça parce que les classements des écoles se font en fonction des moyennes salariales ! Et comme les salaires des femmes sont inférieurs aux salaires des hommes, plus vous avez d'hommes, plus vous avez un meilleur classement de moyenne salariale et plus vous pouvez afficher que votre école est bonne par rapport à celle qui a plus de femmes, car au salaire de sortie, le salaire féminin est plus faible ! Eh bien, ceci est révoltant. C'était il y a une dizaine ou une quinzaine d'années dans notre pays. Il y a un certain nombre de sujets de cette nature qu'il nous faut considérer comme révoltants parce qu'ils font partie de ces disparités, de ces discriminations dont le Président de la République veut venir à bout, notamment en créant la Haute autorité contre les discriminations qui doit veiller à ce que de telles pratiques soient condamnées comme elles se doivent puisqu'il s'agit de véritables discriminations dans notre société.

Nous avons un certain nombre de décisions à prendre sur les rémunérations. Nous avons aussi des décisions à prendre sur tout ce qui concerne la vie des femmes -je pense notamment au problème de la maternité et de l'emploi et de la maternité à tous les niveaux, les frais de garde d'enfant- et de veiller à ce qu'il y ait un statut de la femme élue de manière à ce que l'on puisse venir en aide, à chaque étape de la vie, à celle qui s'engage au service de l'action publique. Je pense notamment, dans notre proposition, à un décret qui est en cours de préparation, qui permettra aux collectivités de financer des chèques emploi service pour la garde d'enfants au bénéfice des élus qui n'ont plus d'exercice professionnel et qui ont besoin de ce type de prestation sociale, comme d'autres femmes dans la société française.

Il y a là je crois, un certain nombre de progrès sociaux que nous pouvons faire, et Nicole AMELINE prépare sur ce sujet les décisions nécessaires, de même que, d'une manière générale, dans la fonction publique, pour que vous puissiez avoir autour de vous dans les secrétariats de mairie, dans l'ensemble des équipes qui travaillent avec vous, une représentation équilibrée des femmes et des hommes parmi l'ensemble des différentes structures, y compris dans les entreprises publiques puisque sur ce sujet, nous allons également développer la parité dans les conseils d'administration des entreprises publiques de tout ce que sont les structures pour lesquelles l'État est acteur de la nomination. On a même, avec Nicole AMELINE, inventé une procédure qui va être intéressante en conseil des ministres. À chaque fois qu'on a une nomination, on va demander au ministre qui présente cette nomination d'indiquer combien il y a de femmes dans la même fonction dans les dix dernières nominations. C'est un indicateur qui nous permettra de mesurer les progrès qui sont faits, et je vous assure que ce type de démarche est très efficace et chaque conseil des ministres est articulé autour d'une quinzaine ou d'une vingtaine de nominations. Il y a là des progrès de parité à faire aussi au niveau de l'État. Donc sur ce sujet comme sur d'autres, le gouvernement doit montrer l'exemple pour que nous puissions défendre tous ensemble, au sein de notre République, la parité comme une valeur.

Je voudrais aussi vous parler de décentralisation, d'aménagement du territoire. Parce qu'une façon de vivre la parité, c'est de parler aux femmes d'autres sujets que celui des femmes ! Car souvent, même s'il faut traiter un certain nombre de ces sujets, il ne faut pas s'enfermer, car justement ce qui est intéressant dans la parité, c'est qu'on puisse débattre de l'ensemble des problèmes et notamment des problèmes qui touchent les communes et l'organisation de notre démocratie.

D'abord je voudrais vous dire que je suis vraiment conscient que c'est la commune qui est l'espace premier de la République. Je vois bien que nous sommes dans un monde de complexité. Je sais que vous avez vous-mêmes beaucoup de bureaucratie à administrer. Je sais que nous devons faire des efforts de simplification. Mais je sais aussi que c'est dans la commune que le citoyen se retrouve. C'est dans la commune que le citoyen a ses repères républicains. Et c'est en s'adressant à ses élus qu'il connaît, qu'il rencontre, il vit, il pratique la République. Le département, la région, toutes les autres structures sont des structures efficaces, utiles, bien sûr ! Mais souvent, plus loin, et pas toujours compréhensibles quant à leurs compétences ou quant à leur fonctionnement. Donc, au fond l'ensemble de notre architecture démocratique est vécu par les citoyennes et les citoyens de notre pays au travers de la commune. C'est un élément très important. Et c'est pour ça que je voudrais saluer les maires que vous êtes, comme je salue l'ensemble des maires de France parce que ce sont les premiers de la République, la première ligne. C'est là où le citoyen rencontre la République. Et c'est pour ça que je suis très attaché à l'existence de la commune quelle que soit sa dimension. Et c'est pour cela que je ne suis pas favorable à ce que l'on élise au suffrage universel, par exemple, le président de l'intercommunalité ! C'est un point très important. Parce que si on veut que la commune soit cet espace républicain reconnu par le citoyen, c'est pas parce qu'un jour, on aurait un " super maire " qui serait élu au-dessus des autres et qu'on transformait la commune en quartier d'une plus grande communauté ou collectivité territoriale, le citoyen il ne se retrouverait pas dans cette situation. Et ce n'est pas parce que vous auriez transformé une commune en communauté de quartier que vous auriez fait de grands progrès ! Je crois que la commune, elle est un élément d'identité républicaine très important. Et dans une époque où la lisibilité, la compréhension des dispositifs est quelque chose de très important, la commune est une des structures que le citoyen comprend bien. Or nous ne pouvons pas promettre une organisation qui ne soit pas une organisation quelque peu sophistiquée. Il n'y a que les dictatures qui sont très, très simples. Chaque Française et chaque Français veut être traité par lui-même. " Ah oui, je suis de Normandie ! Ah oui, mais je suis pas de la Haute, je suis de la Basse ! Ah oui mais dans la Basse, je suis du bocage ! Oui mais dans le bocage, je suis de là ! Et là, dans mon village, je suis plutôt du trottoir de droite que du trottoir de gauche, les numéros impairs et les numéros pairs. " C'est-à-dire que plus on définit, plus on va au plus près du citoyen, plus il affirme son identité, plus il veut être traité pour lui-même ! Cela veut dire qu'on est obligé de faire de l'action publique qui n'est pas de la production industrielle mais de la dentelle ! On tient compte de chacun. Et chacun veut être traité pour ce qu'il est lui-même avec sa différence.

Cela veut dire que, dans ce système-là, hélas, nous avons forcément un certain nombre de procédures complexes. Oh, je sais, il y a des progrès à faire sur les permis de construire, sur un certain nombre de choses, sur l'assainissement et quelques autres sujets que vous avez à affronter de manière quotidienne. Cela je le sais... Mais cependant, sachons bien que... une dictature, c'est toujours très simple, c'est la file indienne ! Une démocratie, surtout une démocratie qui veut vivre avec sa diversité de territoires, ça a besoin de structures de base qui soient des structures de lisibilité et c'est pour ça que la structure communale est la structure fondamentale de notre organisation républicaine. C'est pour ça que la décentralisation, elle doit partir de la commune. La décentralisation, ce n'est pas comme on le dit souvent, simplement un partage de compétences ! C'est un mouvement ! Ou notre mouvement part d'en haut - École nationale d'administration - et on descend, ou elle part d'en bas, - la commune - et on remonte. La décentralisation, c'est le mouvement qui part du bas, qui part de la commune. Tout ce qui ne peut pas être traité au niveau du bas peut remonter. C'est ça le principe de subsidiarité qui va entrer dans notre Constitution, c'est ce principe-là qui est fondamental. La commune, c'est le lieu à partir duquel doit s'organiser notre vie collective. D'où la solidarité intercommunale et d'où le fait que le département et la région doivent travailler avec la commune. C'est pour ça que je dis clairement que, aucune - et c'est dans notre statut, dans notre organisation républicaine - aucun échelon de collectivité n'a la hiérarchie sur une autre. Un département ne peut pas demander à la commune de mener telle politique parce qu'il l'a décidé ! La commune est libre de ses choix. La région ne peut pas imposer à la collectivité, qui est infra territoriale, ne peut pas imposer ses choix. Chacun dans notre République est libre et c'est la commune qui doit, par ses partenariats, par l'ensemble de son organisation elle-même et notamment ses propres financements et sa solidarité intercommunale, choisir les chemins qui sont les siens.

C'est cette démarche-là qui nous a conduit à organiser le financement de notre République avec, d'abord une augmentation de la DGF de 3,3 % alors que l'ensemble des dépenses de l'État sont à un niveau constant, 0 %, et que nous avons augmenté, cette année de manière significative, d'une part la dotation de solidarité rurale et d'autre part la dotation de solidarité urbaine de 20 %, de manière à aider les collectivités territoriales à pouvoir disposer de leur capacité à construire des partenariats dans l'intercommunalité, en s'appuyant sur le département -le département étant celui qui est le premier partenaire de la commune- et en faisant en sorte qu'il y ait une sorte de couple de la proximité département-commune, et un couple de la cohérence qui est le couple région-État. Il y a un contrat État-région pour que nous puissions assumer la cohérence, Monsieur le Président du Sénat en parlait tout à l'heure. Il est très important que chaque Français puisse se sentir dans une cohérence nationale ! Et ça c'est le couple État-région qui est en charge de la cohérence. Et c'est le couple département-commune qui est d'abord en charge de la proximité. Et dans notre pays, il faut et de la cohérence parce que nous sommes une république, et de la proximité pour que nous puissions être au plus près du citoyen. Si on ne fait que de la proximité, on fera de la dispersion. Et si on ne fait que de la cohérence, on fera de la centralisation. Et donc il faut équilibrer les deux fonctions, la fonction de proximité et la fonction de cohérence. Nous ferons cela dans la décentralisation en finançant l'ensemble des dépenses et des charges qui seront celles des collectivités territoriales. Nous l'avons inscrit dans la Constitution. Je sais bien - j'ai été élu local très longtemps - je sais bien qu'on a toujours des doutes sur les financements de l'État. Mais là en l'occurrence, je suis à la tête du premier gouvernement qui a inscrit dans la Constitution que l'État ne peut pas transférer une responsabilité sans transférer en même temps la charge financière liée à cette responsabilité. Et je tiens à vous le dire, j'assumerai cette responsabilité !... Y compris quand il peut y avoir des dépassements ! Je le dis ici, je vois quelques présidents de conseils généraux... quelques hommes... en attendant que les femmes...

Je leur dis clairement, je sais par exemple qu'en termes de RMI, il y a un dépassement. Nous allons prendre l'ensemble des comptes administratifs du conseil général de 2004. Vers le mois de mai, le mois de juin, nous aurons l'ensemble des chiffres et l'État paiera le dépassement ! Parce que c'est une responsabilité d'État qui est confiée au département, l'État financera le coût exact de la dépense. C'est un engagement que je prends... parce que c'est un engagement de décentralisation et de responsabilité. Et je tiens à le dire parce que je ne souhaite pas que, un certain nombre de gens soient tentés d'augmenter trop fortement les impôts et de dire que " c'est pas eux, c'est nous " ! En l'occurrence, ce n'est pas ça. Et d'abord je vais vous dire une chose, mais vous avez l'expérience, c'est toujours le maire qui prend, quand sur la feuille, le département ou la région augmente, c'est toujours le maire qui se fait d'abord attrapé parce que c'est lui qui rencontre les gens. Alors s'il y a des gens qui ont intérêt à ce que les impôts n'augmentent pas, c'est bien le maire, parce même lui, quand il maîtrise sa fiscalité et que l'autre augmente, c'est le maire qui prend les compliments sur le trottoir, sur le marché ou quand il va se promener ou faire ses visites de quartiers.

Je voudrais donc vous dire que cette décentralisation sera financée. Je voudrais également vous dire un mot, parce que c'est un sujet, je sais qui vous préoccupe beaucoup, c'est le sujet des services publics en milieu rural. Je me suis engagé devant l'Association des maires de France au dernier congrès à l'AMF pour mettre en place la Conférence nationale des services publics en milieu rural qui est présidé par un maire rural du Vaucluse et qui est au travail avec, non seulement les représentants des maires ruraux, des associations des maires de France, mais aussi des départements, des régions et aussi de l'ensemble des grands services publics, entreprises publiques, La Poste, EDF, la SNCF, l'ANPE, l'ensemble des acteurs du service public sur le terrain. Et donc, cette conférence est au travail pour faire des propositions à l'occasion du prochain congrès des maires qui aura lieu, donc, à l'automne 2005. Nous travaillons avec cette conférence et nous voulons faire en sorte que l'on puisse trouver un certain nombre d'idées innovantes. Puisque, évidemment, les services publics doivent tenir compte de la démographie, il ne faut pas être démagogue, on voit bien que, il y a un certain nombre de mutations qu'il faut assumer, mais il faut aussi faire en sorte que le service public permette à la ruralité d'être vivante et notamment à toute la ruralité qui se bat, à toute la ruralité qui est un modèle au fond, de vivre ensemble, et on voit bien que le tissu local est un moyen de créer du lien social et c'est pour ça qu'il faut défendre le service public.

Nous avons mis en place cette conférence et j'ai demandé, clairement, à l'ensemble des ministères, que d'ici les résultats de cette Conférence nationale des services publics en milieu rural et dans l'attente donc des propositions de la conférence, j'ai demandé de suspendre toute réorganisation avec suppression ou réduction significative de prestations de services publics en milieu rural, sauf quand il y a accord des élus concernés. Donc, quand il n'y a pas accord des élus concernés, il ne peut pas y avoir mutation profonde du service public en milieu rural, tout cela jusqu'au 1er janvier 2006. Au 1er janvier 2006, nous créerons les nouvelles dispositions à partir de la loi votée sur les territoires ruraux et à partir des travaux d'une part de la Conférence nationale des services publics en milieu rural, et d'autre part du Congrès des maires de France. Cette mesure s'applique aux fermetures d'écoles, hors le cas de regroupement pédagogique, ainsi qu'aux fermetures de collèges. Pendant que nous travaillons, je ne souhaite pas que les services publics puissent avoir un certain nombre de mutations qui anticiperaient sur ce que nous avons à décider, mais à décider avec ceux qui sont responsables de la cohésion territoriale, c'est-à-dire ceux qui sont responsables d'abord et avant tout de l'animation de nos communes de France. Je suis très attaché, je connais bien ce sujet, j'ai souvent labouré le terrain, je sais combien aujourd'hui on a besoin de l'État dans les territoires.

Cela ne veut pas dire que l'État doit assumer toutes les responsabilités, mais ça veut dire que le service public doit être très présent. Vous entendrez tout à l'heure le ministre de l'Intérieur, nous avons un grand projet ensemble, pour revaloriser, redonner des moyens notamment aux sous-préfectures pour que vous puissiez avoir des interlocuteurs, et puis que la Préfectorale soit capable de répondre aux maires, soit capable d'arbitrer sur un certain nombre de décisions, parce que je sais bien que quelque fois un ingénieur, quelque fois un représentant des services techniques vous impose des décisions que vous ne trouvez pas forcément adaptées, pertinentes pour la situation de la commune et vous n'avez pas, face à vous, l'interlocuteur représentant de l'État qui peut interpréter le règlement.

C'est ce que je souhaite que fassent le préfet et le sous-préfet qui doivent être les coordonnateurs de l'action de l'État ! Et j'ai vu un certain nombre de cas où la DDE n'est pas d'accord avec la DIREN qui n'est pas d'accord avec la Direction départementale de l'environnement, c'est le préfet qui est le représentant de l'État ! C'est lui qui doit pouvoir arbitrer, c'est votre interlocuteur et je souhaite qu'on lui donne progressivement -nous l'avons fait pour les préfets de région, nous allons le faire pour les préfets de départements, de même pour les sous-préfets- que le préfet puisse être le représentant de tous les services de l'État et d'être capable d'être face au maire celui qui met de la cohérence dans l'action de l'État, comme le maire met de la cohérence dans l'action de sa propre collectivité territoriale. C'est cette réforme-là que nous proposons de manière à ce que les communes restent cet élément fondamental de ce qui est aujourd'hui l'organisation décentralisée de notre République, puisque maintenant, nous avons mis dans notre Constitution que la République était une organisation décentralisée.

Je termine en vous remerciant, les unes... et les autres de vous être ainsi rassemblés pour travailler ensemble. Je reste un Girondin, et un grand écrivain qui fut aussi un grand parlementaire, LAMARTINE, a écrit un livre formidable qui s'appelle *L'histoire des Girondins*. Et dans ce livre qui est écrit dans une langue du XIXe siècle, une très belle langue, il écrit et il décrit tous les personnages. Et parmi les personnages dont il parle, il y a une femme d'exception qui s'appelle Mme ROLAND qui a inspiré les Girondins, qui a inspiré l'engagement politique, qui a inspiré des grandes idées de notre vie républicaine mais aussi de notre organisation décentralisée, et Lamartine disait : “ Il y a toujours une femme à la source des grandes choses ”.

Jean Dumonteil : Merci Jean-Pierre Raffarin, merci Monsieur le Premier ministre.

Avant de rentrer dans le débat, je vous propose comme respiration de faire un petit tour en images, 60 ans en arrière, avec un film d'actualité de cinéma Pathé : « 1945, c'est le premier vote des Françaises ». C'est aussi la date des premières élections municipales d'après-guerre. Alors retournons 60 ans en arrière.

Commentaire des Actualités Pathé de 1947

« Et voici notre reportage de la semaine : dans ce petit village de la Côte-d'Or, les élections municipales ont revêtu un visage assez particulier. À l'appel du tambour de ville, deux clans ont répondu et se sont affrontés avec une énergie à nulle autre pareille. Deux clans qui s'opposent sur une question de sexe. Car, depuis deux années Echigué, est géré par les femmes. Et celles-ci ont entendu porter la culotte en même temps que ceindre l'écharpe, et tout régenter au gré de leurs délibérations.

Mairesses et conseillères ont tout mis en œuvre pour que le pouvoir ne leur échappe pas. Après les graffitis d'usage, des meetings occultes ont réuni des dizaines de personnes, et les manœuvres d'encerclement ont été élaborées. On a décidé de combattre l'adversaire sur son propre terrain. Jamais propagande ne fut plus subtile. Jamais arguments ne furent plus soigneusement mis au point. Mais, dans ce combat revu et corrigé des Horaces et des Curiaces, les hommes ne sont pas restés inactifs.

Décidés à secouer la tyrannie du jupon, ils ont décidé de grouper leurs forces. C'est à l'homme qu'il appartient d'être maire, avec une belle audace verbale.

Et, au matin du grand, jour on a vu les ménages, sinon ennemis, du moins adversaires, gagner la mairie en vue du combat. Philémon et Baucis séparés par les urnes.

Beau sujet de pendule. Mais le sexe faible avait trop présumé de ses forces. Les hommes l'ont emporté. »

Jean Dumonteil : Voilà ! Heureusement, en 60 ans, les choses ont un peu progressé.

Nous allons rentrer maintenant dans le débat.

Je vous rappelle que cette assemblée plénière des États généraux de la démocratie locale et de la parité va s'organiser autour de trois tables rondes. Et j'invite toutes les participantes et les participants à la première table ronde consacrée à « *La condition féminine à l'épreuve des responsabilités électives municipales* » à rejoindre la tribune.

États généraux de la démocratie locale
et de la parité
SÉNAT

Première table ronde

La condition féminine à l'épreuve des responsabilités électives municipales

Nicole AMELINE, Ministre de la Parité et de l'Égalité professionnelle
Yolande BOYER (Finistère, Soc.), Présidente de la commission n°1
Catherine TROENDLE (Haut-Rhin, UMP), Rapporteure de la commission n°1
Yvon COLLIN (Tarn-et-Garonne, RDSE), Sénateur
Gisèle PRINTZ (Moselle, Soc.), Sénatrice

PREMIERE TABLE RONDE :

LA CONDITION FEMININE A L'EPREUVE DES RESPONSABILITES ELECTIVES MUNICIPALES

Jean Dumonteil : Ainsi j'appelle :

Mme Gisèle Printz, qui est sénatrice de la Moselle, secrétaire de la Commission des affaires sociales. Au Sénat, vous êtes vice-présidente de la Délégation du Sénat au droit des femmes et à l'égalité des chances entre les hommes et les femmes, et vous siégez au groupe socialiste.

M. Yvon Collin, qui est Sénateur de Tarn-et-Garonne, secrétaire du Sénat, vice-président de la Délégation du Sénat au droit des femmes et à l'égalité des chances entre les hommes et les femmes. Et, au Sénat, M. Collin, vous êtes membre du groupe RDSE. C'est le Rassemblement démocratique et social européen. Et je rappelle par ailleurs que vous êtes maire de Caussade.

Catherine Troendle, sénatrice du Haut-Rhin, également membre de cette Délégation du Sénat au droit des femmes et à l'égalité des chances entre les hommes et les femmes.
Mme Troendle, vous êtes membre du groupe UMP au Sénat. Et vous êtes par ailleurs maire d'une petite commune de 620 habitants. Vous êtes aussi vice-présidente de votre communauté de communes. Vous êtes la rapporteure de la commission numéro un, réunie ce matin pour travailler sur « *La condition féminine à l'épreuve des responsabilités municipales* ». Et cette commission était présidée par Yolande Boyer qui nous rejoint.

Mme Boyer est sénatrice du Finistère, secrétaire du Sénat et secrétaire de la Délégation du Sénat au droit des femmes et l'égalité des chances entre les hommes et femmes. Vous êtes au Sénat membre du groupe socialiste, et maire de Châteaulin. Vous êtes également vice-présidente de votre communauté de communes.

Nicole Ameline, ministre de la parité et de l'égalité professionnelle nous rejoint. Mme Ameline, dont on sait que vous avez été fonctionnaire territoriale, administratrice territoriale, est élue locale de Basse-Normandie.

Pour guider notre débat, le Sénat a interrogé les femmes maires. Un questionnaire très complet est envoyé à toutes les maires de France, et plus de 1 430 d'entre elles ont répondu. Alors, je vous rappelle qu'il y a à peu près 4 000 femmes maires, 4 082 exactement selon les chiffres qui ont été fournis aujourd'hui par le ministère de l'intérieur. Donc 1 430 réponses c'est mieux qu'un sondage, mieux qu'une enquête. C'est une véritable consultation des femmes maires, et je vous propose tout de suite qu'on commence à découvrir leurs réponses, avec vous Gisèle Printz. En se demandant en image, puisqu'on va nous projeter les tableaux, qui sont ces élues et où elles sont élues ?

Mme Gisèle Printz, Sénatrice de la Moselle

Où les femmes maires sont-elles élues ? Comme vous le constatez sur ce graphique, 57 % des femmes sont élues dans des communes de moins de 500 habitants, et 9 % dans des communes de plus de 3 500 habitants. Donc ces 36 600 communes, je pense que c'est une richesse pour notre pays, et qu'il faut la conserver. 57 % des femmes sont maires de communes de moins de 500 habitants. On pourrait se poser la question. Pourquoi ? Il semblerait que les enjeux du pouvoir soient moins importants dans les petites communes, donc qu'il y ait moins de concurrence masculine.

L'âge des femmes maires maintenant : plus de 75 % ont plus de 50 ans, 24 % ont entre 35 et 50 ans. Donc, 75 % sont des femmes qui sont un peu plus libres, plus disponibles. Elles n'ont plus le souci de la garde des enfants, et elles s'occupent un peu moins de ce que fait notre ami Cupidon.

52 % des femmes maires à partir de 2001 : c'est peut-être la période où intervient la parité, bien qu'elle ne soit pas applicable dans les petites communes. Mais cela a eu un effet d'entraînement bénéfique pour les femmes.

On leur a demandé aussi si elles exercent une activité professionnelle. Pour 45 %, elles exercent une activité professionnelle. Et 55 % n'en exercent pas. Je pense qu'il y en aurait peut-être plus qui laisseraient tomber leur profession si le statut de maire était mieux approprié.

Justement, on va le voir, et c'était la question suivante : Si vous exerciez une activité professionnelle, avez-vous dû y renoncer en devenant maire ? 15 % y ont renoncé, et 85 % n'y ont pas renoncé. Cela veut dire que les femmes sont capables de mener deux activités de front, parfois trois. Quand elles rentrent à la maison, elles sont souvent obligées de faire la cuisine, le ménage et tout le reste. Cela montre que les femmes sont capables de faire pas mal de choses.

Justement, combien de temps consacrent-elles en moyenne par semaine à leurs fonctions de maire ? C'était la question suivante : elles consacrent beaucoup de temps à la fonction de maire. Moi, de par ma fonction de sénatrice, je fais des tournées régulièrement dans mon département, et, quand je suis dans les petites communes, je vois que les maires n'ont pas peur de mettre la main à la pâte. Ils ne sont pas regardants. Ce n'est pas un travail de bureau. Il faut être présent partout sur le territoire communal, et parfois être corvéable. Mais je pense que

Où les femmes maires sont-elles élues ?

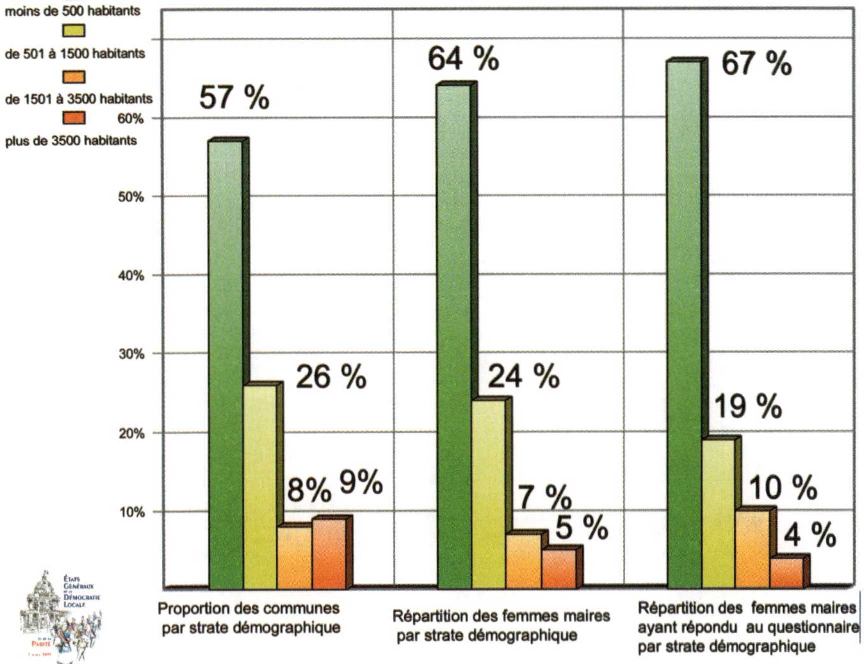

Âge des femmes maires

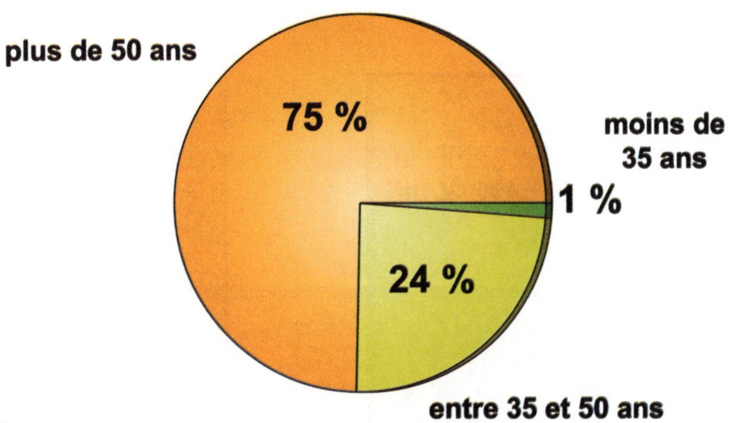

Date de la première élection des femmes maires

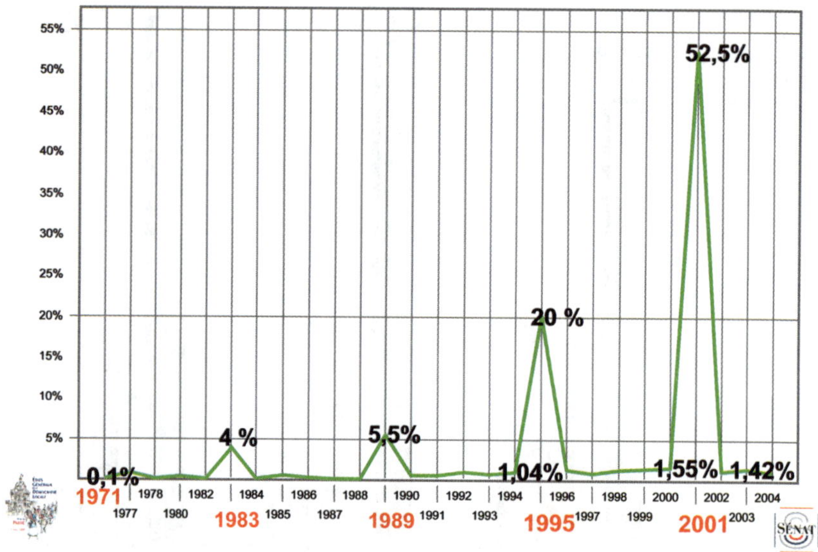

Exercez-vous une activité professionnelle ?

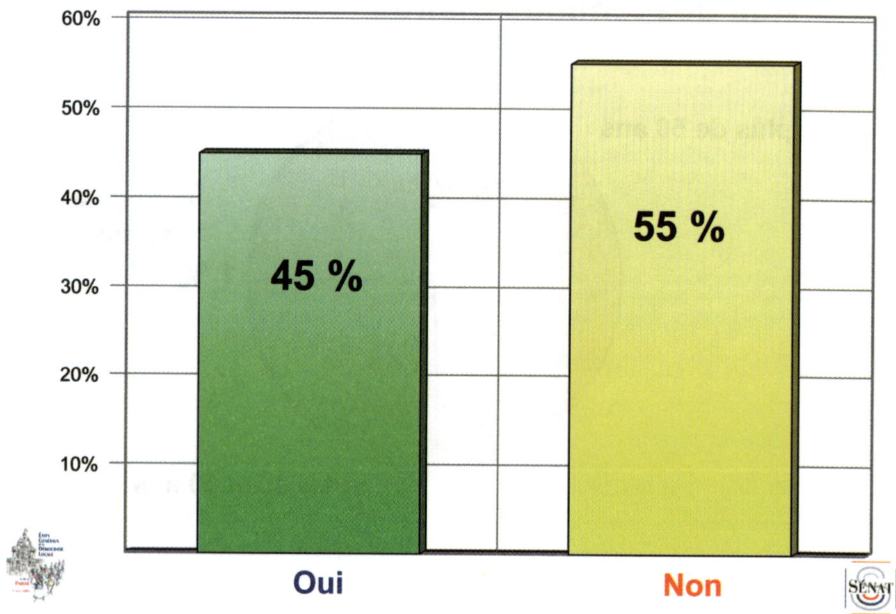

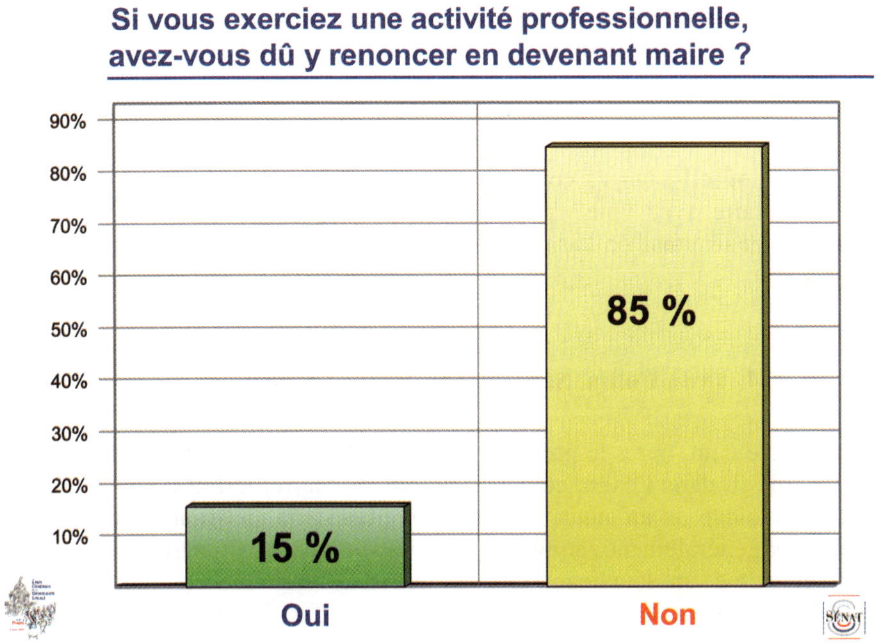
Si vous exerciez une activité professionnelle, avez-vous dû y renoncer en devenant maire ?
90%
80%
70%
60%
50%
40%
30%
20%
10%
85 %
15 %
Oui
Non

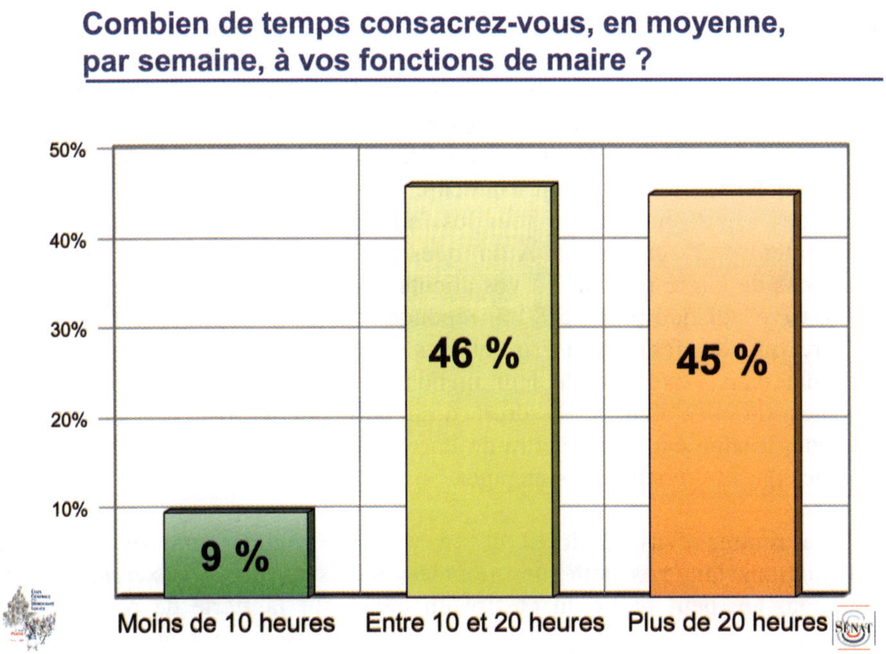
Combien de temps consacrez-vous, en moyenne, par semaine, à vos fonctions de maire ?
50%
40%
30%
20%
10%
46 %
45 %
9 %
Moins de 10 heures
Entre 10 et 20 heures
Plus de 20 heures

cela leur plaît car elles se sentent utiles, dans le sens où les citoyens de la commune font davantage appel à elles pour leur parler de problèmes plus personnels parce que ce sont des femmes. C'est mon impression, maintenant, je peux me tromper.

Jean Dumonteil : On va continuer la présentation des résultats de l'enquête, on va le faire avec vous, Yvon Collin. Je rappelle que vous êtes maire de Caussade et sénateur de Tarn-et-Garonne.

M. Yvon Collin, Sénateur de Tarn-et-Garonne

Alors, justement, après le portrait qu'a décrit Mme Printz à partir de l'enquête, on va voir si, dans l'exercice des fonctions de maire, le fait d'être une femme est un handicap ou un atout, c'est effectivement une question récurrente. Il est d'ailleurs généralement acquis, en tout cas intégré par un certain nombre, que cela constitue un handicap. Or, les réponses qui ont été rapportées à la question : « Dans l'exercice de vos fonctions, le fait d'être une femme est-il un handicap ou un atout ? », manifestement, si l'on regarde ce sondage en creux (il faut regarder souvent non pas les pics, mais les creux pour avoir une image d'un sondage et de la validité de la réponse), on s'aperçoit que : « Plutôt un handicap » ne recueille que peu de voix. Donc, le fait aujourd'hui est acquis : la présence des femmes dans la vie publique est tout à fait banalisée, si je puis dire. On s'aperçoit que, quelles que soient les relations qu'entretiennent les élues avec le conseil municipal, les habitants de la commune, les élus des autres collectivités, la préfecture ou les acteurs économiques, le fait d'être une femme n'est ni un atout ni un handicap. Les femmes sont considérées comme des élues à part entière, par tous les interlocuteurs qu'elles sont amenées à fréquenter et à rencontrer. À la question suivante : « L'exercice de vos fonctions de maire répond-il à vos attentes initiales ? », la réponse est franche et massive puisque près de 80 % répondent « oui » à cette question. Ce qui montre que les femmes, lorsqu'elles s'engagent et lorsqu'elles sont élues, trouvent dans l'exercice de leur mandat toutes les attentes et satisfactions initiales qu'elles étaient en droit d'attendre. Ce chiffre est encourageant puisque, finalement, il permettra de faire du prosélytisme et appelle toutes les femmes qui le souhaitent à s'engager.

On va rentrer dans le détail et on va voir quelles sont les principales satisfactions que vos collègues femmes maires tirent de l'exercice de leur fonction. On peut partir du chiffre en creux sur la fierté de représenter la République, par exemple, qui ne représente que 1 %. Cela montre à l'évidence que les femmes ne s'engagent pas pour les attributs ou la fierté d'être élue, mais au contraire pour se mettre au service des collectivités. Et dans le trio de tête, le tiercé gagnant, c'est le sentiment d'être utile qui recueille 23 %. La

Dans l'exercice de vos fonctions, le fait d'être une femme est-il un handicap ou un atout ?

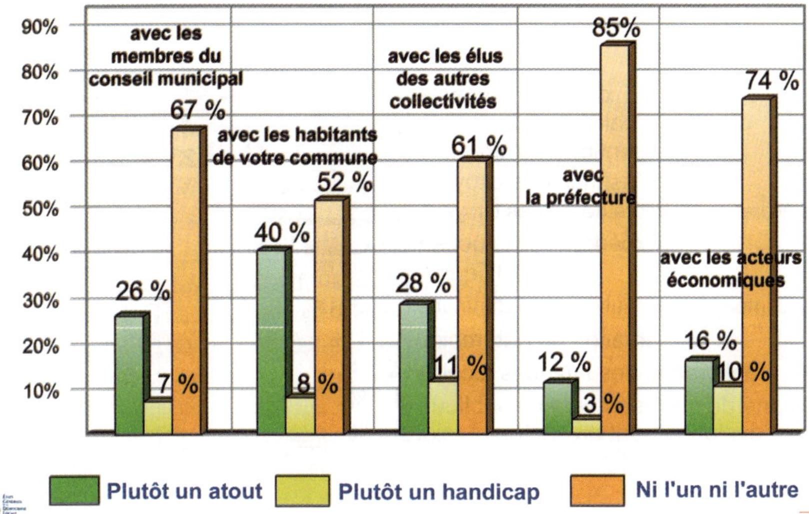

L'exercice de vos fonctions de maire répond-il à vos attentes initiales ?

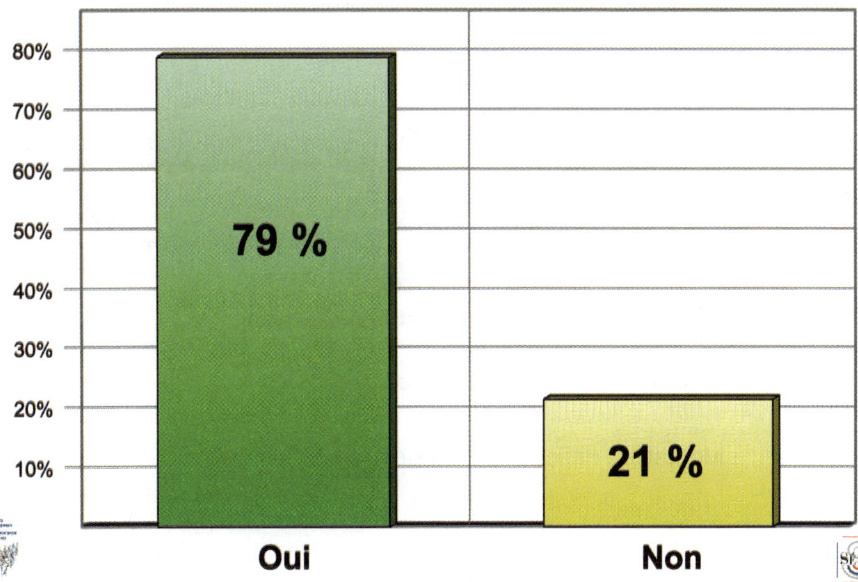

Quelles sont les principales satisfactions que vous tirez de l'exercice de vos fonctions de maire ?

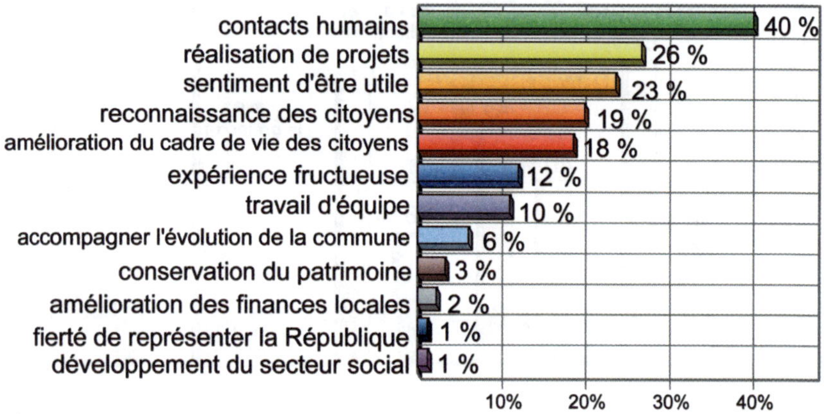

Quels sont les obstacles à la participation des femmes à la vie publique ?

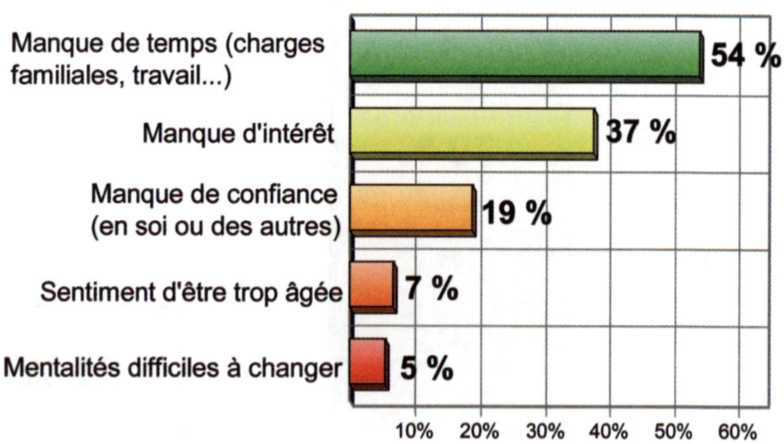

réalisation des projets, ça, c'est un chiffre **révélateur**, car l'envie et la réalisation de projets est une grande satisfaction. Et enfin, le contact humain l'emporte avec 40 %, ce qui montre que pour les femmes qui sont engagées en politique, c'est une façon d'élargir le spectre de leurs connaissances, de leurs relations.

C'est très intéressant ce trio de tête : contacts humains, réalisation de projets, sentiment d'être utile.

Jean Dumonteil : On a vu les satisfactions, on va voir maintenant les obstacles, Monsieur le Sénateur.

Yvon Collin : Les obstacles à la participation des femmes à la vie publique : le chiffre en creux est intéressant aussi puisque les mentalités sont difficiles à changer. C'est important, cela montre finalement, là aussi, que le fait est acté, et que tout le monde est d'accord pour reconnaître, admettre, bien sûr, aujourd'hui le rôle prééminent des femmes dans la vie publique, dans la vie politique.

En tête, bien sûr, le manque de temps. Cela a déjà été évoqué par Mme Printz. On sait en effet que les femmes, après leur journée de travail, après leur journée d'engagement au service de la population, portent encore globalement le poids et les charges de la vie familiale. C'est un handicap, et lorsqu'il se redouble effectivement du travail, cela devient à l'évidence un peu compliqué, mais c'est une difficulté que l'on retrouve sans doute chez certains hommes également. Quant au manque d'intérêt : 37 %, c'est un chiffre qu'on peut regretter. C'est le manque d'intérêt pour la vie politique et la vie publique en général.

Jean Dumonteil : Merci Monsieur le Sénateur. Ce matin, une des commissions était consacrée à « *La condition féminine à l'épreuve des responsabilités électives municipales* ». C'est Catherine Troendle qui en était la rapporteure : je rappelle que vous êtes sénatrice UMP du Haut-Rhin. Cette commission a essayé de relever quelques lignes de force. Et l'on a dit que beaucoup d'entre vous, parmi vos collègues, avaient parfois un sentiment de culpabilité par rapport à leurs obligations et au fait de s'engager dans la vie politique.

Mme Catherine Troendle, Sénatrice du Haut-Rhin, maire de Ranspach-le-Bas

De ce qui ressort du débat de ce matin, il y a quatre maîtres-mots : le respect de l'engagement pris ; les exigences personnelles ; le statut de l'élue à faire progresser ; et aussi la déculpabilisation. La culpabilité, c'est celle qui est éprouvée à l'égard des proches : le mari, les enfants, l'entourage, une culpabilité qui est exacerbée par le fait que les femmes n'ont pas le droit à l'erreur, mais également par la sévérité du discours dominant selon lequel les femmes sacrifient leur vie familiale, les tâches quotidiennes telles le ménage, les courses, qui incombent encore largement aux femmes.

Jean Dumonteil : Vous avez vraiment encore l'impression de sacrifier quelque chose en prenant des responsabilités publiques. Et par ailleurs vous dites : nos collègues masculins ne nous font pas beaucoup de cadeaux.

Catherine Troendle : Oui, absolument. Ce ne sont pas vraiment les collègues masculins qui sont ressortis des débats de ce matin, ce sont essentiellement certains partenaires.

Jean Dumonteil : Par partenaires, vous entendez l'administration de l'État par exemple ?

Catherine Troendle : Voilà. Il est ressorti de nos débats qu'il fallait développer à la fois la formation, essentiellement dans certains domaines techniques, comme l'urbanisme. Parce que c'est là, justement, que les femmes sont le plus souvent confrontées à des difficultés, à des remarques peut-être pas très sympathiques, de la part des partenaires, c'est-à-dire des métiers du bâtiment. Je pense également à la DDE (pour ne pas la nommer). Mais il y a un tout petit bémol quand même : de certains témoignages de ce matin, il ressort que, justement, il faudrait développer la formation et l'information qui seraient tout aussi bénéfiques pour nos collègues élus hommes, qui, certains tout à fait discrètement, ont avoué qu'effectivement, eux aussi, ont des lacunes dans ces domaines-là.

Jean Dumonteil : Merci Madame la Sénatrice. Nicole Ameline, je rappelle que vous êtes ministre de la parité et de l'égalité professionnelle. Qu'est-ce que vous pensez des difficultés qui viennent d'être soulignées par Mme Troendle ?

Mme Nicole Ameline, Ministre de la parité et de l'égalité professionnelle

Si vous me le permettez, tout d'abord, je voudrais m'adresser au Président du Sénat pour le féliciter et le remercier de cette magnifique initiative.

Je ne sais pas si 1 % des femmes sont fières ou agissent par fierté de représenter la République, mais je trouve que vous représentez, et vous portez magnifiquement, toutes les valeurs et les couleurs de la France.

Je voudrais aussi vous dire combien je suis heureuse d'être parmi vous aujourd'hui et d'avoir entendu le Premier ministre tout à l'heure, dont je salue aussi la conviction personnelle, et puis saluer, si vous me le permettez aussi, Simone Veil, dont le destin et l'action personnelle sont gravés dans l'histoire de la France.

Pour répondre plus particulièrement à votre question, je voudrais quand même vous dire que c'est la société tout entière qui doit s'engager sur l'égalité. Ce que nous constatons effectivement au stade des responsabilités électives n'est que le reflet de ce que nous constatons dans l'égalité professionnelle, ou bien encore dans la vie quotidienne. C'est donc la France, et toutes ses composantes, qui doit s'engager pour qu'à une politique de l'égalité se substitue de plus en plus vite une culture de l'égalité. Cela commence à la maison : 80 % des tâches incombent aux femmes. Nous sommes encore, et le Premier ministre citait tout à l'heure Lamartine, je citerai Rousseau, avec la sphère privée pour les femmes, et la sphère publique pour les hommes.

Il faut absolument que nous progressions à travers l'éducation, à travers l'école, sur ces schémas, en déspécialisant les rôles.

Les femmes investissent la sphère publique aujourd'hui. Elles deviennent des partenaires à part égale, à part entière, du fonctionnement à la fois des institutions, et la République a besoin d'elles, mais aussi de l'économie moderne.

Je voudrais simplement dire que ce ne sont pas les femmes qui sont en retard sur la société, c'est la société qui est retard sur elles.

Il faut donc que nous puissions créer ensemble les conditions de l'accélération du changement. Je suis très attentive à ce que vous avez dit parce que vous faites avancer la République.

Je vous le dis comme je le pense : vous êtes véritablement au cœur de cette avant-garde et vous avez une mission qui dépasse même celle que vous exercez. C'est-à-dire une mission d'exemplarité pour toutes les autres femmes qui, là où elles sont, connaissent aussi des difficultés.

Nous avons tous à faire des efforts, et l'administration doit être exemplaire sur un sujet où d'ailleurs l'égalité est un présupposé, et ce n'est pas tout à fait la réalité. Donc, nous avons à faire progresser les conditions sociales et matérielles de la réussite. Pour cela, je pense que la logistique est essentielle. L'effort sur les modes de garde ; l'effort dans la vie quotidienne, mais aussi dans les entreprises, avec ce que nous espérons voir très rapidement se développer : les crèches interentreprises. Toutes ces facilités sociales, ces innovations sociales au service de l'emploi ou des responsabilités, sont la première condition. La deuxième condition, c'est une évolution dans les mentalités. Les femmes sont des partenaires à part entière aujourd'hui de la vie, et c'est grâce à cette dynamique nouvelle homme-femme que la société avance.

Jean Dumonteil : Merci Nicole Ameline. Le principe de ces états généraux est de ne pas monopoliser la parole à la tribune mais d'avoir une discussion avec vous, élues locales. Il y a des micros qui circulent et c'est le moment de nous faire part de vos réactions ; de vos questions aussi, à celles et ceux qui sont à la table, à la tribune. Et également de nous faire part de vos témoignages sur les difficultés que vous rencontrez ou sur les modifications que vous souhaitez.

Virginie Kles : Je fais partie des 9 % des maires de communes de plus de 3 500 habitants : la mienne en compte 5 500 à peu près, à côté de Rennes, Châteaubourg, en Ille-et-Vilaine. Mon sentiment, c'est que l'on fera progresser les choses en s'investissant dans la vie publique, en y allant. Moi, si j'y suis, je le dis souvent avec le sourire, c'est parce qu'un homme, mon premier adjoint actuel, m'a poussée à y aller, en me disant : « Virginie, tu es capable pour la commune. S'il le faut, pour la commune, tu peux gagner ». On y est allé, on a gagné, et c'est tant mieux. C'est donc bien un homme, je le précise, qui m'y a poussée.
Et, ce que je voulais dire aussi et surtout, c'est que si l'on veut faire avancer les choses, il ne faut pas seulement que nous, les femmes, avancions, et investissions la place, il faut vraiment aussi changer les mentalités, et changer le regard de la société sur les hommes qui, eux, n'y vont pas. Ou sur les hommes qui ne travaillent pas. Ou sur ceux qui choisissent de rester à la maison pour s'occuper des enfants. Et là, il y a vraiment un énorme effort à faire. Je vois bien autour de moi, quand on reçoit des invitations ou des choses comme ça, on a droit parfois à : « Madame ou Monsieur le Maire ». Donc il y a une place à créer pour l'homme si l'on veut que les femmes puissent vraiment investir la vie publique à des hauts niveaux de responsabilité.

Jean Dumonteil : Merci de ce témoignage. On va prendre une autre intervention.

Françoise Barre : Je suis maire de Callas, dans le Var, 1 400 habitants. Je voudrais dire aux femmes et aux enfants qui arrivent, aux jeunes, aux jeunes filles, qu'elles doivent revendiquer une liberté personnelle. Nous ne dépendons de personne. Fini le temps où la femme dépend de l'homme financièrement, parce qu'en effet on la relègue dans sa cuisine. La liberté personnelle, c'est la plus importante des choses. La liberté va nous permettre d'acquérir notre indépendance financière, de ne pas être accrochées à des indemnités. Même si je revendique quand même que ces indemnités augmentent, car elles vont permettre aux femmes de laisser, quelquefois, leur profession pour exécuter leur mandat de maire. Si les femmes peuvent avoir cette liberté dans leur profession, ou dans des acquis financiers, cela leur permettra d'avancer en n'ayant pas comme carotte la multiplicité de mandats par exemple, contre laquelle je lutte. Car les mandats multiples font qu'on ne peut pas correctement remplir sa fonction première, ou deux fonctions peut-être.

Isabelle Bizouard : Je suis maire de Die, dans la Drôme. Une ville de 5 000 habitants dont la population est multipliée par quatre ou cinq en été. Nous avons les fonctions d'une ville de 10 000 à 20 000 habitants. Moi, je voudrais insister sur la nécessité du statut de l'élue. J'ai toujours regretté que, lorsqu'on a voté la parité, nous n'ayons pas en même temps travaillé au statut de l'élue. On précipite les femmes dans la parité et dans un non-statut. Et ça, je pense qu'il nous faut le faire évoluer, que ce soit au niveau des indemnités car, pour ne pas cumuler, et ne pas avoir la course, soit dans sa vie entre la vie d'élue et la vie professionnelle, soit la course aux mandats, il faut une indemnité qui permettre de remplir ses responsabilités. Et il faut aussi, beaucoup plus qu'aujourd'hui, la prise en compte de la garde des jeunes enfants. Ce qui n'est absolument pas prévu dans la dernière loi démocratie de proximité pour les maires. Cela y est pour les adjoints et les conseillers municipaux, mais pas pour les maires.

Anne-Marie Cousin : Maire de Torigni-sur-Vire dans la Manche, et conseillère régionale de Basse-Normandie. J'en profite pour saluer Mme Ameline, qui est de la Basse-Normandie également. Je voulais évoquer un point évoqué ce matin sur la sensibilisation des femmes au désir de se présenter. Nous avions fondé, il y a quelques années, en 1996, une association de femmes élues, indépendamment de tout parti politique, pour aider les femmes à se présenter à des élections. Nous avions commencé par un questionnaire et, à notre grande surprise, nous avions vu que ce n'était pas forcément un barrage familial ou professionnel qui empêchait les femmes de se présenter, mais un manque d'intérêt pour la politique. Et certaines disaient : « C'est un jeu cruel en France, et ce n'est pas notre affaire ». Donc, nous avons fait un grand travail de sensibilisation. Et au cours de ces séminaires, nous avons découvert que les femmes ont vu que c'était leur affaire. C'est leur affaire quand on refait un parking en face d'une école. C'est leur affaire quand on refait des choses dans une commune. Et, effectivement, les femmes ont une approche bien souvent plus pragmatique que les hommes. Je ne dis pas qu'elles gèrent forcément mieux que les hommes : elles gèrent différemment. Mais elles ont une approche très pragmatique, très concrète, et c'est cela qui leur parle le plus souvent. Et c'est cela qui m'intéresse chez les femmes, parce que je vous avoue qu'en tant que maire depuis plusieurs années, maintenant, lorsque je confie une mission à une femme, je ne dis pas qu'elle le fait mieux, mais elle le fait avec une grande motivation. Donc, je voulais seulement vous dire que là, et c'est Platon d'ailleurs qui disait que « priver la démocratie de la moitié de son humanité, c'est la priver de la moitié de son bonheur », on ne peut priver la démocratie de la moitié de son humanité, parce que c'est une chance inouïe pour la démocratie et toutes nos belles communes.

Jean Dumonteil : Merci de votre conviction.

Mireille Régent : Je suis maire d'une commune dans les Vosges, de 258 habitants, qui s'appelle Attignéville. J'aurais simplement souhaité faire une toute petite remarque, mais d'abord commencer par remercier toutes les personnes qui sont à la base de cette superbe journée qui nous permet vraiment d'être reconnues en tant que femmes maires. Ma remarque est la suivante : c'est qu'encore trop d'administrations ne prennent pas en compte dans leurs courriers le fait que nous sommes une femme, et il est un peu ennuyeux de recevoir du courrier avec « Monsieur le Maire ». S'il vous plaît, je vous remercie de nous prendre en considération.

Jean Dumonteil : Merci Madame. Yolande Boyer, vous étiez ce matin la présidente de la commission numéro un. Je vous propose peut-être de faire une synthèse globale sur toutes les difficultés que rencontrent vos collègues.

Mme Yolande Boyer, Sénatrice du Finistère, maire de Châteaulin

D'accord. Je vais réagir par rapport à toutes les interventions qui viennent d'avoir lieu en quatre points.

Le premier concerne le thème de la sensibilisation. Je crois que cette sensibilisation se fait par l'exemple, à savoir le nombre de femmes qui sont de plus en plus nombreuses à être élues, et cela a été dit depuis le début de la journée. Nous le devons à la loi sur la parité, notamment dans les communes de plus de 3 500 habitants, où 50 % des élues sont des femmes.

Deuxième chose : par la pratique également. Les femmes montrent qu'elles sont capables de faire, et elles sont un exemple pour les autres. Je crois que Madame la Ministre parlait d'un certain nombre d'aspects de communication. Je crois qu'il faut, sur cet aspect de la sensibilisation des femmes au pouvoir, qu'il y ait une sensibilisation par les médias. Et que devrait engager votre ministère. L'autre point de la sensibilisation, et ce qui m'y fait penser c'est l'intervention d'une des personnes sur les jeunes filles. Moi je crois beaucoup aux conseils municipaux des jeunes. En général, sans qu'on les force, ils sont paritaires, et des jeunes de 12, 13, 14 ans qui commencent à voir ce que l'on peut faire dans le cadre d'un conseil municipal des jeunes, je crois que, pour l'éducation à la citoyenneté et à l'évolution des mentalités, c'est une très bonne chose.
Deuxième point qui concerne tous les aspects matériels, à savoir : le financement, le statut de l'élu. Oui, ce sont des points qui sont revenus dans toutes les commissions, et j'ajouterai un autre aspect : le phénomène du retour à l'emploi, et le phénomène de passerelle. Ce qui a bien été souligné ce matin c'est que, dans la fonction publique c'est plus facile que dans le privé.

Jean Dumonteil : Alors, renforcer le statut disait votre collègue maire de Die, parce que là, il y a des choses à faire pour les femmes maires ?

Yolande Boyer : Oui, mais autant pour les femmes que pour les hommes. Le statut de l'élu, c'est autant pour les femmes que pour les hommes. Ça les engagera à faire des choses à la maison, si je peux me permettre.

Le troisième point c'est toute la logistique dont a parlé Madame la ministre à l'instant, et qui vient d'être évoquée à travers les moyens de garde d'enfant notamment, mais qui là aussi doivent être faites pour les hommes et pour les femmes. Et ensuite, sur le dernier point, c'est véritablement quelque chose d'insupportable ; moi, cela fait 10 ans que je suis maire et, quand je reçois des courriers au nom de « Monsieur le Maire », je les renvoie en disant que la société a évolué, qu'il y a des femmes maires, et qu'ils vont devoir en tenir compte.

Jean Dumonteil : Merci Yolande Boyer. Comme je vous le disais, le principe de cet après-midi, c'est d'alterner tables rondes et interventions. Alors maintenant, nous allons accueillir Gisèle Gautier, sénatrice et présidente de la Délégation du Sénat aux droits des femmes et à l'égalité des chances entre les hommes et les femmes. Vous êtes aussi vice-présidente du groupe sénatorial UC-UDF, élue de Carquefou, Madame Gautier.

Intervention de Gisèle GAUTIER (Loire-Atlantique, UC-UDF), Présidente de la Délégation du Sénat aux droits des femmes et à l'égalité des chances entre les hommes et les femmes

INTERVENTION DE MME GISELE GAUTIER, SENATRICE DE LOIRE-ATLANTIQUE, PRESIDENTE DE LA DELEGATION DU SENAT AUX DROITS DES FEMMES ET A L'EGALITE DES CHANCES ENTRE LES HOMMES ET LES FEMMES

Monsieur le Président,
Mesdames les Ministres,
Mes chères collègues,
Mesdames et Messieurs,

250 femmes maires en 1947, ce qui représente 0,5 %. Aujourd'hui 4 076, ce qui fait à peu près 11 %, soit 16 fois plus. Alors je dirais : que de chemin parcouru ! Je me réjouis donc, comme vous toutes, que Monsieur le Président Poncelet, ait pris cette initiative de nous rassembler ici aujourd'hui. Et je voudrais, par nos applaudissements, le remercier et, encore une fois, le féliciter. Merci.

Je me réjouis donc à un double titre : d'abord en tant que sénatrice élue il y a trois ans, en 2001. C'est un grand événement pour notre assemblée – et je rappelle que c'est une assemblée dont l'une des vocations est de représenter les collectivités territoriales dont vous faites partie – que d'accueillir près de 1 800 femmes parmi lesquelles permettez-moi de saluer les deux femmes maires de la Loire Atlantique. J'ai moi-même exercé durant 15 ans à la tête d'une commune de 17 000 habitants, qui était rurale, et qui est devenue périurbaine ; qui était à quelques kilomètres au nord de Nantes. J'exerçais ce mandat, que je qualifierai d'exigeant, auquel il faut beaucoup donner, mais je dirais aussi dont on reçoit tant. Je n'ai d'ailleurs pas manqué de remarquer qu'il y avait une écrasante majorité, près de 80 %, sur les strates qui nous ont été mises sur nos écrans, d'élues qui avaient répondu à la question : « L'exercice de vos fonctions de maire répond-elle à vos attentes initiales ? », qui avaient répondu positivement. C'est vraiment un encouragement et c'est une vérité.

Mais je me réjouis également en tant que présidente de la Délégation aux droits des femmes et à l'égalité des chances entre les hommes et les femmes, je crois qu'il était nécessaire d'initier cette première rencontre. Notre délégation est un organe permanent de veille parlementaire. Elle est composée de sénateurs et de sénatrices de toutes sensibilités politiques. Composée de 36 membres : 25 femmes et 11 hommes courageux qui viennent, qui participent. Et donc, cette délégation exerce sa vigilance sur tous les fronts : l'égalité professionnelle et sociale entre les sexes, mais aussi l'égalité des hommes et des femmes à l'accession aux mandats et aux responsabilités publics parce que hommes et femmes, enfin je le pense, se doivent d'être complémentaires. Nous sommes particulièrement attentifs, vous vous en doutez, aux avancées, mais encore plus aux blocages qui caractérisent encore l'objectif de parité. J'évoquais au début de mon propos le chemin parcouru. Mais je crois qu'il faut garder à l'esprit celui qui reste encore à parcourir : 4 000 femmes maires, on l'a dit, c'est beaucoup plus qu'avant, mais c'est encore peu si l'on rapporte ce chiffre à celui des 36 600 communes de France. On peut se poser la question d'abord : pourquoi les femmes représentent-elles aujourd'hui près d'un tiers de l'effectif des conseils municipaux, mais à peine le sixième des maires ? Et puis, une autre question qui vient à l'esprit et qu'on a vue également tout à l'heure sur l'histogramme : qu'est-ce qui empêche les femmes de prendre la tête de l'exécutif des communes, alors qu'elles ont su conquérir une place significative au sein de leurs assemblées délibératives ?

Parmi les explications qui sont souvent apportées à ce phénomène, il y en a une que je réfuterai d'emblée : je ne crois pas, par exemple, que nous ressentions moins d'intérêt que les hommes pour la gestion des affaires politiques. Même si un tel manque d'intérêt est volontiers cité comme un obstacle. Notre présence au sein du mouvement associatif – je pense en particulier à toutes les associations à caractère humanitaire, où nous sommes proportionnellement nettement plus engagées que les hommes – suffit à prouver s'il en était besoin, notre souci de l'intérêt général. Je ne crois pas non plus, parce que je l'ai entendu maintes fois, que nous n'ayons pas la ou les compétences requises. Aujourd'hui, on peut noter que les femmes ont réalisé dans le monde économique, et dans celui des entreprises une percée importante. Même si, on l'a bien vu, cette percée ne se traduit pas nécessairement au niveau des salaires et des postes. Ce qui est vrai, c'est que beaucoup de femmes lorsqu'elles sont sollicitées pour un mandant électif, craignent de ne pas être à la hauteur. Cela a été mon cas en 1982. On m'a sollicitée pour rentrer dans un conseil municipal et j'ai refusé en disant :« Je ne suis pas capable de faire de la politique ». J'ai revu mon point de vue en 1982. N'empêche, cela a été tout de suite une réponse spontanée de ma part. D'ailleurs, dernièrement, une ancienne ministre soulignait lors d'un colloque organisé au Sénat au printemps dernier : « Je n'ai pas vu un seul homme dans toute ma carrière me dire qu'il redoutait de ne pas être à la hauteur. » C'est vrai ou c'est pas vrai ? Mais oui !

Alors je trouve qu'il s'agit là d'une spécificité féminine, dont on trouve peut-être les racines dans une éducation, que ce soit en famille ou à l'école, tendant à valoriser les garçons et leur personnalité au détriment des filles et de leur sérieux. Le rapport d'information que nous avions intitulé « La mixité française est-elle menacée ? », que nous avons publié en 2004, souligne la persistance de cette inégalité de traitement et l'ampleur de ses conséquences salariales, et je parlais notamment des conséquences en matière de retraites. Il est quand même dommage que nous ayons un différentiel de 21 à 25 % entre les salaires des femmes et à ceux des hommes, ce qui, bien sûr, influe sur les retraites.

Je constate d'ailleurs, au fur et à mesure des auditions que nous menons au sein de notre délégation, deux freins. Deux freins qui sont toujours les mêmes pour exercer des fonctions municipales électives. On l'a vu tout à l'heure. Je me répète, mais je crois qu'il faut enfoncer le clou. Un manque de temps, mais aussi un certain archaïsme dans les mentalités dans notre pays. Question, dit-on familièrement, de culture peut-être. Alors les réponses au questionnaire qui vous a été adressé sont éloquentes. « Manque de temps », c'est le premier obstacle, et de loin, à la participation des femmes à la vie publique. Et puis, nous avons des statistiques qui émanent de l'INSEE, qui sont sexuées sur l'évolution des temps sociaux quotidiens qui justifient cette réponse. Hé bien, c'est le temps consacré au ménage, aux courses, au temps pour les enfants, ce que l'on appelle généralement les tâches domestiques. J'avoue que les tâches domestiques, il s'agit là aussi d'une terminologie qui me paraît elle aussi archaïque. En substance, ces tâches domestiques représentaient en 1999, qui est la dernière année de référence 4 heures 18 pour les femmes et seulement 1 heure 26 pour les hommes. Alors, je noterai que vous, les femmes maires en milieu rural, vous êtes les plus nombreuses, on l'a bien vu. Vous devez assumer, pour beaucoup d'entre-vous en couple, les tâches de l'exploitation agricole, et d'autres tâches d'artisan, de commerçant. Et, paradoxalement, vous n'avez pas les moyens de disposer à la Mairie d'un directeur général, nous sommes d'accord, ou de structures administratives qui allégeraient votre charge.

Alors, je crois que là aussi, il va falloir nous y atteler, pour que vous puissiez bénéficier d'un statut spécifique de la femme élue avec un « e ». Et lorsqu'on a abordé tout à l'heure le volet de l'indemnité financière, il est vrai que nous avons vu que les toutes petites communes n'ont pas les moyens financiers, les ressources nécessaires ou des indemnités qui soient significatives.

Je crois que nous aurons donc, à plancher – permettez-moi l'expression un peu familière – dans tous les cas, afin de vous donner des moyens suffisants pour compléter les absences dues à vos fonctions de maire.

La comparaison entre l'enquête faite par l'INSEE en 1986 et celle de 1999 révèle, certes, une évolution positive, mais limitée. La durée quotidienne de ces activités est diminuée de 14 minutes pour les femmes, et augmentée de 5 minutes pour les hommes. Le rattrapage n'est pas pour demain.

Alors, je voudrais m'adresser à ces messieurs de la nouvelle génération, je dirais : « Messieurs, à vos fourneaux ». Il n'y a pas que nous, les mamans, nous les mamies, qui devons éduquer nos enfants, nos petits garçons et nos filles pour les initier à partager toutes ces fameuses tâches domestiques. Et en milieu scolaire, il en est de même. Tout-petits, nous devons aussi apprendre aux jeunes garçons à respecter les filles et avoir donc un respect mutuel, et à faire en sorte de les sensibiliser pour qu'ils partagent toutes les responsabilités de ces tâches.

Alors, je voudrais quand même préciser que le chiffre que je vous ai annoncé ne représente qu'une moyenne qui concerne les individus âgés de 15 à 60 ans. Il est clair que pour une femme de 25 à 45 ans, qui exerce donc une activité professionnelle et qui a des enfants, cette contrainte d'emploi du temps est encore plus marquée et rend très difficile l'engagement dans une fonction publique et *a fortiori*, bien sûr, dans un mandat de maire. D'où l'impérative nécessité de trouver également des horaires adaptés. Je crois là aussi que nous, les femmes maires, nous devons faire en sorte d'avoir valeur d'exemple et d'adapter, de proposer des horaires de réunion, pour faire en sorte que les autres communes, qui sont dotées d'hommes maires, puissent effectivement en tenir compte pour les adjointes et conseillères municipales. C'est important de le dire.

L'entrée dans la vie publique d'une femme sera souvent plus tardive, on le constate. J'ai regardé par curiosité, parce que je suis de nature curieuse : j'ai recherché parmi les 36 sénateurs et sénatrices qui sont membres de notre délégation, à quel âge celles-ci ou ceux-ci ont été élu(e)s maires, ou le sont devenu(e)s. Nous sommes 25 femmes et 11 hommes. L'âge où les hommes sont devenus maires est de 39 ans en moyenne et, en ce qui concerne les femmes, de 45 ans. Tout simplement, je crois, parce que les femmes se sont libérées beaucoup plus tardivement, bien sûr, de l'éducation de leurs enfants. Et puis, un autre phénomène peut-être dont il faut tenir compte, les femmes ont de plus en plus tardivement des enfants au XXIe siècle.

C'est quand même un écart significatif de six ans, qui conforte mon propos précédent. Il faut aussi évoquer, plusieurs d'entre vous l'ont fait d'ailleurs dans les réponses aux questionnaires, peu d'évolution dans les mentalités qui me semblent évoluer beaucoup plus lentement dans les milieux politiques que dans la société civile, ou simplement dans la vie économique.

Alors, le monde politique reste encore largement dans notre pays un monde d'hommes. On peut aussi, là, se poser des questions. Pourquoi ? Peut-être que c'est l'une des raisons occultées, dans tous les cas pour les plus grosses communes, c'est-à-dire les communes urbaines. Je veux parler des comités d'investiture : les comités d'investiture des partis sont largement masculins et donc, peu enclins à promouvoir les femmes, c'est une évidence.

Quant aux conseils, au sein des conseils municipaux, la tendance dominante reste, chacun le sait, de confier aux hommes les délégations les plus prestigieuses. Une femme aura beaucoup plus de mal à se faire nommer adjointe aux finances, vous en conviendrez avec moi, à l'urbanisme ou même au sport. Lorsque j'ai été élue, en 1983, conseillère municipale d'opposition, on m'a simplement dit : « Tu choisis entre la commission culture ou la sociale ? ». Ce n'était pas un choix, je dirais que cela allait de soi, c'était presque une injonction. J'ai quand même un petit peu insisté, parce que je suis bretonne, et je suis rentrée dans la commission économique. Mais c'était, je crois, un schéma tout à fait traditionnel, qui toujours évolue : social, culture aux femmes. Et je crois qu'il faut insister pour faire en sorte de rentrer dans des commissions quand on a certaines compétences.

Le fait qu'une femme comme Mme Michèle Alliot-Marie ait su brillamment s'imposer au poste gouvernemental masculin par excellence de ministre de la Défense ne me conduit pas pour autant à penser que de tels blocages soient en phase de disparaître. Il est parfois plus difficile de faire bouger les choses à la base qu'au sommet. Ceci dit, notre ministre a, pour nous toutes, valeur d'exemple, et nous avons énormément d'admiration, vous vous en doutez.

C'est pourquoi j'ai personnellement la conviction qu'il faut étendre aux exécutifs municipaux, et plus largement à tous les exécutifs locaux, les mécanismes de parité introduits dans les assemblées délibérantes.

Je peux vous faire un aveu : je n'étais pas *a priori* favorable à la législation sur la parité lorsqu'elle a été élaborée en 2000. J'étais quelque part heurtée par son côté contraignant et par le fait qu'elle me paraissait contraire à un universalisme républicain auquel je reste profondément attachée.

Mais aussi, autre aveu, force est de constater aujourd'hui que cette loi du 6 juin 2000 a seule permis de parvenir à une réelle mixité au sein des assemblées locales qu'elle concernait.

La part des femmes est passée entre 1995 et 2000, de 25 % à 47 % des conseils municipaux des communes de plus de 3 500 habitants, et elle a eu même un effet d'entraînement dans les petites communes où elle ne s'appliquait pas, où la proportion des femmes élues est passée de 21 % à 30 %. Vous voyez l'effet d'entraînement.

Mais la loi en définitive n'a rien prévu en ce qui concerne les exécutifs communaux, là où se trouvent les instances décisionnaires, c'est-à-dire les fonctions et l'argent. C'est dans le bureau municipal, entre le maire et les adjoints que tout ce fait, que tout se décide.

Ce constat m'a amenée à déposer une proposition de loi tendant à établir la parité entre les femmes et les hommes dans l'exécutif de toutes les assemblées locales élues au scrutin de liste, c'est-à-dire les municipales et les régionales.

Ainsi, dans les communes de plus de 3 500 habitants, seules concernées par ce mode de scrutin, le choix pour les adjoints devrait se porter alternativement sur un candidat de l'un ou de l'autre sexe.

Il en est de même, je vous le dis, pour les conseils régionaux, pour ce qui concerne les exécutifs où les femmes, vous l'avouerez, sont sous-représentées.

Ce texte ne réglerait évidemment pas tous les problèmes, en particulier celui de la quasi-absence des femmes dans les organes dirigeants d'établissements publics de coopération communale, les fameux EPCC. La prépondérance masculine y est encore plus forte qu'au niveau des maires, il y a simplement 5,4 % de femmes qui en sont à la tête et je voudrais dire à l'inverse pour marquer un petit peu les esprits, qu'il y a 94,6 % des hommes qui sont à la tête des EPCC, c'est quand même peu à l'heure de l'intercommunalité.

Alors aujourd'hui, c'est notre journée, c'est votre journée. Permettez-moi de rappeler que le Sénat, en raison de son enracinement dans la démocratie de proximité, a bénéficié plus spontanément de l'évolution de notre effectif pour ce qui concerne la parité. Monsieur le Président l'a dit tout à l'heure, avec 17,3 % de son effectif, il est désormais l'assemblée la plus féminine ou féminisée de toute l'histoire de la République.

Vous êtes légitimement, Mesdames les Maires, de grandes électrices qui élisez vos sénatrices et vos sénateurs. Vous le savez, dans les communes de plus de 30 000 habitants, et j'attire votre attention là-dessus, la loi de 1958 prévoit l'élection de délégués supplémentaires, c'est-à-dire des gens, des personnes qui ne sont pas élus, à raison d'un délégué supplémentaire par tranche de 1 000 habitants de plus.

Je vais prendre un exemple que je connais bien, donc, la ville de Nantes. La ville de Nantes est une ville de France de 270 000 habitants, et il convient donc de désigner 240 personnes qui sont non élues.

Bien. Je pense qu'il serait judicieux pour aller jusqu'au bout de la logique de la parité de désigner alternativement un homme, une femme, lors des élections de ces délégués supplémentaires. C'est la raison pour laquelle j'ai décidé de déposer une proposition de loi tendant à accroître la place des femmes dans les collèges des sénateurs. C'est une innovation, et je tenais à vous en garder la primeur.

J'espère simplement, vivement, qu'elle recevra un écho favorable parmi mes collègues parlementaires.

Pour terminer mon propos, en vous remerciant du fond du cœur, d'être venues si nombreuses et d'être si attentives, je voudrais vous transmettre deux messages qui me paraissent très simples.

D'abord : bravo ! Bravo pour votre engagement de tous les jours, malgré les quelques difficultés que j'ai « rencontrées » sur la route, tenez bon

Mesdames ! Par votre exemple, vous suscitez des vocations. Je crois que c'est ainsi que nous progresserons. Ensuite, soyez des ambassadrices. Dites-le autour de vous. Il ne faut pas avoir peur, de faire de la politique au sens noble du terme, avec un grand « P ». Les femmes maires contribuent, par leur comportement dans l'approche la plus humaniste des problèmes à traiter, à donner une valeur ajoutée à la politique en gardant leur féminité. Une politique qui, avant tout, est un choix de société au service de l'intérêt général. Vous en conviendrez avec moi, le mandat de maire est véritablement le plus beau mandat qui soit. Alors soyez assurées que nous serons au Sénat, Madame Ameline, notre ministre de la parité, à vos côtés pour vous accompagner et pour que nous puissions continuer ce long combat. Merci et bon courage !

Jean Dumonteil : Merci Gisèle Gautier, merci Madame la Présidente de la délégation du Sénat aux droits de la femme et à l'égalité des chances entre les hommes et les femmes. Merci à notre intervenant et aux intervenantes de la première table ronde. Nous continuons notre débat en passant à la table ronde consacrée à la gestion municipale au féminin.

Deuxième table ronde

La gestion municipale au féminin

Beate WEBER, Maire de Heidelberg (Allemagne)
Marie-Josée ROIG, Ministre déléguée à l'Intérieur, Maire d'Avignon
Jacques PÉLISSARD, Président de l'Association des maires de France
Marie-France BEAUFILS (Indre-et-Loire, CRC),
Rapporteure de la commission n°3
Sylvie DESMARESCAUX (Nord, NI), Rapporteure de la commission n°2
Bernadette DUPONT (Yvelines, UMP), Présidente de la commission n°3
Jacqueline GOURAULT (Loir-et-Cher, UC-UDF),
Présidente de la commission n°2
Jean-Claude FRÉCON (Loire, Soc.), Sénateur
Janine ROZIER (Loiret, UMP), Sénatrice

DEUXIEME TABLE RONDE :

LA GESTION MUNICIPALE AU FEMININ

Jean Dumonteil : Je demande à Janine Rozier, sénatrice du Loiret, de rejoindre la tribune. Janine Rozier, vous êtes la vice-présidente de cette délégation du Sénat aux droits des femmes et à l'égalité des chances entre les hommes et les femmes, et au Sénat vous siégez au groupe UMP.

Jean-Claude Frécon, Sénateur de la Loire, vice-président de l'Association des maires de France, Maire de Pouilly-lès-Feurs, et, au Sénat, membre du groupe socialiste.

Jacqueline Gourault, sénatrice du Loir-et-Cher, vice-présidente du groupe UC-UDF au Sénat, vice-présidente de l'Association des maires de France et maire de La Chaussée-Saint-Victor en Loir-et-Cher. Vous présidiez, Madame Gourault, la commission sur les priorités dans la gestion municipale.

Madame Bernadette Dupont, vous êtes sénatrice des Yvelines. Au Sénat, vous êtes apparentée au groupe UMP, et vous êtes, par ailleurs, maire-adjointe de Versailles. Madame Dupont, ce matin, vous avez présidé la commission intitulée « S'informer, communiquer et participer ». Prenez places Mesdames.

Sylvie Desmarescaux, vous êtes sénatrice du Nord, rapporteure de la commission numéro deux, celle qui est intitulée « Priorité de la gestion municipale ». Au Sénat, Madame Desmarescaux, vous siégez parmi les sénateurs non-inscrits.

Marie-France Beaufils, sénatrice d'Indre-et-Loire. Au Sénat, vous êtes membre du groupe Communiste républicain et citoyen et vous êtes par ailleurs maire de Saint-Pierre-des-Corps, vice-présidente de la communauté d'agglomération de Tours.

Jacques Pélissard, député-maire de Lons-le-Saulnier et président de l'Association des maires de France. Votre président ! Bonsoir Monsieur le Président !

Et Madame Marie-Josée Roig, ministre déléguée à l'intérieur et maire d'Avignon.

Également dans cette table ronde, je vous demande de l'applaudir, votre collègue allemande, Madame Beate Weber, maire d'Heidelberg.

Je remercie par avance Mme Weber, puisqu'elle s'exprimera en français dans notre table ronde. Et vous êtes ancienne membre du Parlement européen, Madame Weber. Alors, prenez place, Mesdames !

Dans cette deuxième table ronde, on va voir comment se passe la gestion municipale au féminin, et d'abord, toujours avec notre fil rouge, qui est l'enquête, la consultation à laquelle ont répondu vos collègues maires, essayer de voir quelles sont les priorités telles que les définissent les femmes maires. On va le voir avec vous Janine Rozier.

Les images vont apparaître et les tableaux : priorité pour la gestion municipale. Et on va essayer de voir, donc, depuis leur élection, comment les femmes maires ont jugé nécessaire de réorienter de manière significative la gestion municipale. D'abord, est-ce qu'il fallait le faire quand elles sont arrivées aux affaires, Madame Rozier ?

Mme Janine Rozier, Sénatrice du Loiret

Oui bien sûr. Vous avez dit que j'ai été sénatrice, mais j'ai été maire aussi pendant 30 ans et conseiller général pendant 19 ans, seule avec 40 hommes ! Je crois avoir fait entendre la voix des femmes.

Jean Dumonteil : Aujourd'hui, vous vous sentez un peu moins seule ?

Janine Rozier : Non, mais je fais partie de ce 1 % de maires qui était là en 1971. Cela se voit d'ailleurs allez-vous me dire. Donc, nous étions très peu nombreuses et, puisque vous avez fait tout à l'heure allusion à l'histoire, sachez qu'en 1975, le Premier ministre de l'époque, qui était Jacques Chirac, a voulu fêter le 30e anniversaire du vote des femmes et il nous avait toutes invitées à Matignon, et nous étions 500 femmes à venir à Matignon à son invitation. Mme Françoise Giroud était alors « ministre de la Condition féminine ».

Donc 68 % des femmes ont jugé nécessaire de réorienter la gestion municipale. Cela prouve que les femmes ont une conception extrêmement active de la gestion, qu'elles réorientent les choses de façon significative. Pourquoi ? Tout simplement, parce que je pense qu'elles sont de plain-pied dans la vie de tous les jours. Qu'aucun des problèmes qui touchent les enfants : la scolarité, la restauration scolaire, la santé, etc. ne nous échappe parce qu'on les mène en même temps.

Depuis votre élection, avez-vous jugé nécessaire de réorienter de manière significative la gestion municipale ?

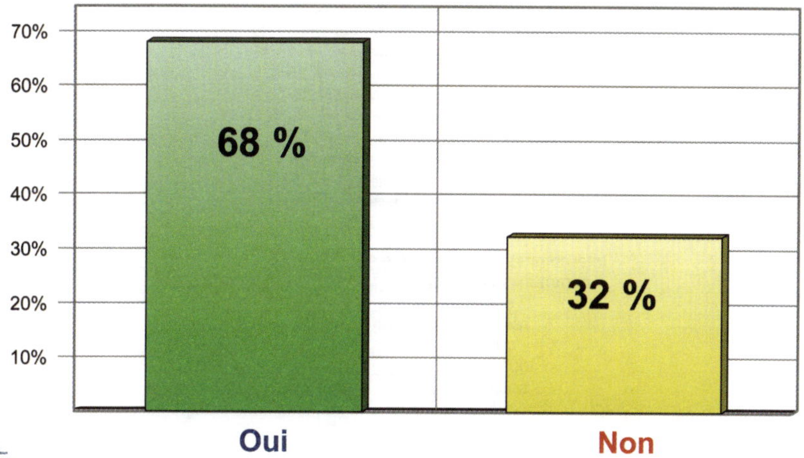

Avez-vous délégué certaines de vos attributions à vos adjoints ?

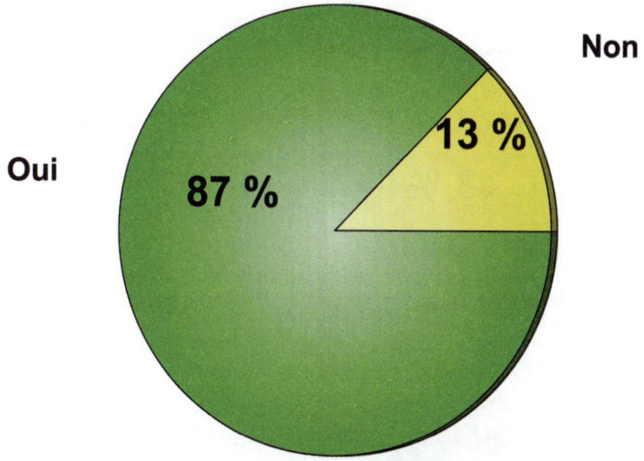

Si oui, quelles attributions ?

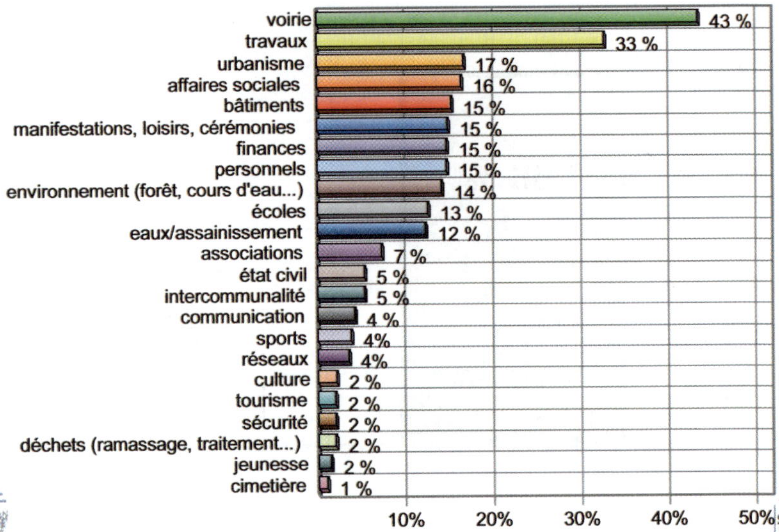

Avez-vous choisi des femmes pour adjoints ?

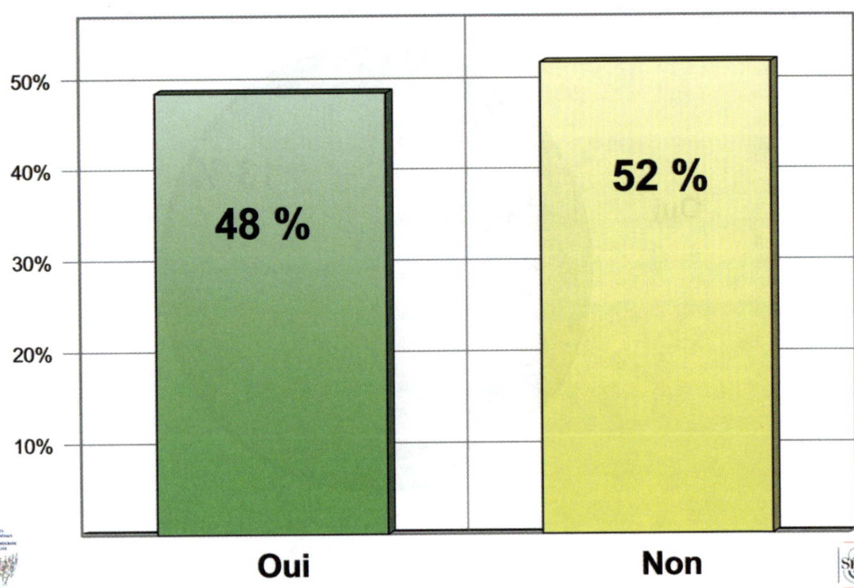

Quelles sont les difficultés que vous rencontrez dans l'exercice de vos fonctions ?

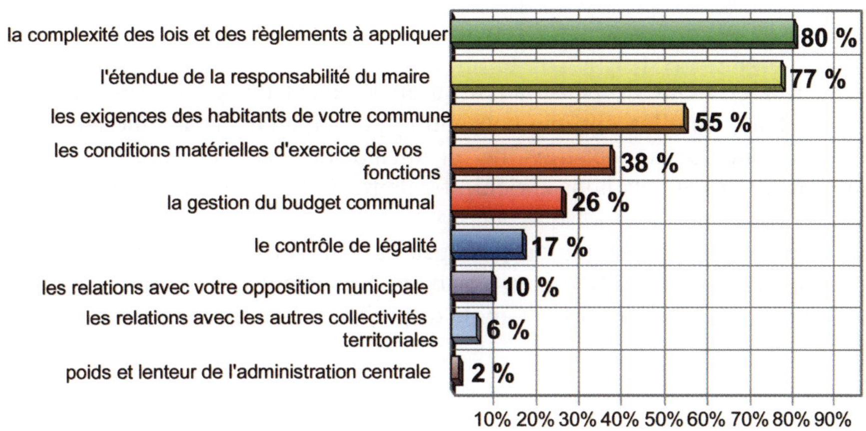

Ensuite, quand nos aînés vieillissent, c'est souvent nous les femmes, même quand c'est la maman de notre mari, qui nous occupons de la maison de retraite, des problèmes des anciens, etc. Les problèmes de tous les jours, nous les gérons à la maison et c'est plus facile après, de gérer les problèmes de la commune.

Jean Dumonteil : Est-ce que vos collègues savent déléguer ? Justement, on va regarder. C'était l'objet de la question suivante.

Janine Rozier : Oui. Je pense aussi qu'elles savent déléguer. Vous avez vu sur le tableau, qu'elles ont une conception participative. Dans une équipe, il faut que tout le monde travaille et quand on est une équipe, on est complémentaires et cela nous enrichit, finalement, de partager et de déléguer.

Mais je pense qu'on délègue un petit peu suivant son caractère particulier et ses compétences particulières et aussi les compétences des gens qui nous entourent. C'est pourquoi il y a tant de disparités, et autant d'éléments dans ce tableau.

Quand on est maire, on est surtout là pour fédérer et je crois que cela, les femmes savent bien le faire. Et si on fait participer, par exemple, nos collègues masculins, cela évite que, par-derrière, ils critiquent. On peut alors leurs répondre : « vous étiez là ! »

Jean Dumonteil : Justement, Janine Rozier, on va le voir avec la question suivante : est-ce que vous êtes partageuses ? Est-ce que vous choisissez des femmes pour adjointes ? Ah ! C'est assez partagé là !

Janine Rozier : Enfin, pour ma part quand je suis devenue maire, j'ai été seule femme avec des hommes.

J'ai fait cinq mandats. Alors que je n'étais pas obligée à la parité puisque j'avais 800 habitants au début du premier mandat et 3 000 au dernier mandat, j'ai toujours fait entrer des femmes dans mon conseil municipal. Je choisissais, bien sûr, évidemment pas à cause de l'idée politique puisque dans les petites communes, on ne s'occupe pas de cela, mais je choisissais des femmes qui s'investissaient soit dans les comités de parents d'élèves, soit dans les associations familiales.

Jean Dumonteil : On ne dira jamais assez que la vie associative est un vivier, est un tremplin pour l'engagement au public.

Janine Rozier : Et quelqu'un l'a dit tout à l'heure avant moi : quand les femmes s'investissent, quand elles acceptent un dossier, elles le font avec beaucoup de rigueur, de compétence, de sérieux. On parle toujours de la loyauté et de la parole donnée comme un élément masculin et ce n'est pas vrai du tout. C'est tout à fait applicable aux femmes.

Jean Dumonteil : Quand vous dites que ce n'est pas vrai du tout, vous voulez dire que ce n'est pas exclusif ?

Janine Rozier : Ce n'est pas exclusif.

Jean Dumonteil : Voyons les difficultés que rencontrent vos collègues maires dans l'exercice de leur fonction.

Janine Rozier : Bien qu'il y ait de plus en plus de femmes et qu'on ait beaucoup gagné sur le terrain, il arrive encore que nous soyons malmenées verbalement parce que nous sommes des femmes, et inférieures en force physique.

Jean Dumonteil : Merci Madame Rozier, en tout cas on a vu que vous n'étiez pas inférieure en intensité et en conviction.

Jean-Claude Frécon, vous êtes Sénateur de la Loire. On va continuer la lecture du questionnaire et des réponses de vos collègues élues sur le thème : « S'informer, communiquer et participer », et on va regarder ensemble. Il y a des domaines dans lesquels vos collègues maires ont défini de nouvelles orientations.

M. Jean-Claude Frécon, Sénateur de la Loire

Oui, je crois que le tableau de ce questionnaire va nous servir à remettre en cause un certain nombre d'idées reçues. Idées reçues dont on voit sur ce tableau qu'elles sont largement trop caricaturales et qu'elles sont dépassées. Le premier des domaines, c'est le dialogue. L'information et le dialogue avec les habitants de la commune. Nous le verrons dans les questions suivantes, ce dialogue est probablement encore plus inné chez les femmes que chez les

Pouvez-vous indiquer les principaux domaines dans lesquels vous avez défini de nouvelles orientations ?

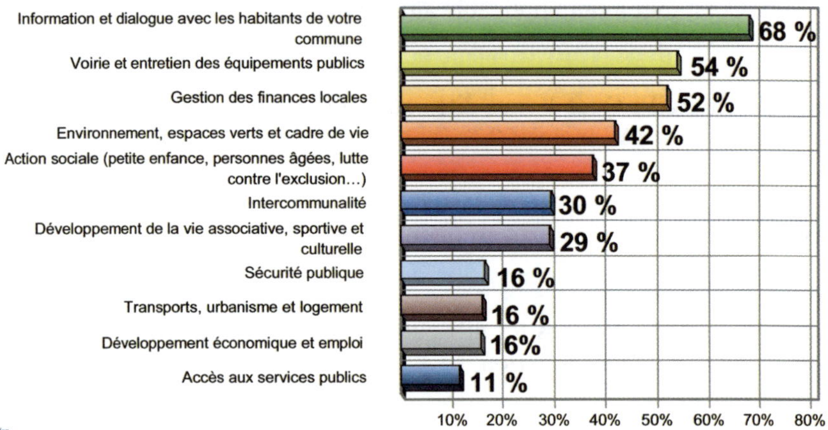

Quels sont à votre avis les meilleurs moyens d'associer la population à la prise de décision ?

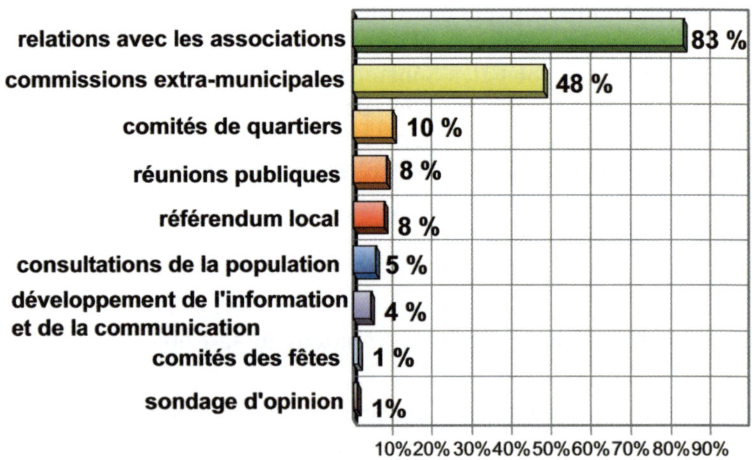

Quel est, selon vous, pour les femmes, le moyen le plus efficace de participer à la vie locale ?

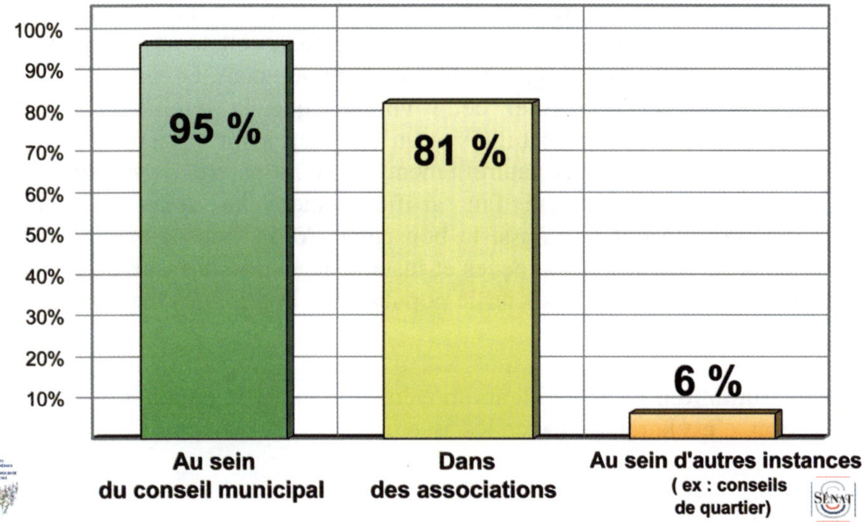

hommes, donc elles veulent le mettre en application aussi dans leur vie municipale, c'est la première des choses.

La deuxième, c'est la voirie et les entretiens des équipements publics. Alors vous allez me dire que cette réponse ici met un petit peu en contradiction avec un tableau précédent, où on disait que la voirie et les travaux, cela, c'étaient les choses que les femmes maires déléguaient le plus, eh bien, elles ont envie pourtant de le faire.

Pour ma part, dans ma commune, une commune de 1 000 habitants, parmi mes adjointes, il y en a une qui a souhaité la délégation aux travaux et à l'entretien des bâtiments communaux. Ce n'est pas habituel, cela a surpris parce que les affaires sociales ont été prises par un homme, mais en plus de cela, cela permet justement d'affirmer cette volonté que la femme est l'égale de l'homme dans nos responsabilités et qu'elle veut avoir envie de gérer quelque chose qui ne lui était pas naturellement - mais la nature, c'est peut-être aussi quelque chose qui a été fait artificiellement au cours des décennies précédentes, alors il faut aussi la bousculer. Alors, bousculons, continuons à bousculer un peu les idées reçues et justement, la question suivante portait sur les meilleurs moyens d'associer la population à la prise des décisions.

Jean Dumonteil : Les meilleurs moyens d'associer la population à la prise de décision, c'est la relation avec les associations.

Jean-Claude Frécon : Eh oui, c'est massif. Mais on le sait, les femmes dans nos communes, en particulier dans les communes rurales – mais vous êtes ici, on l'a vu tout à l'heure dans le début du sondage, une grande majorité d'élues de communes rurales – s'impliquent dans les associations. Associations bien sûr traditionnelles, naturelles, comme je le disais tout à l'heure, éducatives, culturelles, humanitaires mais aussi des associations un peu sportives, c'est vrai que cela remue les schémas tout faits, mais la relation avec les associations est incontestablement le souhait de la grande partie de nos collègues femmes.

Dans le tableau suivant nous abordons le moyen le plus efficace de participer à la vie locale. Deux grands moyens naturellement au sein du conseil municipal : elles ont été élues, on a vu tout à l'heure un certain nombre de femmes nous dire que peut-être, cela leur a coûté, Mme Gautier le disait, cela leur a coûté, peut être, la première fois de s'engager, d'abord dire un non et puis ensuite un oui ! Et ce oui, ensuite, par contre, une fois que la décision est prise, elles l'appliquent complètement et elles s'investissent totalement au sein de leur conseil municipal mais en restant en contact avec le monde des associations, assurant ce lien indispensable surtout dans nos communes rurales entre les associations locales qui font vivre la commune et sans lesquelles nos communes ne seraient que des dortoirs. Les femmes ont bien compris cette imbrication totale entre la vie municipale et la vie associative.

Jean Dumonteil : Merci Jean-Claude Frécon. Sylvie Desmarescaux, vous étiez la rapporteure de la commission numéro deux, justement sur les priorités pour la gestion municipale. Alors, votre commission a identifié quelques priorités, quelques difficultés surtout quand on parle de gestion, quand on parle de finance locale, je crois.

Mme Sylvie Desmarescaux, Sénatrice du Nord, maire d'Hoymille

Avant de vous donner ces priorités, je voudrais d'abord remercier toutes les femmes maires ici présentes et, en accord et au nom de la présidente Jacqueline Gourault et moi-même, remercier les femmes maires qui étaient présentes dans notre commission. Et que, si je peux être rapporteure ce soir, c'est grâce au témoignage de gens formidables. Alors merci à vous toutes.

Je dirai aussi que les femmes maires, parce qu'elles sont au front sur plusieurs points : la vie familiale, la vie professionnelle et la vie politique, c'est ce qu'on a ressenti, sont plus sensibles aux problèmes et aux difficultés des familles sur les secteurs, et c'est vrai, sur les problèmes des familles au quotidien. Je citerai le logement, les problèmes des crèches, les gardes d'enfants, les recherches d'emplois.

Les femmes maires sont également plus sensibles, c'est ressorti ce matin, face au problème intergénérationnel. Mais bien évidemment, pour tous les autres points et dossiers dans nos communes, il y a un vrai travail consensuel qui se fait avec les collègues élus dans l'ensemble du conseil municipal.

On a pu retenir aussi ce matin, une priorité importante. D'abord la course aux subventions, ce qui n'est pas toujours facile, mais surtout le versement du montant de ces subventions et j'avais rajouté ce matin, le problème de remboursement de TVA qui sont des dotations financières qui arrivent toujours très tard, après que les travaux sont terminés, que les dossiers sont complètement ficelés.

Et j'oserai dire que cela arrive des mois, voire des années après, et c'est beaucoup trop tard, cela handicape pleinement notre budget communal. Je pense que là-dessus il faut faire de gros efforts, nous sommes toutes concernées, on l'a ressenti ce matin.

Je conclurai moi-même tout simplement en disant, mais avec sincérité et conviction qu'on ne nous pardonne pas l'erreur. Donc, une gestion municipale est importante mais toute action qu'une femme maire exerce, comme les hommes aussi, mais là je ne parlerai que des femmes maires, on ne nous pardonne pas l'erreur. D'ailleurs, c'est la même chose, je l'ai dit ce matin, on ne nous pardonne pas l'erreur non plus au Sénat.

Une femme élue doit donc travailler beaucoup plus, mais c'est ce qu'elles font, et elles le font, je reprends ce que m'a dit ma collègue Janine Rozier, avec beaucoup de conviction mais aussi avec beaucoup de rigueur. Merci encore de votre témoignage ce matin et de vos exemples.

Jean Dumonteil : Merci Sylvie Desmarescaux pour ce rapport sans faute.

Madame Beaufils, vous étiez rapporteure de la commission intitulée « S'informer, communiquer et participer ». Je rappelle que vous êtes sénatrice d'Indre-et-Loire et maire de Saint-Pierre-des-Corps. Également vice-présidente de la communauté d'agglomération de Tours.

Sur la nécessaire information de la population, comment on peut associer la population, quand il s'agit de faire vivre les projets, avant le projet, pendant le projet et après ? Comment vous y prenez-vous, qu'est-ce qui a été dit ce matin dans votre commission en particulier ?

Mme Marie-France Beaufils, Sénatrice d'Indre-et-Loire, maire de Saint-Pierre-des-Corps

Dans ma commission, ce qui m'a semblé très intéressant, c'est de voir que 80 % des maires s'attachent à la participation à la vie associative, qu'elles sont très attentives à la relation directe aux habitants, sous des formes diverses, qui peut être le contact individuel, mais qui est aussi le contact dans la période d'élaboration des projets. Dans la période de suivi du projet pour essayer de faire comprendre comment il avance, comment il évolue, quels sont les handicaps que l'on peut rencontrer et tout cela dans des temps d'échanges qui sont des échanges dans le cadre de rencontres. Le constat qui était fait, c'est qu'il est nécessaire d'avoir cette possibilité de s'expliquer et de faire partager la vie municipale, qui peut avoir de l'intérêt pour de futurs mandats municipaux demain. Cela veut dire qu'on fait le bilan, que l'on apprécie ce qui a été fait et que l'on peut voir comment les choses peuvent se poursuivre.

Il faut savoir rendre compte, et rendre compte pour savoir aussi comment tout ce travail en commun qui est mené est perçu par les habitants. On le disait aussi ce matin, une réunion ne permet pas d'aborder tout, et on est un peu déçu de ce qui en est traduit à l'extérieur après. Donc, il faut prendre le temps de cette construction. Tout le monde reconnaît cette nécessité de temps d'échange de plus en plus importants et les femmes qui ont témoigné, toutes les maires qui ont témoigné, ont dit qu'elles passaient beaucoup de temps dans ces moments de rencontre et d'échange au-delà des bulletins municipaux qui font partie toujours de la communication. Elles regrettent, pour un certain nombre, de ne pas encore être desservies par l'ADSL et expriment fortement qu'elles souhaiteraient que France Télécom réponde plus rapidement à leur attente dans ce domaine.

Jean Dumonteil : Pour mieux informer, pour mieux communiquer, encore faut-il avoir les moyens, merci Madame Beaufils.

Beate Weber, vous êtes maire d'Heidelberg. Vous êtes nombreuses à être des femmes maires en Allemagne ?

Mme Beate Weber, maire d'Heidelberg (Allemagne)

Non, pas beaucoup, pas comme vous. Nous n'avons pas un droit comparable au vôtre. Mais permettez-moi d'abord vraiment de remercier Monsieur le Président du Sénat d'avoir organisé cette manifestation d'aujourd'hui qui est extraordinaire, et que je rapporte chez moi, pour mon pays, et aussi permettez-moi de saluer très personnellement Mme Veil, parce que je l'ai déjà admirée profondément quand elle était élue présidente du Parlement européen, il y a plus de 25 ans. Merci bien d'avoir été présidente.

Jean Dumonteil : Beate Weber, c'est nous qui vous remercions d'être avec nous, de vous exprimer dans notre langue.

Alors, rappelez-nous la réalité municipale allemande, est-ce qu'elle est très différente de celle qu'expriment depuis ce matin vos collègues françaises ?

Beate Weber : Heidelberg est une ville universitaire, très internationale, avec presque 150 000 habitants, que vous connaissez peut-être. Nous sommes jumelés avec Montpellier, un jumelage très profond, très bon.

Je crois vraiment que changer le rôle des femmes dans les municipalités, c'est l'un des actes de la modernisation de la vie politique, de la vie économique, de la vie de la société parce que cela appartient à l'évolution vers un autre futur. Et nous le devons aux générations à suivre d'être engagées dans la parité parce que ce sont nos fils et nos filles qui vivront cette vie que nous préparons.

Et je crois aussi, c'est ce que j'ai vu à Heidelberg avec beaucoup d'institutions de recherche, que c'est aussi la compétition des sites pour attirer les meilleures têtes entre nos villes, entre nos régions, qui nous force à nous battre pour la parité et de nous battre pour les conditions de vie pour les hommes et les femmes dans nos villes, qui sont comparables, qui sont bonnes pour qu'on puisse suivre sa propre profession avec les crèches pour les petits.

En Allemagne, cette discussion a commencé beaucoup plus tard qu'ici en France. À Heidelberg, c'est un peu différent parce que quand j'étais entrée à la mairie, j'ai augmenté les crèches de 2 % jusqu'à plus de 16 %. Mais autour de nous, dans le pays, dans mon land, c'est 3 % encore aujourd'hui. Cela veut dire qu'il faut, quand on est à la mairie, comme vous le savez bien, ne pas oublier d'où nous venons. Nous venons de notre vie familiale, de notre vie professionnelle où il y a toujours eu des difficultés, des obstacles, des problèmes sérieux, où nous devions nous battre sur le plan personnel sans soutien de la société.

C'est pour cela qu'il faut aussi créer des conditions pour les jeunes femmes, afin de les aider à entrer dans la vie politique. Un de nos buts principaux dans la vie, c'est renforcer la démocratie. Nous avons créé des ateliers du futur, les, pour inciter les jeunes femmes à entrer dans la discussion politique, alors qu's'intéressaient pas du tout à la politique parce qu'elles pensaient toujours que la politique, c'était quelque chose hors de leur expérience de vie. Mais soudainement, elles voient que le transport public, les conditions des rues, les conditions des crèches, tout cela, c'est la politique.

Elles pensaient toujours que la politique, c'était quelque chose d'extérieur, et elles n'en parlaient jamais parce qu'elles pensaient qu'on ne doit pas en parler si on n'est pas expert. Elles ne voient pas qu'il y a beaucoup d'hommes qui ne sont pas experts non plus.

Jean Dumonteil : Merci Beate Weber, merci Madame le maire d'Heidelberg. Nécessité de faire naître des vocations chez les femmes pour qu'elles s'intéressent à la gestion locale.

Marie-Josée Roig, vous êtes ministre déléguée à l'intérieur mais aussi maire d'Avignon. Et votre vocation, elle est née comment d'abord ? Question personnelle, vous permettez ?

Mme Marie-Josée Roig, Ministre déléguée à l'intérieur, maire d'Avignon

Je voudrais, moi aussi, remercier Monsieur le Président du Sénat et Monsieur le Premier ministre de l'organisation de cette journée, et bien entendu, redire, dire publiquement, peut-être pour la première fois publiquement à Madame Veil l'admiration que des femmes de ma génération, lui ont toujours portée. Sachez aujourd'hui, Madame, que les femmes de la génération de ma fille vous admirent tout autant.

Ma vocation est née de l'intérêt pour la vie publique, que j'avais déjà manifesté dans ma vie universitaire. Mais, une rencontre simplement d'amis qui m'ont ouvert le chemin. Je dois dire que, et j'ai échangé avec le Président Pélissard tout à l'heure en aparté, une remarque : en 1995, c'est-à-dire hier, il n'y avait que deux villes en France, deux villes d'une certaine importance qui avait osé élire un maire femme. C'était Strasbourg et Avignon. Et j'étais très heureuse, étant issue de ce sud de la Loire dont on dit qu'il est plus machiste que le reste de la France, d'avoir été choisie par les Avignonnais pour être cette femme.

Aujourd'hui, on a progressé… Et cela a été effectivement la bonne surprise de cette élection de 2001 que de voir cette avancée des femmes maires, y compris des femmes maires de villes importantes. Je dois dire qu'ayant été élue maire depuis plusieurs mandats déjà, j'ai pris soin à ce que cette parité s'inscrive dans la réalité et j'ai, Mesdames, dans mon conseil municipal, autant d'adjointes que d'adjoints. Et j'ai souhaité, par exemple, confier la sécurité à une femme et le social à un homme. Et cela n'a choqué personne. Les choses se passent très bien ainsi. Je pense qu'il était important de marquer que les femmes ne devaient pas toujours se voir confier, comme un élu, ancien ministre l'avait caricaturalement fait remarquer, le panier de la ménagère, les fièvres des enfants, ou leur scolarité.

Je pense qu'il était important de marquer que les femmes pouvaient avoir accès à tous les aspects de la gestion municipale. Aujourd'hui, si nous considérons les graphiques qui ont été montrés ici, on s'aperçoit qu'en réalité, à très peu de chose près, on ne voit pas vraiment de différences entre les gestions féminines et masculines, sauf sur certains points secondaires.

Je pense que, lorsque le graphique dit que les femmes délèguent plus volontiers la voirie et l'urbanisme, c'est, je crois, qu'il s'agit de maires qui viennent d'accéder récemment à leur fonction. Parce qu'en réalité, on s'apercevra que l'état et la manière dont les rues sont entretenues sont importants pour éviter des accidents, pour contribuer à la sécurité des piétons. Et puis l'urbanisme, qui représente finalement le « nid » dans lequel la vie va se développer, ce sont des fonctions dans lesquelles les femmes réussissent bien, parce qu'elles ont une approche particulière – je peux vous le dire d'expérience. Je pense notamment à nos quartiers dits sensibles, dans lesquels la rénovation urbaine, lorsqu'elle est confiée à une femme, montre à quel point elles considèrent que si l'on veut sortir ces quartiers de leurs difficultés, il faut travailler au cadre de vie de leurs habitants. Les femmes maires sont bien souvent persuadées de cette chose essentielle : il n'y a pas d'éthique sans esthétique.

Jean Dumonteil : Merci Marie-Josée Roig. Jacques Pélissard, Président de l'Association des maires de France, on vient de voir quelles étaient les priorités pour la gestion municipale exprimées par vos collègues, femmes maires, mais on a aussi entendu depuis le début de cet après-midi les difficultés qu'elles rencontrent dans leurs responsabilités pour prendre ces responsabilités et pour vivre leur statut d'élue.

M. Jacques Pélissard, Président de l'Association des maires de France

Oui effectivement, elles vivent les difficultés. Je crois que tous, à cette tribune parlementaire, nous avons voté la parité, je crois que cela a été essentiel. Parce que cela, Mesdames, mes chères collègues, Mesdames les maires, cela a insufflé, et vous en êtes le témoignage vivant, une autre approche au sein de nos communes.

Et moi, je vais vous raconter une histoire : quand, dans ma ville qui fait plus de 3 500 habitants, j'ai été amené à recomposer la liste, cela m'a permis d'évacuer les hommes qui se croyaient candidats à vie, mais cela m'a permis aussi surtout de faire entrer des femmes. Et comme je recevais des candidats potentiels, ce qui m'a frappé, c'est deux choses : quand je recevais un homme, il me disait : « Ah oui, cela m'intéresse. Dans quelle position me mettez-vous ? » Et quand je recevais une femme, elle me disait : « Ah oui, c'est intéressant, mais combien de réunions ? À quelle heure les réunions ? Avec quelles responsabilités ? »

Donc je crois qu'il y a une vraie conscience démocratique des femmes qui s'investissent dans la vie politique, bien plus que les hommes et moi, maintenant, je le vis avec un conseil municipal totalement paritaire. C'était le premier point qui me paraît essentiel.

Le deuxième point qui me paraît essentiel par rapport à ce qui a été vu tout à l'heure sur les tableaux, c'est qu'il est vrai que les femmes apportent un autre regard dans un conseil municipal et ont heureusement permis un meilleur accompagnement de l'implication des citoyens dans la démocratie de proximité.

C'est vrai que le sondage le fait apparaître, 68 % des femmes sont sensibles au dialogue avec les habitants, et je crois que cela a été un plus, une valeur ajoutée démocratique permise par l'arrivée d'élues femmes au sein des conseils municipaux.

Troisième point qui me paraît important aussi, c'est que je ne suis pas tout à fait en accord avec Marie-Josée Roig : je crois que les domaines de compétence ont évolué. Les maires ne confient pas uniquement, maintenant, aux femmes adjointes des rôles dans le domaine social, domaine culturel, mais les domaines eux-mêmes ont évolué.

Je me souviens très bien d'une de mes amies qui a été conseillère municipale et adjointe dans une ville, une petite ville. On lui avait dit : « Toi, tu vas t'occuper d'environnement parce que les fleurs et l'environnement c'est à peu près pareil donc tu vas t'occuper d'environnement. » Et, entre-temps, cela fait 15 ans, l'environnement a pris une place considérable, donc les femmes aussi ont accompagné, en quelque sorte, l'évolution des secteurs de compétence dans lesquels elles se sont impliquées. Et cette évolution tient aussi à leur passion, à leur énergie pour faire bouger les choses, pour faire bouger les domaines de compétence, culturels, sociaux, environnementaux dans lesquels elles se sont investies aujourd'hui. Le spectre de leur action est beaucoup plus large.

Je pense donc que les choses sont en bonne voie. Quand j'avais voté la loi du 6 juin 2000 sur la parité, j'avais dit à la tribune de l'Assemblée nationale : à mon sens, cette loi devait être une loi d'impulsion pour lancer le mouvement. Et puis le mouvement, une fois qu'il aura abouti, à ce moment-là, naturellement, les choses se passeront. Le niveau de connaissance, le niveau professionnel des femmes, heureusement, a augmenté. Demain, je crois que la loi sera pratiquement inutile, parce que vous aurez, Mesdames, mes chères collègues, vous-mêmes, par vos compétences, par vos talents, montré effectivement tout ce que vous pouvez faire pour la démocratie.

Et le dernier exemple est donné en forme de conclusion. Elle est présente sur cette tribune, c'est Jacqueline Gourault. Quand je l'ai vue pour la première fois, dans la vie de l'Association des maires de France, je l'ai sollicitée comme femme pour être la première vice-présidente de l'association. Je n'ai pas choisi Jacqueline Gourault sur son appartenance au sexe féminin. Je l'ai choisie sur ses compétences, je l'ai choisie sur ses talents, j'ai demandé à Jacqueline Gourault de faire équipe avec moi parce que j'avais apprécié ses compétences de présidente de l'association départementale des maires de Loir-et-Cher, parce que je l'avais appréciée comme sénatrice.

Jean Dumonteil : Merci, Jacques Pélissard. On va ouvrir le débat et la description. Toujours le même principe, pour vous faire part de vos témoignages, de vos réactions, ou de vos questions : vous faites signe aux hôtesses.

Anne Besnier : Je suis maire d'une commune du Loiret de 3 000 habitants, Fays-aux-Loges. Je voudrais juste exprimer un petit regret. J'aurais aimé que l'enquête à laquelle nous avons répondu soit diffusée aussi à des hommes maires. Je pense qu'il n'y aurait pas eu grande différence dans les résultats et que dans les moments où il y aurait eu des différences, cela aurait bien montré la complémentarité des hommes et des femmes, complémentarité sans laquelle aucune vie n'est possible.

Mireille Cellier : Je suis maire de Beaucaire, dans le Gard, et j'en profite pour saluer Madame la ministre Marie-Josée Roig, puisque nous sommes pratiquement voisines et que nous supportons surtout les mêmes difficultés dues à notre proximité du Rhône, ce fleuve qui, malheureusement, nous cause beaucoup de problèmes.
Simplement, je voulais apporter une petite justification, un témoignage. Je suis élue depuis 1983 et j'ai toujours eu la délégation à l'urbanisme. Et c'est une délégation que je n'ai pas lâchée, même en étant maire depuis le dernier mandat. C'est pour vous dire à quel point les femmes peuvent très bien s'investir dans des délégations qui ne sont pas tout à fait celles qui leur étaient, il y a encore quelques années, réservées.
Mon adjoint aux affaires sociales est un homme, mon adjoint aux affaires culturelles est un homme, mon adjoint à la voirie est une femme.

Marie-Christine Dalloz : Maire d'une commune rurale du Jura (Martigna). Je salue Jacques Pélissard, notre président national, Monsieur le député-maire de la ville de Lons-le-Saunier. Je voudrais simplement faire trois remarques, en partant de trois principes.
Le premier, c'est que Jacques Pélissard a parlé de la conscience démocratique. Je dirais que nous sommes pétries, les femmes maires, d'un certain pragmatisme. Parce qu'au quotidien, dans la gestion de notre famille, nous sommes confrontées aux réalités et je crois que cela aussi c'est une bonne approche pour le mandat électif.
Deuxième constat, c'est que nous avons la volonté de travailler en équipe, et cela n'est pas neutre parce que je crois qu'on a compris que seule on n'arrivera à rien. Et, bien souvent, c'est cette capacité de fédérer qui fait qu'aujourd'hui on peut avancer.
Le troisième critère qui me semblait important à relever aujourd'hui : on n'a pas souvent droit à l'erreur. On en a parfois souffert, mais quelle bonne école

ça a été et si je devais dire merci aux hommes, c'est justement pour nous avoir appris cette ténacité qui fait qu'à petits pas, avec des petites touches, on arrive à un grand résultat.

Monique Hournarette : Je suis maire d'une commune de 1 146 habitants (Gerde, Hautes-Pyrénées). Je délègue beaucoup de choses, mais j'aime bien aussi donner des idées et avoir le dernier mot.

France Mielle : Je suis maire de Saint-Julien-les-Villas dans l'Aube, 7 000 habitants. Je voulais rebondir sur les questions précédentes. Par rapport à la gestion, je pense que pour une commune, c'est l'urbanisme qui est le nerf de la guerre, tout simplement parce que de cet urbanisme dépend tout le reste. Si, déjà, des finances rentrent dans notre commune, on peut faire beaucoup de projets.
Aujourd'hui, je suis ravie d'entendre ce consensus général sur le statut de l'élue, de la femme. Mais je voulais simplement, sous forme de boutade, vous dire tout simplement : croyez-vous que, si le Président de la République avait été une femme, il aurait choisi le jour de la Fête des Mères pour le référendum ?

Françoise de Panafieu : Je suis élue parisienne. Deux réflexions peut-être. D'abord, rappeler que les élus, homme ou femme, ont un devoir d'exemplarité. Je sais bien qu'ici beaucoup d'élus viennent de communes qui sont de petites communes, qui ne sont donc pas régies par la loi sur la parité. Toutefois, notre parlement, Sénat et Assemblée nationale, a voté la loi sur la parité et ne l'a pas respectée. Les partis politiques ont préféré souvent payer des amendes plutôt que de donner sa juste part à la moitié de l'humanité ; puisque nous ne sommes pas une catégorie, nous les femmes, nous sommes la moitié de l'humanité, même un tout petit peu plus. Et, comme nous sommes très modestes, nous irons jusqu'à moitié de l'humanité. Et je crois qu'une bonne fois pour toutes, il faut rappeler ici que, quand les lois sont votées, elles sont là pour être respectées, et qu'il vaut mieux respecter la loi plutôt que de choisir de payer l'amende parce qu'on ne la respecte pas. C'est le premier point.
Le deuxième point tient probablement à une différence dans la psychologie et la manière dont on aborde les choses. C'est vrai que nous, les femmes, nous avons beaucoup de mal à intégrer un paramètre qui est plus intégré dans les styles masculins, je ne dis pas toujours, c'est le côté : « Je suis en politique, je joue un jeu. Et donc, cette fois, tu auras mes voix pour les sénatoriales et la prochaine fois tu me les rendras pour les municipales. » Nous avons beaucoup de mal à intégrer ce paramètre.
Alors, je ne sais pas s'il faut qu'on fasse passer le message en direction des garçons quand on les élève ou des filles, mais je constate là cette grande

différence de tempérament qui, souvent, est à notre détriment, c'était la réflexion que je voulais faire.

Jean Dumonteil : Merci. Je vais demander à nos deux présidentes de commission de conclure cette table ronde, qui a pris un petit peu de retard. Alors, Jacqueline Gourault, première vice-présidente de l'Association des maires de France.

Mme Jacqueline Gourault, Sénatrice du Loir-et-Cher, maire de La Chaussée-Saint-Victor

Je crois simplement, pour résumer un peu ce qui vient d'être dit, que ce qui est très fort depuis ce matin, c'est l'idée de complémentarité : que, même si nous reconnaissons, nous, que nous avons des approches ou des sensibilités particulières, c'est toujours dans une démarche de complémentarité avec les hommes que les femmes maires qui sont là depuis ce matin se situent.

La deuxième idée, c'est l'évolution naturellement des mentalités que nous constatons par les témoignages qui ont été donnés ici ou là ; et nous savons très bien que la loi qui a été votée y a été pour beaucoup car, comme l'a dit tout à l'heure le président de l'Association des maires de France, Jacques Pélissard, cette loi a donné une impulsion en France qui a été formidable. Je rappelle un chiffre : il y a seulement 4 000 communes de plus de 3 500 habitants. C'est dire donc que la parité s'exerce finalement sur un nombre limité de communes, mais que le nombre de maires a augmenté de façon considérable dans les zones rurales parce qu'il y a eu une impulsion qui a été donnée.

Enfin, il y a le genre. Mais il y a aussi, et je crois que cela a été très visible aujourd'hui, je dirais, le tempérament, la volonté, l'engagement qui est aussi une caractéristique aussi bien féminine que masculine. Je crois que c'est ce qui compte aussi dans la vie politique et dans la vie publique, toutes celles qui sont ici l'ont montré.

Et je voudrais conclure en remerciant bien sûr le Président du Sénat d'avoir organisé cette journée aujourd'hui et en remerciant aussi Jacques Pélissard pour ces mots extrêmement aimables qu'il a eus à mon endroit, pour dire donc qu'il y a des hommes formidables !

Mme Bernadette Dupont, Sénatrice des Yvelines

Il est tout à fait redoutable d'avoir à conclure, d'autant que j'ai une spécificité par rapport à vous Mesdames les Maires, c'est que je ne suis pas maire. Je suis premier adjoint, mais je suis premier adjoint d'une grande ville, Versailles.

Je suis le premier adjoint d'un homme, dans une liste totalement paritaire, dans une ville qui, malgré son côté historique, a une parité qui existe pratiquement depuis 1989. C'est vrai qu'au début on disait : « Nous ne sommes pas des faire-valoir, alors placez-nous de telle sorte que cela veuille dire vraiment quelque chose. » Maintenant, c'est intégralement terminé. Mais, ce que je veux dire, c'est qu'effectivement, tout ce que j'ai entendu ce matin dans cette commission que vous a rapportée Mme Beaufils, je le reprends au compte d'une grande ville gérée par un homme. Nous avons des problèmes qui sont similaires pour beaucoup de choses. On a beaucoup parlé de la démocratie participative par exemple : nous avons le même souci de savoir jusqu'où aller dans la démocratie participative, parce qu'il ne faudrait pas que la démocratie tout court soit mise en défaut par la démocratie participative, à demander indéfiniment des référendums locaux.

Nous avons des soucis qui sont les mêmes que les vôtres. On nous dit « Oui, on vous élit, mais on vous surveille », et certains n'hésitent pas parfois à être de parfaite mauvaise foi dans certaines situations.

Je crois donc que la gestion homme-femme, comme vient de le dire Mme Gourault, est tout à fait complémentaire et les soucis que vous rencontrez sont ceux des maires en général, pas parce que vous êtes des femmes.

Et je terminerai en disant que les femmes sont tout aussi capables que les hommes dans la plupart des domaines, dont celui de la vie politique. Le problème est aujourd'hui, surtout quand elles sont jeunes, de trouver le temps de concilier, vie de famille, vie professionnelle et vie politique. Quand elles sont disponibles, si elles en ont le goût, les femmes ne doivent pas hésiter à s'engager.

Jean Dumonteil : Merci Madame Dupont. Et nous écoutons maintenant Madame Simone Veil. Vous incarnez, Madame l'ancienne présidente du Parlement européen, Madame le ministre d'État, le meilleur visage de la politique qui est celui du courage, du sens de l'intérêt général. Madame, nous sommes très impatients de vous écouter à partir de votre longue expérience de la vie publique.

Intervention de Simone VEIL, ancien Ministre d'État

INTERVENTION DE MME SIMONE VEIL, ANCIEN MINISTRE, ANCIENNE PRESIDENTE DU PARLEMENT EUROPEEN

Merci à toutes et à tous qui m'avez fait fête depuis le début de l'après-midi. Mais disposant de peu de temps, ne voulant pas faire attendre le ministre de l'Intérieur qui doit arriver d'un moment à l'autre, je vais essayer de me borner à faire quelques réflexions personnelles à la suite des très intéressantes interventions que je viens d'entendre.

En premier lieu, je tiens à remercier Monsieur le Président du Sénat, qui est à l'initiative de cette rencontre qui nous a permis de vivre un moment tout à fait exceptionnel. Je vous ai toutes écoutées très attentivement depuis que je suis arrivée. Je n'ai jamais été maire, je n'ai jamais appartenu à un conseil municipal, mais grâce à vous, j'ai pris conscience de ce qu'est l'activité municipale et le rôle que les femmes y jouent. Ce que vous avez dit m'a passionnée. La vie d'une commune est à l'image de la vie de la nation toute entière et résume sans doute mieux que le Parlement les préoccupations des Français et des Françaises. J'ai longtemps fréquenté le parlement comme magistrat lorsque j'y accompagnais un ministre, puis comme ministre. J'ai toujours apprécié de pouvoir entendre les débats puis d'y participer, même si je n'ai jamais siégé ni à l'Assemblée nationale, ni au Sénat. J'ai toutefois été députée au Parlement européen pendant treize ans. Pour moi, cet après-midi a été extrêmement enrichissant et fructueux. Aussi j'espère qu'il y aura des comptes rendus très précis de tout ce qui a été dit et qu'ils seront publiés, compte tenu de l'intérêt qu'ils représentent non seulement pour les femmes, mais également pour la vie politique en général.

Je voudrais également remercier Mme Weber, pour les propos qu'elle a tenus à mon endroit ainsi que pour son action au sein du Parlement européen où nous nous sommes connues. L'occasion m'est ainsi donnée de rappeler que les femmes ont joué un très grand rôle au Parlement européen, et que l'Europe a permis de faire considérablement progresser la cause des femmes. En effet, les grandes directives sur l'égalité des droits de la femme ont été prises par les institutions européennes avant d'être introduites dans les législations de nos pays.

Je crois devoir préciser qu'en ce qui concerne l'égalité en matière de salaire, de promotion, de sécurité sociale, de recrutement et plus généralement non-discrimination, la Cour de justice de Luxembourg a toujours été très vigilante. Sans l'Europe, les progrès n'auraient pas été aussi rapides. Pour autant, cela ne veut pas dire que le Traité lui même ni toutes ces directives soient rigoureusement appliquées. Loin de là. Enfin, elles existent et les femmes ont des moyens de se défendre même si, dans certains cas, les astuces des chefs d'entreprises qui les emploient et parfois aussi de l'Administration, sont telles qu'il n'est pas difficile de violer l'esprit de certains de ces principes et d'échapper aux obligations de la loi.

Ce que je voudrais souligner également, puisqu'on a évoqué la parité, c'est que les résultats déjà obtenus même s'ils sont loin d'être suffisants, sont dus à l'impulsion donnée par la Charte d'Athènes qui a été adoptée en 1992 à l'initiative de la Commissaire grecque chargée des droits de la Femme, par un certain nombre de parlementaires européens et notamment par Françoise Gasparel. Je dois avouer qu'à l'époque, j'avais hésité à signer cette charte sur la parité car j'aurais préféré un système de quotas que je trouvais beaucoup plus souple et qui avait permis de réaliser des avancées significatives dans les pays scandinaves, notamment et en Allemagne. Mais je m'y suis ralliée estimant qu'en tout état de cause il fallait donner un signal fort aux gouvernements de nos pays et surtout donner un espoir aux femmes. Je tiens à rappeler que le Conseil constitutionnel avait auparavant censuré la loi imposant, des quotas de 40 % au minimum pour chacun des deux sexes. Après la décision du Conseil constitutionnel au motif qu'il était contraire au principe d'égalité, il devenait impossible d'imposer des mesures ayant pour objet de favoriser la présence des femmes dans la vie politique sans modifier la constitution, modification dont on craignait qu'elle soit difficile à faire adopter.
Les événements nous ont facilité la tâche : l'affaire des « jupettes » qu'il n'est sans doute guère besoin de vous rappeler, ont mobilisé les femmes qui ne pouvaient se résigner à ce que la France soit la lanterne rouge de tous les pays Européens, quant au pourcentage de femmes élues dans les parlements nationaux. Nous avons donc constitué un groupe de dix femmes, toutes ministres ou anciens ministres, cinq de l'opposition et cinq de la majorité, pour travailler sur un projet tendant à instaurer la parité, reprenant je tiens à le souligner, ce qui était depuis longtemps un combat pour diverses associations féminines.
Ce que je tiens à souligner, parce que, la rencontre d'aujourd'hui le montre bien, c'est à quel point les femmes savent travailler ensemble, même si elles ne partagent pas les mêmes opinions et qu'elles n'appartiennent pas aux mêmes partis politiques ou qu'elles sont d'opinions très différentes. Ce qui traduit un esprit de respect des autres, et de tolérance qui repose sur la volonté de s'enrichir de l'expérience que nous avons acquise les unes et les autres. À cet égard je dois dire qu'au Parlement européen, où les femmes sont généralement plus nombreuses que dans les parlements nationaux, les femmes sont beaucoup plus présentes, beaucoup plus actives que les hommes. Ceux qui dans nos pays respectifs sont appelés à choisir les candidats devraient le savoir et en tenir compte davantage. Mme Weber ne me démentira pas. En outre ce souci qu'elles ont de travailler avec les autres, est encore plus important au Parlement européen, que dans les parlements nationaux parce que pour y être entendues et suivies, il faut savoir transcender non seulement les clivages politiques, mais aussi prendre en compte les différences nationales résultant de nos traditions culturelles. Si l'on ne respecte pas ces exigences, il est très difficile de constituer des majorités cohérentes, ce qui n'est pas

toujours facile depuis qu'il y a 25 pays au sein de l'Union Européenne. Les différences de culture sont un enrichissement, mais exigent de trouver entre nous des compromis afin de pouvoir trouver un accord sur un texte précis.
S'agissant de la plupart des questions qui concernent plus particulièrement les femmes, leurs conditions de travail, la vie familiale, leur statut personnel, les situations sont très diverses, il est donc indispensable de s'écouter les unes, les autres pour trouver des solutions acceptables pour obtenir une large majorité.

Au Parlement Européen, peu après mon élection à la Présidence, j'avais obtenu d'un bureau composé très majoritairement d'hommes non sans difficulté, la création d'une commission des droits de la femme qui a joué un rôle très actif. J'en attendais beaucoup et je dois dire qu'elle s'est montrée encore plus efficace que ce que j'espérais.

En marge de la Commission des droits de la femme, Commission constituée par des membres de tous les groupes politiques à la représentation proportionnelle et qui avait compétence pour examiner les textes ayant un caractère officiel, il nous arrivait de nous réunir également entre nous de façon informelle pour avoir ces débats, très libres, sur des questions qui nous paraissaient importantes pour les femmes, mais qui n'étaient pas nécessairement de la stricte compétence de la Communauté européenne.
De ces rencontres sont nées certaines initiatives qui ont permis ultérieurement de faire voter des résolutions qui, ont abouti à des propositions de directives présentées par la Commission de Bruxelles. À travailler ainsi ensemble, nous éprouvions de grandes satisfactions, la liberté de propos et la diversité de nos origines permettant d'être plus concrètes et plus efficaces. Avant leurs propres idées, avant les difficultés qu'elles peuvent rencontrer dans leurs propres carrières, les femmes veulent améliorer la condition des femmes en général, par souci de justice et de solidarité et parce qu'une meilleure intégration des femmes est un enjeu considérable pour l'équilibre de notre société. Loin des idées et des discours parfois très théoriques des hommes, les femmes sont généralement beaucoup plus concrètes et pragmatiques, ne serait-ce que parce que l'éducation des enfants et la vie quotidienne du ménage reposent essentiellement sur elles.
Puisqu'on m'a demandé d'évoquer ma carrière, je dirais que c'est le pragmatisme, la réalité telle que je la vis au quotidien que je retiendrai Je ne suis ni une militante politique, ni une militante féministe, j'ai un grand souci de mon indépendance, c'est pour moi une chose essentielle. Mais l'indépendance, je l'ai toujours mise non pas au service d'une idéologie ou de personnalités politiques mais au désir d'exister en restant proche des gens afin de répondre aux besoins des citoyens, dans une société qui évolue très vite. Mes fonctions ministérielles m'on permis d'être en relation avec de nombreuses associations avec lesquelles je continue à travailler dans tout le secteur médico-social. Par ailleurs, l'Europe, symbole de la réconciliation et de la paix a constitué pour moi un engagement très important, car ce qu'elle a permis de réaliser à cet égard me paraît un véritable miracle qui me permet,

non pas d'oublier la barbarie du XXe siècle, mais de penser que nous avons su en faisant l'Europe préparer un avenir meilleur pour tous.

Je dirai que c'est à cause de cette proximité qu'ont les femmes politiques avec les réalités de la vie quotidienne, leurs joies et leurs difficultés, leur pragmatisme qu'aujourd'hui, j'ai été très intéressée que beaucoup d'entre vous aient souligné la complémentarité. Depuis des années le débat est ouvert entre celles qui refusent d'admettre toute différence entre les hommes et celles qui estiment au contraire qu'hommes et femmes, à travers leurs différences sont complémentaires.

La lecture du livre de Simone de Beauvoir, *Le deuxième sexe*, plaidoyer très argumenté et très intelligent en faveur de l'égalité entre les hommes et les femmes, m'a à l'époque beaucoup marquée. Mais pour Simone de Beauvoir, l'égalité c'était aussi la similarité. À l'appui de ses idées, elle m'a un temps convaincue comme beaucoup, que seules les différences d'éducation entre les filles et les garçons seraient à l'origine de leurs différences de comportement. Pourtant j'ai rapidement acquis la conviction que les hommes et les femmes dans bien des situations, n'avaient pas du tout les mêmes approches, ni les mêmes priorités ni les mêmes méthodes... Je ne reprendrai pas tout ce qui a été dit à ce sujet et que vous avez vous-même démontré à travers des exemples très convaincants. C'est sans doute ce qui explique mon féminisme et je l'assume pleinement. C'est parce que nous sommes différentes et complémentaires, que la présence des femmes dans les postes de responsabilité et notamment en politique me paraît indispensable. Un parlement où le pourcentage de femmes est aussi faible, moins de 10%, est nécessairement sous l'influence prédominante de la façon de voir des hommes, de la pensée et des valeurs masculines. Tandis que, lorsqu'elles sont présentes, en nombre suffisant, dans d'autres lieux, ce qui est de plus en plus le cas dans les conseils municipaux, cette mixité est infiniment mieux adaptée aux réalités. Aussi je souhaite que les femmes y soient encore plus nombreuses.

Je rends hommage au Sénat qui a maintenant fait une place aux femmes, grâce à la loi sur la parité et souhaite qu'à l'avenir cette évolution se poursuive en bannissant les pratiques qui tendent à éviter l'application de la loi sur la parité. Il n'est plus admissible que l'œuvre législative dont il n'est pas besoin de souligner ici l'importance, soit essentiellement de la compétence des hommes qui sur bien des sujets n'ont pas nécessairement les mêmes aspirations et les mêmes options que les hommes. De même pour nombre de questions concrètes qui peuvent paraître de peu d'importance, mais qui ont des conséquences non négligeables dans la vie quotidienne, ce qui est aussi le cas pour les décisions ou les choix pris au sein des entreprises. Pendant très longtemps, j'ai été frappée de ce que, dans les avions, dont les responsables sont aussi le plus souvent des hommes, le confort des sièges était conçu pour des hommes. De même pour la hauteur des placards ou des éviers adaptés à la taille des hommes. En ce domaine, les choses ont changé, on tient compte bien davantage, dans leur conception, de leur utilisation par des femmes ne serait-ce que parce qu'il y a maintenant beaucoup de femmes qui travaillent dans ces secteurs.

Il peut paraître inutile de rappeler que ce sont les femmes qui mettent les enfants au monde, même si bien des hommes se sentent aujourd'hui frustrés. Certaines femmes y voient également qu'elles n'excluent pas pour l'avenir! Ce n'est pas mon cas : je répugne même à l'imaginer. Après vous avoir écouté, cet après-midi, je vois bien qu'il y a encore beaucoup de chemin à parcourir mais que, grâce à vous, beaucoup a déjà été fait. Je n'ai parlé de ce qui reste à faire, parce que quelquefois non seulement cela m'irrite mais aussi m'attriste. Cela va trop lentement, je le dis franchement tout simplement parce qu'il n'y a pas assez de femmes en situation de faire bouger notre société et lutter contre les discriminations dont les femmes sont victimes.

La vie de beaucoup de femmes est encore très difficile, peut-être même souvent plus difficile qu'autrefois. Légalement, elles ont accès à toutes les professions. De même, elles ont les mêmes droits en matière de salaires et de promotions, mais la loi est souvent bafouée. Est-il besoin de souligner qu'en cas de difficultés conjugales, de séparation du couple, de ménages recomposés très fréquents aujourd'hui, ce sont les femmes qui subissent les conséquences plus lourdes de ces situations. Il y a aussi de plus en plus de femmes qui sont seules, parfois de leur fait, d'un choix qu'elles assument mais aussi le plus fréquemment parce qu'elles ont été abandonnées par le père de leur enfant. C'est sur elles que reposent alors toutes les responsabilités et les difficultés,
Comment ne pas évoquer aussi les violences conjugales, dont on sait qu'elles ne cessent d'augmenter parce que notre monde est de plus en plus violent. Sans doute aussi des femmes osent elles maintenant en parler, ce qu'elles n'étaient pas en mesure de faire dans le passé. L'éclatement de la famille, phénomène lié à l'urbanisation et à l'allongement de la vie, pèse lourdement sur les plus démunies. D'une façon générale, c'est sur elles que reposent les difficultés de la société d'aujourd'hui. Aussi je voudrais bien qu'on ait un peu plus de douceur vis-à-vis d'elles, un peu plus d'attention et de considération.
Quand je parle de considération, je pense au courrier que vous recevez, dont vous avez fait état, où l'on s'adresse à vous en vous appelant, « Monsieur le maire », même lorsqu'il s'agit d'un courrier administratif. Je peux vous dire que je reçois souvent des courriers adressés, par des gens qui se croient trop importants pour avoir des femmes comme interlocuteurs. En fait ceux qui sont réellement importants, sont, eux, attentifs à ce genre de choses et vous traitent avec moins de désinvolture. De plus en plus, les fax, les messages par Internet, entraînent une absence totale de forme, voire une grossièreté de la part de beaucoup qui considèrent qu'on est à leur service, surtout lorsqu'ils s'adressent à une femme. On est parfois effaré.

Aussi il me paraîtrait très utile que l'on enseigne aux jeunes à mettre un peu de politesse et d'égard, dans les relations quotidiennes et à manifester un peu de respect vis à vis des autres, qu'il s'agisse aussi bien d'une femme que d'un homme. Ce sera déjà aussi un progrès, et je comprends pourquoi, quand vous recevez des lettres disant « Monsieur le Maire », vous en êtes choquées ; vous êtes des femmes et vous voulez qu'en en prenne acte. Moi aussi je suis une femme, et je veux qu'on me reconnaisse comme telle.

Jean Dumonteil : Merci Simone Veil, merci Madame la ministre d'État. *(La salle se lève pour applaudir Mme Veil.)* Bravo ! Merci. Je crois que cette ovation, Madame Veil, est la preuve de tout ce que vous doivent ceux et celles qui sont dans cette salle.

Et merci d'avoir terminé votre propos par un appel à la douceur, que n'exclut pas le courage politique que vous avez manifesté tout au long de votre vie publique.

Voici maintenant venu le temps de notre troisième table ronde consacrée à la vision des femmes maires sur l'avenir de la cité.

Troisième table ronde

La vision des femmes maires sur l'avenir de la cité

Nelly OLIN, Ministre déléguée à l'Intégration, à l'Égalité des chances et à la Lutte contre l'exclusion
Jean PUECH (Aveyron, UMP), Président de l'Observatoire sénatorial de la décentralisation
Monique PAPON (Loire-Atlantique, UMP), Présidente de la commission n°5
Claire-Lise CAMPION (Essonne, Soc.), Rapporteure de la commission n°5
Michèle ANDRÉ (Puy-de-Dôme, Soc.), Présidente de la commission n°4
Valérie LÉTARD (Nord, UC-UDF), Rapporteure de la commission n°4
Gérard CORNU (Eure-et-Loir, UMP), Sénateur

TROISIEME TABLE RONDE :

LA VISION DES FEMMES MAIRES SUR L'AVENIR DE LA CITE

Jean Dumonteil : J'invite tout de suite et sans perdre de temps parce qu'il faut rattraper un peu le temps qui s'est passé cet après-midi, à me rejoindre à la tribune, en commençant par Gérard Cornu qui est Sénateur d'Eure-et-Loir, vice-président de la Commission des affaires économiques et du plan. Monsieur Cornu, vous êtes membre de l'UMP ; par ailleurs, vous êtes maire de Fontenay-sur-Eure.

Valérie Létard, sénatrice du Nord, vice-présidente de la Commission des affaires sociales, et vice-présidente du groupe UC-UDF. Également des mandats locaux puisque vous êtes vice-présidente de la commission Aménagement du territoire et politique de la ville de la région Nord-Pas-de-Calais, Valérie Létard, et vous êtes rapporteure de la commission intitulée « Comment favoriser une participation plus importante des femmes à la vie publique ? », commission qui était présidée par Michèle André, vice-présidente du Sénat, sénatrice du Puy-de-Dôme, ancien ministre qui siège au groupe socialiste.

Claire-Lise Campion est sénatrice de l'Essonne, vice-présidente de la Commission des affaires sociales, membre du groupe socialiste. Vous avez été ce matin rapporteure de la commission intitulée « La vision des femmes maires sur l'avenir de la cité ». Cette commission était présidée par Monique Papon, sénatrice de Loire-Atlantique, secrétaire du Sénat, qui siège au groupe UMP.

Jean Puech va nous rejoindre, Sénateur de l'Aveyron, membre du groupe UMP, ancien ministre et président de l'Observatoire de la décentralisation que vient d'installer le Sénat.

Enfin, Mme Nelly Olin, ministre déléguée à l'intégration, à l'égalité des chances et à la lutte contre l'exclusion, ancienne sénatrice du Val-d'Oise, nous rejoint, élue de Garges-lès-Gonesse.

On continue avec une méthode que nous avons éprouvée depuis le début de l'après-midi puisqu'on examine les résultats de la consultation auprès des femmes maires, qui est un peu notre fil rouge et on va le faire avec vous, Monsieur Cornu, avec une première question qui porte sur la loi sur la parité. Est-ce que c'est une mesure de principe qui ne change pas grand-chose, ou est-ce que c'est une mesure utile et nécessaire pour permettre aux femmes de participer activement à la vie politique ? Avis partagé.

M. Gérard Cornu, Sénateur d'Eure-et-Loir

Oui, et c'est certainement une surprise parce que 52 % des femmes maires consultées pensent que ce texte ne change pas fondamentalement les choses. C'est vrai que nombre de femmes maires consultées sont des femmes maires de commune de moins de 3 500 habitants. En fait, elles considèrent que cela n'a pas changé les choses puisqu'elles ont été élues sur leurs compétences et sur leurs talents.

Jean Dumonteil : On leur a demandé : exercez-vous actuellement un autre mandat ?

Gérard Cornu : Une très large majorité, près de 70 % des femmes maires, n'exerce pas d'autres mandats. En revanche, elles sont assez nombreuses, et ce n'est pas une surprise, à s'investir au niveau intercommunal. Mais on pourrait remarquer que 67 + 26, c'est un nombre considérable, c'est le témoignage qu'elles ne cumulent pas d'autres mandats puisque vous savez que le mandat intercommunal n'entre pas dans le cumul des mandats.

Jean Dumonteil : Alors, si elles n'exercent pas d'autres mandats, est-ce que les choses pourront changer, est-ce qu'elles envisagent d'être candidates à d'autres élections locales, nationales ou européennes ?

Gérard Cornu : Non, très majoritairement, puisqu'à 87 % les femmes répondent qu'elles n'envisagent pas de se présenter à d'autres élections.

Jean Dumonteil : Pour quelles raisons ? On va rentrer dans le détail, et on va voir pour quelles raisons elles n'envisagent pas de concourir à d'autres mandats électifs.

Gérard Cornu : C'est une raison qui revient, et qui est revenue sans cesse lors de nos débats : souvent pour des raisons personnelles, à la fois une volonté de se concentrer uniquement sur l'exercice d'un seul mandat. C'est finalement ce qu'on supputait : le problème du statut d'élue, de la revalorisation des indemnités dont on a parlé tout au long de cet après-midi.

Jean Dumonteil : Dernière série de questions qui porte sur la vision des femmes

La loi sur la parité est-elle…

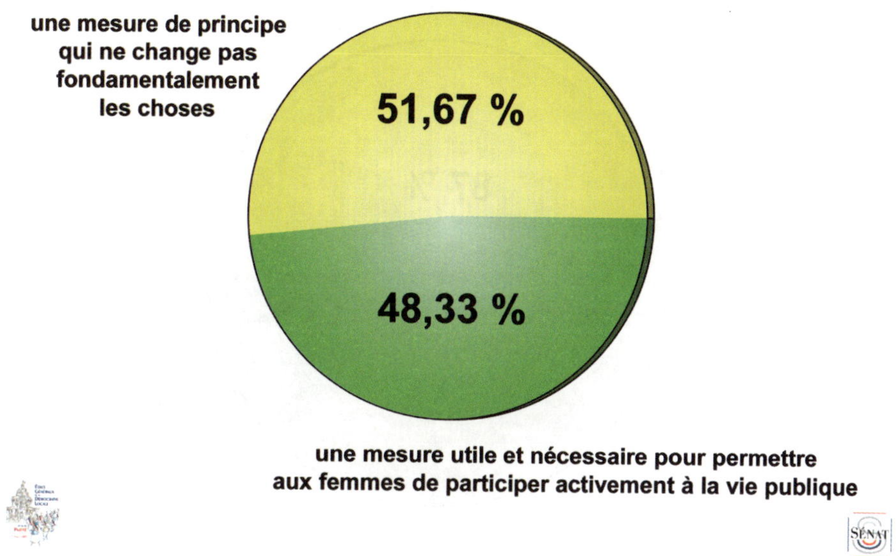

Exercez-vous actuellement un autre mandat ?

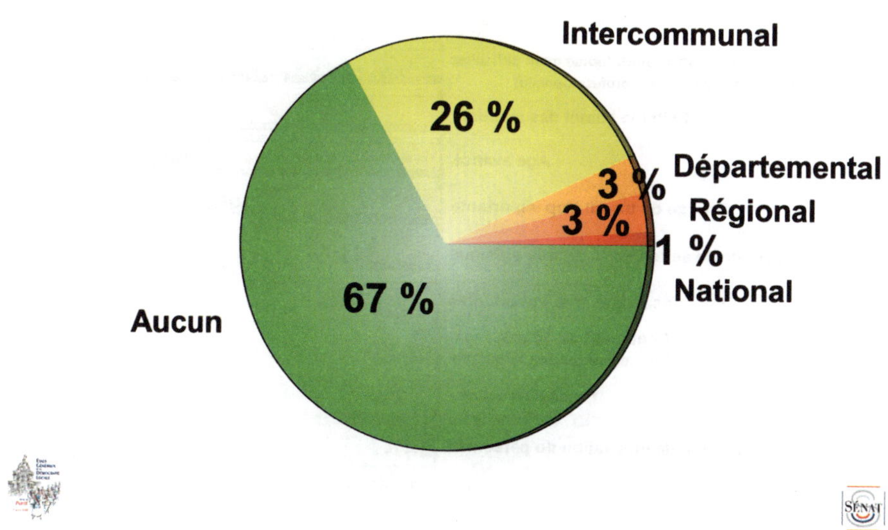

Si vous n'exercez pas d'autre mandat, envisagez-vous d'être candidate à d'autres élections locales (autres que municipales), nationales ou européennes ?

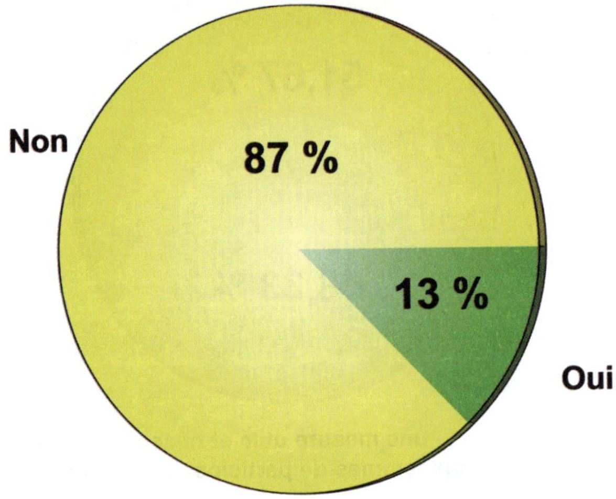

Pour quelles raisons renonceriez-vous à briguer un autre mandat ?

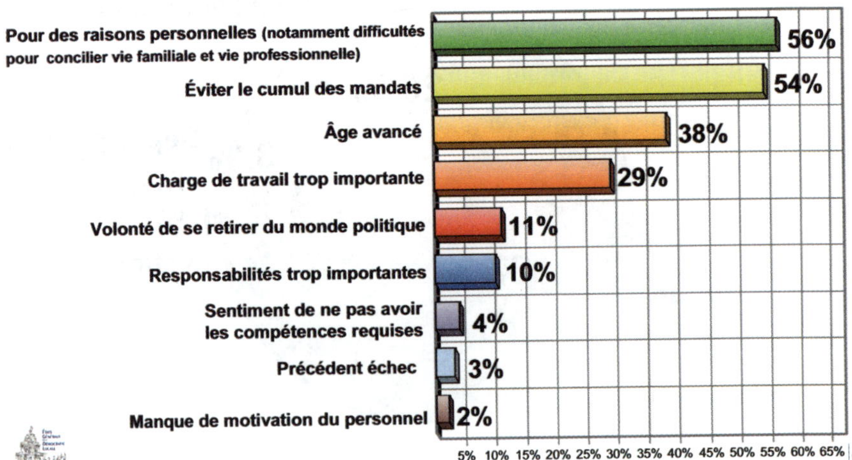

Quel est le principal défi que vous estimez devoir relever pour votre commune et ses habitants au cours des prochaines années ?

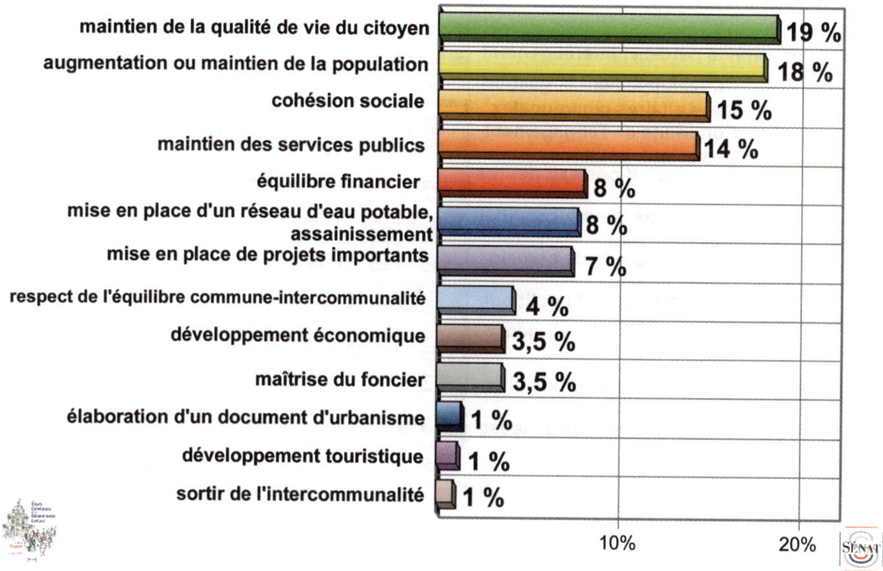

Quels sont les moyens pour inciter les Françaises à participer plus activement à la vie publique ?

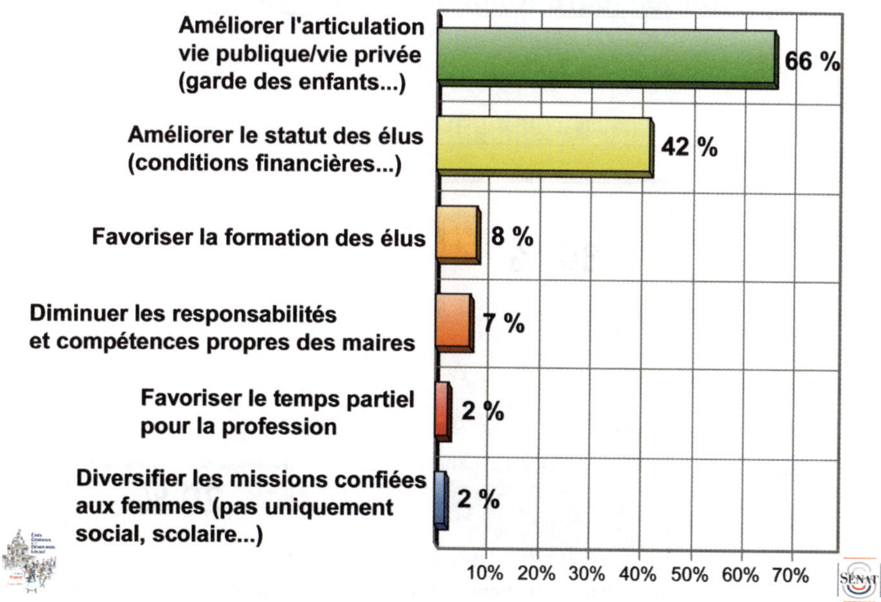

Quelles sont les raisons de votre engagement dans la vie publique ?

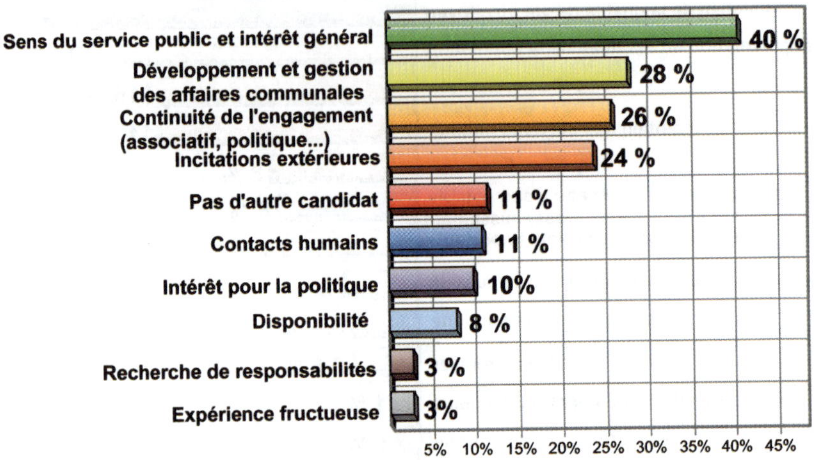

Selon vous, les femmes exercent-elles différemment des hommes leurs fonctions électives ?

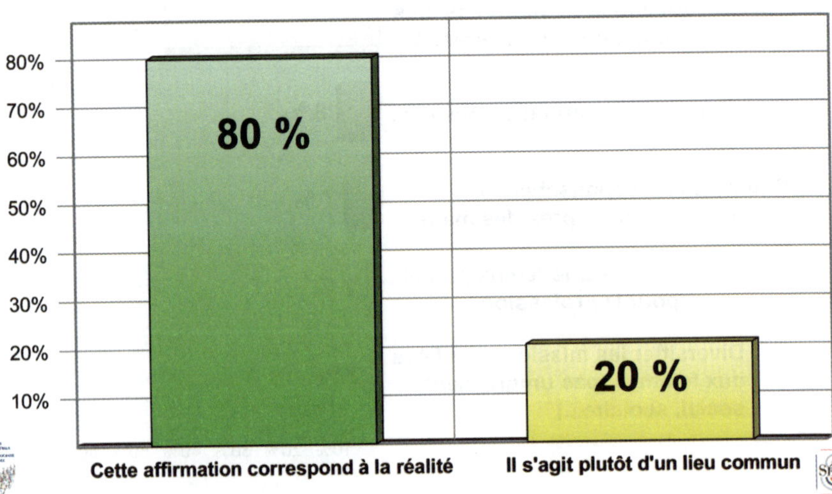

maires sur l'avenir de la cité, sur les défis qu'elles estiment devoir relever dans leur commune pour les prochaines années, ce qui arrive en tête, c'est le maintien de la qualité de vie du citoyen.

Gérard Cornu : Oui, ce n'est pas une surprise d'ailleurs. Elles s'attachent au maintien de la qualité de vie, à la préservation et à l'augmentation de leur population, c'est-à-dire aux services de proximité. Elles sont aussi soucieuses de cohésion sociale et de maintien des services publics. Par contre, on retrouve en fait les lacunes dans le domaine de l'urbanisme, de la voirie, des réseaux. Par rapport à ce qu'a dit Madame la ministre Marie-Josée Roig, il y a encore beaucoup à faire aussi pour l'urbanisme. En plus, je suis convaincu, en tant qu'homme, je le dis très sincèrement, je suis convaincu que les femmes nous apporteraient beaucoup en matière d'urbanisme.

Jean Dumonteil : Qu'est-ce qu'on peut faire pour que les femmes françaises s'investissent davantage dans la vie publique ?

Gérard Cornu : Sans surprise, les femmes désirent avant tout que soit améliorée la possibilité de concilier vie publique et vie privée, ainsi que l'amélioration du statut des élus. C'est en fait conforme au sondage précédent.

Jean Dumonteil : Les raisons pour lesquelles elles se sont engagées dans la vie publique ?

Gérard Cornu : C'est ce qui, peut-être, parfois nous différencie, nous les hommes, des femmes : les femmes confirment le fait qu'elles s'engagent dans la vie publique, non pour leur satisfaction personnelle mais pour se mettre au service des autres. Et je crois que c'est tout à leur honneur.

Jean Dumonteil : Enfin, une dernière question : est-ce que les femmes exercent différemment des hommes leur fonction élective ?

Gérard Cornu : Oui, et je crois que c'est peut-être un des résultats les plus importants de cette journée. À 80 %, les femmes considèrent qu'elles exercent différemment des hommes leur fonction élective. Et je crois, et je le dis très sincèrement et c'est un homme qui vous parle, qu'on peut compter sur les femmes pour moderniser la vie politique. Je crois que, lorsqu'elles ont la volonté d'exercer différemment des hommes leur fonction élective, c'est bon signe pour l'avenir.

Jean Dumonteil : Merci Gérard Cornu. Valérie Létard, je rappelle que vous êtes sénatrice du Nord et que vous étiez rapporteure de la commission intitulée : « Comment favoriser une participation plus importante des femmes à la vie publique ?»

On a parlé de parité : est-ce qu'il y a une majorité qui s'est dégagée dans votre commission ? Qu'est ce qu'on en a dit ? Est-ce qu'il faut généraliser la parité à tous les niveaux de la vie locale ?

Mme Valérie Létard, Sénatrice du Nord

Je crois que, globalement, la législation sur la parité a été reconnue comme un mal nécessaire, comme l'ont dit certaines. En tout cas, nécessaire pour installer, pour engager la mixité dans la vie politique. Et chacun le reconnaît, c'était dommage d'en arriver là, et certaines auraient souhaité ne pas en passer par là. Mais, globalement et majoritairement, quand même, on sent qu'aujourd'hui, tout le monde est en capacité de reconnaître cela.

La parité est une discrimination positive, fondamentalement différente des autres, car les femmes représentent l'autre moitié de l'humanité, c'est ce que Mme de Panafieu a dit tout à l'heure. Cela a été dit aussi très fortement dans l'atelier. Simplement, ce qui a été dit, c'est que cette parité et son principe sont souvent battus en brèche là où se prennent les décisions, c'est-à-dire dans les exécutifs, et surtout dans les intercommunalités. Cela a été dit tout à l'heure, mais cela a été fortement dit aussi dans cet atelier.

Jean Dumonteil : En dehors de la parité imposée de façon volontariste, est-ce qu'il y a d'autres leviers, d'autres instruments à utiliser pour favoriser la femme dans la vie publique ?

Valérie Létard : Si effectivement la parité a été vraiment reconnue comme condition nécessaire, elle est aussi insuffisante, et cela a été dit dans chaque atelier. Cela a été dit très fortement, le statut de l'élu doit avancer, il faut l'engager plus fortement pour les femmes et pour les hommes. C'est vrai que les femmes ont une obligation supplémentaire à assumer, c'est celle de la gestion de la famille. Les femmes qui sont engagées dans leur mandat de maire, ou dans d'autres mandats, avec des jeunes enfants, ont besoin d'être aidées en plus de la formation, comme pour les hommes, en plus d'une indemnité conséquente, comme pour les hommes. Elles ont des contraintes matérielles supplémentaires qu'il faut prendre en considération, mais elles attendent, comme les hommes aussi, qu'un régime des absences professionnelles pour exercer des mandats soit bien pris en considération. En fait, tout homme ou toute femme élu(e) a besoin de cela pour s'engager.

La garde des enfants est un élément particulier. Si, pour certaines femmes, ce n'est pas un obstacle lorsque le ménage peut assumer les dépenses liées au mandat, pour les autres, leur travail est nécessaire pour assurer le budget familial. Alors la garde des enfants devient un problème. Il faut empiéter effectivement, ou sur le temps de travail, ou sur des dépenses supplémentaires pour se rendre disponible. Il faut bien dans le statut d'élu prendre aussi en considération cet aspect.

Une dame maire a signalé que, pendant 22 ans, elle avait pu être maire parce qu'elle avait reçu le soutien de son conjoint. Quand les conjoints peuvent accompagner cet engagement, c'est un plus aussi pour l'engagement des femmes.

Jean Dumonteil : Claire-Lise Campion, vous êtes sénatrice de l'Essonne et vous étiez rapporteure de la commission intitulée « La vision des femmes maires sur l'avenir de la cité. Y a-t-il des priorités ? » C'est une vision qui a émergé sur l'avenir de la cité et, quand on dit « l'avenir de la cité », ce n'est pas seulement la ville mais c'est la vie politique locale.

Mme Claire-Lise Campion, Sénatrice de l'Essonne, maire de Bouray-sur-Juine

Oui, tout à fait. Et avant de répondre à votre question, je voudrais dire que nos débats ont été très riches et très forts, empreints de convictions très profondes, même si nous n'avons, comme chacun d'entre vous dans les autres commissions, pas eu le temps d'aller au fond des choses.

Les femmes dans notre commission ont bien dit qu'elles faisaient de l'avenir, de la préparation de l'avenir de la cité, un acte primordial de leur action politique. Et, si je puis reprendre un certain nombre d'éléments qui ont pu être évoqués, bien sûr, tout au long de cette journée, c'est un peu la difficulté d'arriver à la fin et de conclure.

Ce consensus est également établi sur le fait que, pour la plupart des femmes maires, la priorité est tout d'abord de faire de la politique autrement, avec et pour ceux que cette politique concerne, en consacrant une part essentielle de leurs actions au contact et au dialogue avec les habitants. Et l'une des participantes à notre commission a eu une expression qui était très intéressante et que je voudrais vous redire : « Pour nous, c'est être et non paraître », et c'est quelque chose de très important.

Jean Dumonteil : Vous êtes en train de nous dire que vous faites de la politique un peu autrement.

Claire-Lise Campion : Il est clair, et c'est ce qui a pu ressortir, que les femmes font de la politique autrement. « Nous sommes des faiseuses et non pas des diseuses », c'est une autre expression qui a pu sortir de notre commission, et ces expressions illustrent bien la façon dont nous travaillons et dont nous voulons travailler.

Quelques thèmes importants qui sont ressortis : préservation et développement des services publics de proximité, en particulier dans le milieu rural. Nous avons également évoqué : les services aux familles, la vie quotidienne, les services aux personnes comme le logement, la jeunesse, la petite enfance, les questions liées aux personnes âgées, mais aussi les questions liées au respect de l'environnement, l'embellissement et l'assainissement de notre cadre de vie quotidienne. Ce sont les éléments importants qui sont ressortis de notre commission ce matin.

Jean Dumonteil : On m'a dit aussi que, dans votre commission, vous aviez insisté sur ce respect de nos concitoyens, respect de la parole donnée : est-ce que vous n'avez pas aussi l'ambition de réconcilier nos concitoyens avec la vie politique locale ?

Claire-Lise Campion : Il est certain que c'est une question qui était un acte de réflexion possible : puisque nous pratiquons autrement dans nos mandats, nous pratiquons au mieux, dans notre milieu des élus. C'est une façon pour nous d'imaginer et de souhaiter que nos concitoyens se réconcilient avec les élus et l'ensemble des élus.

Nous avons déjà évoqué la parité, donc je n'y reviendrai pas. Nous sommes convaincues de la nécessité de rechercher un équilibre, une complémentarité entre les hommes et les femmes, cela pour appuyer ce qui a été dit précédemment et pour dire qu'effectivement, ce n'est pas une concurrence que nous avons évoquée ce matin mais la nécessaire recherche d'un équilibre.

Et quelque chose d'important a également été dit par l'ensemble des collègues : nous n'avons pas de volonté de carriérisme. Nous recherchons d'abord à être utiles à ceux qui nous entourent et à être utiles à notre commune, y compris à travers l'intercommunalité. En tous les cas, beaucoup de femmes dans notre commission ont dit être arrivées à leur mandat parfois par hasard, quelques fois poussées par des collègues hommes du fait que, dans de nombreuses petites communes, nous manquons de candidats pour être maire, et je pense que cela mérite d'être souligné.

Jean Dumonteil : Merci Madame Campion. Jean Puech, Sénateur de l'Aveyron et ancien ministre, vous avez pris la présidence de l'Observatoire de la décentralisation. On est à un moment important de la vie politique locale. Jean Puech.

M. Jean Puech, Sénateur de l'Aveyron, Président de l'Observatoire sénatorial de la décentralisation

Oui, certainement. Tout à l'heure Madame le ministre Simone Veil a terminé en disant qu'il restait beaucoup à faire et que cela n'allait pas assez vite. J'ai bien compris que, pour elle, il n'y avait pas de place pour la désespérance. Donc, il faut certainement activer les choses, et je crois que nous sommes en train de vivre une période qui nous permet d'envisager l'avenir favorablement. Je parle surtout de l'Acte II de la décentralisation. L'Acte II de la décentralisation doit nous permettre d'obtenir ce que je qualifierais de démystification du pouvoir politique, et notamment du pouvoir politique au niveau local, et la démystification du pouvoir politique des hommes aussi.

C'est nouveau, et cette réforme, la France l'attend. On est un des rares pays au niveau de l'Europe à ne pas avoir réorganisé territorialement le pays. Nous n'avons pas, je dirais, pu réactiver la flamme de la démocratie. Et ça y est, avec l'Acte II de la décentralisation, on doit pouvoir franchir ce pas, mais à condition d'en avoir le courage.

Jean Dumonteil : Vous faites un peu écho à ce que disait Beate Weber tout à l'heure en disant qu'on pensait que la politique c'était les Affaires étrangères, alors qu'en réalité, elle se joue sur des affaires bien concrètes.

Jean Puech : Tout à fait, c'est la proximité, c'est-à-dire y voir clair, clarifier, simplifier, économiser, être efficace. Je viens d'entendre ce que vous proposiez : ne pas être des diseuses, mais des faiseuses. Je crois que tout cela va dans le bon sens, et je pense, que vous représentez pour nos concitoyens des modèles, des exemples, avec cette capacité qui vous permettra, j'espère, et qui nous permettra, de multiplier votre présence.

Car, si on veut être présent dans cette démocratie locale, il faut qu'elle soit représentative. Donc, il faut rééquilibrer. Le chantier est important, il est vaste et nous, au Sénat, nos collègues sénatrices qui sont là, le Président du Sénat, nous sommes un peu aux avant-postes de cette réforme. Et c'est pour cela que le Sénat a souhaité que nous mettions en place dès maintenant cet Observatoire de la décentralisation pour surveiller la mise en œuvre de l'Acte II de la décentralisation, pour savoir ce qui va, ce qui ne va pas, comment il faut le corriger.

Si l'État ne respecte pas ses engagements, on le dira, c'est inscrit dans la loi, et on le dénoncera. Mais vous avez entendu le Premier ministre tout à l'heure : il a été très clair notamment sur le RMI/RMA. Vous faites les totaux après les comptes administratifs et nous les équilibrerons. Je crois qu'il y a dans la démarche un certain nombre de principes à afficher et, comme je ressens que tout le monde a ce côté pragmatique qui transparaît très largement, moi, je suis confiant pour l'avenir. Vous êtes des femmes motivées, et j'espère que vous noterez que les hommes aussi sont motivés par cette complémentarité que vous recherchez et qu'ensemble, en s'enrichissant de nos mutuelles différences, nous arriverons à réconcilier nos concitoyens avec la politique, car cela aussi c'est un aspect très important.

Jean Dumonteil : Merci Jean Puech. Nelly Olin, vous êtes ministre déléguée à l'intégration, à l'égalité des chances et à la lutte contre l'exclusion, ancienne sénatrice du Val-d'Oise, élue de Garges-lès-Gonesse. On a vu aussi l'appel des élues locales en période de grand froid, où les plus fragiles de notre société sont les plus exposés, et cette mobilisation, cette force d'action de proximité pour renforcer le lien social.

Mme Nelly Olin, Ministre déléguée à l'intégration, à l'égalité des chances et à la lutte contre l'exclusion

Aujourd'hui, nous vivons des situations extrêmement douloureuses pour un pays qui n'est pas un pays pauvre et je crois que nous avons un peu perdu la notion de la solidarité, même si ce mot est employé quotidiennement. Au travers de cette campagne d'hiver, qui a été extrêmement difficile, nous avons apporté beaucoup de réponses concrètes et surtout du cœur. Je pense que pour les femmes qui sont toutes ici, c'est le coeur qui contribue certainement à mettre en place des politiques qui réussiront.

Dans nos villes, beaucoup l'ont dit tout à l'heure, nous avons une vision probablement différente des hommes parce que notre vie de famille, notre responsabilité de mères de famille nous conduit à appréhender les situations d'une manière autre. Quand nous devons construire ou reconstruire, nous commençons d'abord par nous appuyer sur les familles pour savoir comment nous allons pouvoir construire avec elles une vie quotidienne meilleure dans les quartiers.

C'est cette approche qui vraisemblablement change la façon dont nous voulons voir et construire la vie de demain dans nos quartiers. J'ai un mot que d'autres emploient maintenant aussi, je crois que quand on gère une ville, il faut la gérer avec amour et c'est une condition forte de réussite. Quand on veut reconstruire nos quartiers, surtout dans les villes aujourd'hui dites sensibles, où l'urbanisation a été un échec total et a contribué à « ghettoiser » nos quartiers, je suis convaincue qu'au delà de l'urbain, on doit mettre de l'humain. Ainsi demain, chacun vivra en toute solidarité et, comme on l'a dit aussi tout à l'heure, l'intergénérationnel reviendra aussi au cœur de nos quartiers.

Jean Dumonteil : Merci Madame le ministre. Mettre de l'humain, penser à ceux qui sont les plus vulnérables, c'est l'occasion d'ailleurs de rappeler que dès ce mois de mars, le Sénat va examiner le projet de la loi sur les violences conjugales et que, là aussi, il y a beaucoup à faire dans notre pays.

Le moment maintenant vient de la discussion. Même principe, vous faites signe aux hôtesses. On parle de tout ce qui peut favoriser l'accès des femmes à la vie publique locale et également des actions à mettre en œuvre pour améliorer la cité de demain.

Francine Baudin : Je viens d'une commune rurale de Charente-Maritime de 325 habitants (Saint-Sornin) et je suis maire depuis une année et demie. Cela m'a pris deux élections pour être élue : à la première, on s'est empressé de me faire trébucher, et à la deuxième, j'ai donc été élue. Je suis heureuse aujourd'hui de vous dire que la loi sur la parité ne frappe pas les petites communes de 350 habitants mais que nous sommes trois femmes à la tête de la commune. Mon premier adjoint est une femme et le deuxième aussi.
Ça se passe très bien. Simplement, au niveau de la gestion de la commune, on passe beaucoup de temps. Alors, ne serait-il pas possible de penser peut-être à une ouverture de droits sociaux par rapport aux indemnités que nous touchons ? Par rapport à la formation, il serait peut-être également bon de penser à vulgariser, ce n'est pas réellement le terme, mais peut-être à expliquer ce que sont les rouages de la vie politique et les rouages du fonctionnement d'une mairie.
En tout cas, je veux témoigner aujourd'hui qu'il est très difficile de conduire une petite commune parce que nous avons les mêmes informations qu'une grosse commune mais que nous n'avons pas le personnel adéquat. Nous devons tout apprendre, et je peux témoigner que je me suis sentie noyée, ayant été écartée de tous les dossiers auparavant, quand j'ai dû prendre la relève pratiquement du jour au lendemain.

Jean Dumonteil : Merci de ce témoignage Madame Baudin.

Christine Couvelard : Je suis maire d'une commune de 1 410 habitants en Seine-Maritime (Bosc-le-Hard). Je voulais aussi insister sur ce besoin de formation. J'ai été atterrée par l'étendue des responsabilités et ma relative incompétence quand je me suis retrouvée maire en 1998, donc à mi-mandat, après le décès de mon prédécesseur. Je n'étais même pas adjointe et, quand j'ai mesuré l'étendue de la charge que j'avais acceptée, j'ai eu beaucoup de nuits d'insomnie.
On demande maintenant un bac, voire un BTS, pour des métiers d'exécution. Et nous, responsables d'une commune sans être spécialistes, comme vient de le préciser ma collègue maire, nous nous retrouvons sans formation du jour au lendemain en charge de dossiers très lourds. On n'en a pas encore parlé aujourd'hui, mais je voudrais quand même remercier aussi Mairie-Conseil, qui est toujours à la disposition des petites communes, par téléphone, pour résoudre les problèmes ponctuels très ardus.

Marie-Thérèse Leroux : Je suis maire de Richarville, une commune de 400 habitants dans le sud de l'Essonne. Je voulais revenir sur les conditions d'exécution des mandats. Je me suis arrêtée de travailler et j'ai renoncé à une activité professionnelle pour exercer mes fonctions d'élue parce que je trouvais que les fonctions d'élue et la vie familiale, cela suffisait largement à occuper mon temps. Et je me suis aperçue que je n'ai pas songé au problème de la retraite. Mon mari étant décédé récemment, je me suis retrouvée sans revenu et sans retraite, puisque je n'avais pas demandé à la commune de cotiser et je n'avais pas voulu mettre la commune à contribution, puisque c'est une petite commune qui n'a pas beaucoup de moyens. Je voulais souligner ce problème, parce qu'on n'y pense pas lorsqu'on est élu, et qu'on ne veut pas mettre trop de charges dans nos budgets communaux. Nous avons un petit budget : lorsque nous nous déplaçons comme aujourd'hui, c'est souvent nous qui payons, on ne met pas cela sur le budget de la petite commune. On ne veut pas que le maire ait l'air de dépenser l'argent de la commune comme cela. Pour le problème de la retraite des élus, je sais qu'il y a une possibilité mais elle est facultative. On n'est pas obligé de le dire, on n'est pas obligé de le faire. Donc, je ne l'ai pas fait. Et je m'aperçois que j'arrive à l'âge de la retraite et je n'ai aucune retraite.

Bernadette Dippe : Je suis maire d'une commune de 550 habitants (Souday), en Loir-et-Cher. Dans nos petites communes, nous n'avons qu'une secrétaire, bien sûr, et j'ai de la chance qu'elle ait passé le concours de rédacteur avec succès. Mais voilà, il faut faire 40 jours de stage pendant deux ans. Donc, sur un petit budget, ces 40 jours, plus les congés légaux, c'est compliqué. Et qui remplace ? Je ne peux pas fermer la mairie, donc je remplace. Vous voyez, c'est très difficile pour les petites communes d'assurer leur service.

Autre chose aussi, ce qui m'inquiète énormément, c'est l'assainissement. On est confronté à de gros problèmes d'assainissement individuel. Bien que le conseil général nous aide lorsqu'on s'est conventionné, on passe beaucoup de temps avec les habitants pour leur expliquer, et on a de plus en plus de personnes très documentées et on n'arrive pas à les convaincre. Cela, c'est énorme, compte tenu de l'argent qu'ils vont dépenser. Alors, on nous dit maintenant que les permis de construire vont passer par les mairies. Je crois qu'il faudra revoir la formation des maires et du personnel.

Martine Mahtouk : Je suis maire de Murat (Cantal), et conseillère régionale. Je veux parler un petit peu au nom des collègues qui m'entourent puisque, avant de venir à Paris, nous avons fait la semaine dernière une petite réunion entre nous, et je vois que tous les problèmes ont été abordés.
Je voudrais, en guise de conclusion, puisque M. Puech nous a parlé de démocratie, dire quelques mots. Si nous sommes plus de 4 000 maires femmes, c'est que nous avons battu plus de 4 000 hommes. La prochaine échéance est 2007, peut-être 2008. Et nous, nous ne sommes pas des diseuses, nous sommes des faiseuses. Donc, pendant ces trois ans, nous allons nous atteler à travailler. Eh bien, je peux vous dire, moi, personnellement, que j'ai des hommes qui sont dans les starting-blocks et qui sont en train de commencer à faire leur campagne pour essayer quand même de démolir un petit peu quelques femmes qui les dérangent. Je voudrais leur dire : écoutez, nous sommes en démocratie, alors des mots, on en entend beaucoup des hommes. Ils veulent que les femmes soient les plus merveilleuses, elles sont les plus merveilleuses, elles sont les plus talentueuses, elles sont les plus charmeuses, mais il faut dire quand même que souvent ils ne font pas de cadeaux. Voilà ma conclusion pour ce soir. Merci.

Christel Duborper : Je suis maire d'une commune du Nord de 560 habitants (Cobrieux). Il a été beaucoup question pendant cette journée du statut de l'élu. Et c'est un sujet sur lequel je voudrais m'exprimer parce qu'une des solutions évoquées est d'améliorer les indemnités des maires. Or, je crois qu'il faudrait qu'on sache au plus haut sommet de l'État que dans les petites communes, et je crois que c'est le cas de la majorité d'entre nous aujourd'hui, on n'est même pas capable d'accepter l'intégralité des indemnités actuelles. Parce que si nous le faisions, il n'y aurait plus de possibilités d'acheter des bouquins pour les gamins à l'école, il n'y aurait plus la possibilité de rembourser les emprunts.
Les maires des petites communes, et je parle aussi bien pour les hommes que pour les femmes parce que tous travaillent énormément, parce qu'on n'a pas les moyens d'avoir des assistants juridiques ou des assistants financiers, et tout cela pour pas grand-chose ou pratiquement rien, uniquement pour le panache. Je crois qu'il faut vraiment avoir la foi pour être maire d'une petite commune. Voilà mon témoignage.

Marie-Claude Boudard : Je suis maire d'une commune rurale de 157 habitants (Saint-Parize-en-Viry, Nièvre). Je rejoins ma collègue précédente qui parlait d'une petite commune, elle aussi. Nous n'étions pas soumis à la loi de la parité mais, dans mon conseil, j'ai tenu, en faisant ma liste, à avoir des femmes. Nous sommes quatre sur onze, et je m'en félicite, on travaille beaucoup ensemble. On n'oublie pas les hommes, je crois qu'on a parlé de fédérer. Je suis tout à fait d'accord avec cela.
Je voulais quand même insister sur le fait que gérer une petite commune rurale est une énorme difficulté, il faut être sur tous les fronts. Cela est une chance parce qu'on connaît tout le monde. On connaît leurs besoins, leurs envies, leurs soucis et on est à même d'intervenir. D'où le souci de la communication.
Je voudrais finir par une petite note humoristique en citant une très grande dame qui a beaucoup œuvré pour les femmes, Françoise Giroud, qui a dit : « La femme sera l'égale de l'homme le jour où, à un poste important, on désignera une femme incompétente ». Il faut le prendre avec humour.

Maud Zucconi : Je suis maire d'une commune, dans le Calvados, de 150 habitants (Les Loges-Saulces), mais je fais surtout partie des fameux 1 % des maires femmes qui ont moins de 35 ans. Vous parliez de foi : on s'aperçoit qu'aujourd'hui il y a de moins en moins de candidats dans les petites communes rurales pour prendre la place, et j'ai un peu peur effectivement que les jeunes aient de moins en moins la foi dans ce domaine. Alors, peut-être qu'il y a un souci d'information de notre part.

Marie-Gabrielle Gagnadre : Maire de Lezoux, Puy-de-Dôme. Ce que je voudrais dire à mes collègues, c'est que je suis un peu inquiète lorsque j'entends des collègues qui disent : « Vous savez, moi, je ne fais qu'un mandat, il ne faut pas être carriériste ». Attention, vous l'avez souligné, beaucoup d'entre vous l'ont souligné, pour le premier mandat, il y a un temps d'apprentissage. Il faut vraiment découvrir les problèmes, les étudier, les préparer et les faire aboutir. Et là, je peux dire combien c'est difficile de faire aboutir des projets.

Annie Davy : Je suis maire de Bédée en Bretagne, moins de 3 500 habitants (Ille-et-Vilaine). Je voudrais me réjouir d'abord de cette journée et souhaiter qu'effectivement, il y ait de plus en plus de femmes qui s'investissent dans la vie publique, tout simplement parce que, dans notre société, les problèmes sont très nombreux et qu'on a besoin d'hommes et de femmes qui s'investissent.

Jean Dumonteil : Et nous accueillons Dominique de Villepin, Ministre de l'intérieur, de la sécurité intérieure et des libertés locales. Monsieur le Ministre, nous sommes en train d'écouter les témoignages de femmes maires et nous poursuivons avec vous Madame.

Annie Davy : Je voulais dire que, par rapport à l'intercommunalité, on a effectivement fait de nouvelles structures, mais qu'on n'a pas supprimé un certain nombre de structures comme des syndicats intercommunaux. La multiplicité des structures ne facilite pas la participation, notamment celle des femmes, puisque le temps est précieux et qu'il faut se recentrer sur certaines structures qui sont importantes pour l'avenir de notre société.

Annette Savin : Je suis maire dans la Vienne, une commune de 2 500 habitants (Cissé). Maire depuis 1995, j'apprécie cette fonction dans le sens où je voulais faire un travail d'équipe. Et j'ai choisi donc de mettre en place la parité : il y avait 19 conseillers, il y a 9 femmes et 10 hommes aux compétences multiples parce qu'il y a des choses que je ne sais pas faire. Je suis enseignante de formation, en biologie notamment. J'ai donc choisi des hommes et des femmes aux compétences multiples en leur donnant des responsabilités.
Et c'est vrai que ce conseil municipal fonctionne bien et que les hommes acceptent bien volontiers les ordres que je leur donne et que chacun travaille dans le bon sens. Donc, faut-il opposer hommes et femmes ? Je n'en suis pas trop sûre. Il faut surtout prendre des gens aux compétences multiples.

Jean Dumonteil : Merci. Je vais vous demander de rester encore un instant s'il vous plaît. Michèle André, Monique Papon, vous étiez les présidentes des commissions numéros 4 et 5. Pouvez-vous répondre à ce besoin de statut, de formation, retraite, protection sociale ? On a vu que beaucoup de vos collègues sont vraiment en première ligne et souvent démunies. Michèle André.

Mme Michèle André, Sénatrice du Puy-de-Dôme, vice-présidente du Sénat

Oui, je voudrais d'abord dire combien le travail de ce matin fut dense dans la commission numéro 4, et combien nous avons manqué de temps.

Mais je crois bien que nous avons vu aujourd'hui combien, si on peut se réjouir de la loi sur la parité, de son effet dans les grandes villes, de l'effet incitatif qu'elle a pu avoir autour d'elle, là où elle ne s'applique pas obligatoirement, on en voit bien aussi la limite. On s'aperçoit que, vous les maires de petites communes, vous êtes souvent le premier et parfois le seul échelon de représentation publique qui existe sur ces territoires, d'où la nécessité des espaces de formation. Et persévérer pour pouvoir utiliser ce qu'on a appris, parce que c'est trop dommage de ne passer qu'un mandat lorsqu'on a pris le temps de voir un peu ce qui se passe autour. Ne dites surtout pas au début de votre mandat : « Je m'arrêterai au bout de six ans », surtout pas.

Mme Monique Papon, Sénatrice de Loire-Atlantique

Je ne sais si, comme le disait le Président du Sénat, vous êtes Mesdames, les hussards de la République, mais ce que je peux vous dire, c'est que vous nous avez donné aujourd'hui un formidable espoir au cœur. L'une d'entre vous disait tout à l'heure : j'ai eu grand plaisir à participer à une telle journée. Eh bien, nous aussi, nous avons eu grand plaisir à préparer et surtout à vous montrer qu'on pouvait transcender les philosophies en travaillant avec Claire-Lise Campion. On a pu voir combien nous étions d'accord pour que les femmes puissent accéder davantage à toutes les responsabilités politiques.

Alors, lorsque – une phrase encore si vous le permettez– vous avez montré une formidable énergie, vous nous avez montré une formidable motivation, vous avez la foi, donc il faut que nous l'entretenions avec vous. Merci Monsieur le Président du Sénat, qui nous avez montré que les femmes pouvaient faire de la politique autrement.

Jean Dumonteil : Merci Madame. Nous accueillons maintenant Monsieur le ministre de l'intérieur, de la sécurité intérieure et des libertés locales, Dominique de Villepin, qui va conclure cette journée des États généraux de la parité et de la démocratie locale.

Allocution de clôture par Dominique de VILLEPIN, Ministre de l'Intérieur, de la Sécurité intérieure et des Libertés locales

ALLOCUTION DE CLOTURE DE M. DOMINIQUE DE VILLEPIN, MINISTRE DE L'INTERIEUR, DE LA SECURITE INTERIEURE ET DES LIBERTES LOCALES

Monsieur le Président du Sénat,
Mesdames les Ministres,
Mesdames, Messieurs les élus,
Chers amis.

C'est un grand honneur pour moi de me trouver aujourd'hui parmi vous, au terme d'une journée aussi riche et aussi animée. Je tiens à remercier tout d'abord le Président du Sénat, Christian Poncelet, pour avoir mis ces états généraux sous le signe de la parité, d'autant plus que nous sommes à la veille de la Journée de la femme. Je le remercie également de m'avoir convié à me joindre à vous, et j'avoue avoir hésité quelques instants.

Attendez la suite... En effet, il pouvait paraître étrange qu'il revienne à un homme de clore cette journée qui a rassemblé pas moins de 1800 femmes maires venues de France et d'Europe. Mais, très vite, mes doutes se sont dissipés car je me suis dit que c'était peut-être une bonne façon de montrer que la parité c'était bien sûr l'affaire des femmes, mais c'était aussi l'affaire de chacun et de chacune d'entre nous.

C'est en effet un enjeu pour tous, un grand enjeu pour la démocratie. Aujourd'hui, vous avez parlé de parité, mais vous avez surtout parlé d'égalité. La France est un pays latin, méditerranéen, où la tentation existe de cantonner les femmes dans un rôle défini par les hommes. Mais la France, c'est aussi et surtout la patrie des droits de l'homme, la patrie des valeurs universelles forgées par la Révolution. Et, au cœur de ces valeurs, il y a la volonté de faire de l'égalité des droits entre les hommes et les femmes le principe fondamental de notre vie en commun.

Ce principe, nous avons réussi, à force de détermination, à force d'énergie, de volonté, à l'inscrire dans notre vie sociale et dans notre vie économique. Grâce à notre système d'allocation familiale, de garde d'enfant, grâce aux droits protecteurs des femmes enceintes, la France est sans doute l'un des pays aujourd'hui où les femmes peuvent le mieux concilier leur vie de famille et leur carrière professionnelle. Des blocages subsistent, qu'il faut surmonter, mais il y a un mouvement qui a été enclenché. Ce principe d'égalité, il faut donc l'inscrire avec la même détermination dans la vie politique et la vie démocratique. C'est une nécessité absolue, si nous voulons que les instances élues de notre République représentent vraiment la réalité du pays. Il y a donc trois grands enjeux que je voudrais successivement aborder devant vous.

Le premier, c'est donner aux femmes toute leur place dans la démocratie locale. Le deuxième, c'est leur donner toute leur place dans la vie politique de notre pays mais aussi, et c'est le troisième enjeu, toute leur place dans la vie de la cité et donc lutter contre les atteintes inacceptables dont elles sont encore trop souvent victimes.

Le premier enjeu, c'est la démocratie locale, et je voudrais d'abord commencer par saluer votre travail comme maire. Vous honorez une fonction et une responsabilité particulièrement chères aux cœurs des Français. Vous les accompagnez à chaque étape importante de leur vie, mais aussi dans les moments d'épreuve. Vous bâtissez pour eux un cadre de vie harmonieux, vous êtes à leur écoute pour entendre leur inquiétude, pour les rassurer, pour les guider.

Maire, vous êtes en première ligne pour répondre aux défis nouveaux, les défis de la mondialisation d'abord. Alors que notre horizon s'élargit, nous avons de plus en plus besoin de repères, d'ancrage local, plus que jamais, nous devons faire vivre nos identités, notre modèle de société, et vous êtes pour cela les meilleurs relais.

Le défi de la cohésion sociale ensuite. Elle implique de défendre l'emploi dans chacune de vos communes, de combattre les discriminations, de promouvoir l'égalité des chances. La cohésion implique aussi pour certaines d'entre vous de lutter contre l'immigration irrégulière pour préserver la richesse de notre modèle d'insertion.

Défi, enfin, de l'action politique qui doit redonner confiance aux Français. Vous avez tous les atouts pour le faire, vous qui connaissez la réalité au plus près, vous qui recherchez chaque jour des réponses adaptées. Ces responsabilités, vous les assumez en plus de vos obligations personnelles, professionnelles, familiales. Un mot revient souvent dans la bouche de certaines d'entre vous, celui de sacerdoce. Car vous êtes souvent écartelées entre plusieurs obligations, soumises à la dictature des horaires et des emplois du temps. Quand on termine une journée de travail, qu'il faut se rendre à une réunion du conseil municipal, lorsqu'il faut répondre au milieu de la nuit à une urgence, ou en plein week-end, lorsqu'on ramène tard le soir des dossiers à la maison et qu'on ne peut pas toujours accorder à sa famille autant d'attention qu'on le souhaiterait, il arrive, je le sais, que l'on s'interroge, voire parfois que l'on se décourage.

Votre engagement a d'autant plus valeur d'exemple, il force l'admiration et le courage. Et nous savons combien il est difficile aujourd'hui de trouver des hommes, comme des femmes, prêts à donner autant à la collectivité. En tant que femmes maires, vous êtes confrontées aux mêmes problèmes que vos collègues masculins mais aussi à la nécessité, peut-être, de convaincre davantage face aux doutes, face au scepticisme, face parfois à l'ironie quand vous entendez dire : « Elle est charmante, et en plus elle est courageuse et elle est compétente. »

Au-delà des obstacles surmontés, y a-t-il dans votre action, dans votre action municipale une empreinte particulière, une spécificité, une démarche comparable dans chacun de vos mérites aux quatre coins de la France, par exemple à Montauban, à Canet-en-Roussillon, à Carquefou, à Vandoeuvre-lès-Nancy ou au Guilvinec ? En vous imposant dans vos fonctions de maire, vous faites mentir chacune les préjugés.

Certaines d'entre vous ont en charge de petites communes, souvent dans le monde rural où pourtant il n'est pas facile toujours de s'imposer. Je songe à l'une d'entre vous, qui me racontait qu'elle avait été élue dans un petit village composé à 80 % de viticulteurs, parce qu'elle n'avait pas de terre, parce qu'elle n'avait pas de vigne et parce qu'elle n'avait pas dans ce lieu même d'attaches familiales anciennes. Ces qualités, ces qualités propres ont pesé davantage que toutes les réticences à élire une femme.

Mais on imagine combien il lui aura fallu de patience, de dialogue, de respect pour gagner la confiance d'une société souvent masculine.

Mais, il y a aussi parmi vous des maires de grandes villes, qu'il s'agisse de Fabienne Keller à Strasbourg, de Martine Aubry à Lille, ou encore de Marie-Josée Roig à Avignon, elles ont exercé cette responsabilité, elles exercent cette responsabilité avec autorité et fermeté venant à bout de situations parfois bien difficiles.

Aujourd'hui, vous vous affirmez dans tous les domaines. Bien sûr, il y a la santé, la jeunesse, le social, où vous êtes particulièrement attendues et particulièrement entendues. Mais vous savez aussi vous affirmer dans les domaines les plus techniques, voire les plus arides, du budget au transport ou à l'urbanisme. Et vous vous investissez pleinement dans le domaine de la sécurité où vous avez montré que l'on peut concilier la rigueur, la constance, l'imagination d'une main de fer dans un gant de velours.

Grâce à la volonté de son adjointe chargée de la sécurité routière, la ville du Vésinet sera ainsi l'une des toutes premières à expérimenter les radars automatiques pour contrôle de franchissement des feux rouges.

Au-delà de la diversité des villes et des personnalités, vous savez imprimer votre marque et votre tempérament ; votre goût du concret vous permet de débloquer les situations et souvent, vous refusez les combinaisons stériles, les jeux du pouvoir, tout ce qui peut empêcher le règlement des problèmes.

On loue votre détermination à faire bouger les choses, à tester toutes les solutions. Auprès de vous, les Français savent qu'ils trouveront une oreille attentive et que le dialogue sera toujours possible.

Surtout, vous êtes indispensables à l'équilibre municipal. Une mairie où tous, hommes et femmes travaillent ensemble, c'est une mairie susceptible de mieux répondre aux aspirations de nos compatriotes, de traiter l'ensemble des sujets dans leur complexité.

Ainsi, comme vous l'a dit tout à l'heure le Premier ministre, je veille à ce que la réforme de l'administration territoriale de l'État permette de mieux vous accompagner dans l'exercice de vos missions. Les préfectures et les sous-préfectures vont se recentrer sur leur cœur de métier, et en particulier la relation avec les élus.

Les préfets peuvent désormais, en concertation avec vous, réviser les limites d'arrondissement afin de mieux s'adapter aux organisations locales que vous incarnez. Et, par ailleurs, l'échelon régional a été renforcé. Les préfets de régions seront ainsi mieux à même de prendre des décisions rapides, car cet effort sera complété cette année par la réorganisation des services de l'État au niveau du département dont le contexte nouveau de la décentralisation, cette réforme permettra de renforcer la confiance entre l'État et les maires.

Forts de votre exemple, nous devons aller plus loin pour donner aux femmes toute leur place dans la vie politique. Il y a 60 ans, les femmes obtenaient enfin le droit de voter et celui d'être élues. C'est l'aboutissement d'un long combat, le combat de Maria Vérone, Présidente de la Ligue des femmes qui criait *Vive la République quand même !* lorsqu'en 1922, le Sénat se prononçait contre la reconnaissance des droits politiques des femmes pour la sixième fois. C'est aussi le combat des femmes dans la Résistance à l'image de ces 10 000 femmes chantant la Marseillaise le 14 juillet 1941 à Paris.

À la Libération, le retour en arrière semblait impossible et c'est pourquoi, dès 1944, et sous l'impulsion du général de Gaulle, les droits politiques des femmes ont été reconnus. Depuis, elles ont peu à peu conquis du terrain à l'instar des pionnières, comme Marie-Madeleine Dienesch, Gilberte Brossolette ou Marie-Hélène Cardot. Il y avait 250 femmes maires en 1947, vous êtes près de 4 000 aujourd'hui.

Ces progrès sont restés trop lents car les hommes n'ont pas toujours vu d'un bon œil l'arrivée dans l'arène politique de femmes talentueuses, capables de rivaliser avec eux. Mais surtout, parce que les mentalités évoluent lentement. Et, peu à peu, le fossé s'est creusé entre la place des femmes dans la société qui n'a cessé de s'accroître et leur place dans les institutions de la République.

La loi du 6 juin 2000 a permis de bousculer bien des habitudes, bien des pratiques. Chacun se souvient du débat intense sur la parité, le recours à une loi était-il absolument nécessaire, ou fallait-il parier sur une évolution naturelle ? En tout état de cause, reconnaissons aujourd'hui la prise de conscience qu'elle a déclenchée et les avancées qu'elle a permises.

Avancées dans les conseils municipaux des communes de plus de 3 500 habitants où les femmes occupent près de la moitié des sièges, même dans les petites communes, alors que la loi ne s'appliquait pas, la proportion des femmes a augmenté de 10 % par rapport à 1995.

Avancées au Sénat, qui avait 17 % de sénatrices, et désormais la chambre la plus féminisée du Parlement.

La loi du 11 avril 2003 a permis d'aller plus loin en imposant la présentation de listes par alternance stricte par les conseils régionaux qui sont, avec près de 40 % de femmes, les assemblées représentatives les plus féminisées. Au Parlement européen, également, où notre pays est aujourd'hui avec 43,5 % de femmes, le quatrième, plus respectueux de la parité derrière la Suède, la Lituanie et les Pays-Bas.

Mais soyons lucides. La France est loin d'être exemplaire en matière de parité. Avec à peine plus de 10 % de femmes maires, vous êtes les mieux placées pour savoir que le combat n'est pas gagné. Avec 12,3 % de femmes députées, notre pays est au 19e rang de l'Union européenne et au 68e rang mondial. Avec un peu plus de 10 % de femmes siégeant dans les conseils généraux, la France n'occupe pas le rang qui devrait être le sien, elle qui a si souvent été aux avant-postes de l'émancipation des femmes, elle, dont les grandes figures, de Marie Curie à Simone de Beauvoir, de Marguerite Duras à Françoise Giroud et à Simone Veil, ont inspiré tant de destins.

Alors que le projet de Constitution pour l'Europe fait de l'égalité entre les hommes et les femmes une valeur fondamentale de l'Union, notre pays doit faire mieux. Pour cela, l'action s'impose, mais aussi la vigilance. Les dispositifs exceptionnels peuvent être nécessaires quand il s'agit d'enclencher un cercle vertueux. Mais il faut éviter qu'il ne se retourne contre celles-là même qu'ils entendaient promouvoir, car vous voulez être reconnues pour votre compétence, pour votre détermination.

Nous devons donc trouver un équilibre entre une politique volontariste et le travail de fond indispensable pour faire évoluer les mentalités. Pour que les femmes trouvent leur place légitime dans la représentation, et donc dans l'action politique, nous devons mieux prendre en compte leurs contraintes et leurs besoins. Pourquoi ne pas fixer enfin des horaires plus compatibles avec la vie familiale et professionnelle ? Je sais que certaines d'entre vous ont choisi d'innover en fixant les réunions du conseil municipal les samedis matins afin que chacun puisse s'organiser en conséquence. Pourquoi ne pas trouver des solutions plus efficaces pour la garde des enfants ? Ce qui est particulièrement important si nous voulons permettre aux femmes de se lancer plus tôt dans leur carrière politique.

Ensuite, nous devons briser une fois pour toutes ce plafond de verre qui empêche les femmes d'accéder aux exécutifs locaux, notamment dans les conseils généraux et au poste de maire. Faut-il passer à une nouvelle étape de la parité ? Par exemple, dans la désignation des adjointes au maire ou des membres des commissions permanentes des conseils régionaux ? C'est en effet parmi les membres de l'exécutif d'aujourd'hui que seront désignés les présidents de demain. En tout état cause, ces questions méritent d'être débattues avec vous, et avec les associations d'élus.

Enfin, un gros travail reste à faire au niveau des partis politiques avec, en particulier, un effort dans la promotion des jeunes militantes. Car aujourd'hui, quand on compare les situations des uns et des autres, il subsiste encore bien des inégalités. Vous incarnez un regard neuf, le souci d'exercer vos responsabilités autrement avec plus de lucidité, avec plus de liberté. Pour toutes ces raisons, les Français vous font confiance. 85 % de ces Français sont aujourd'hui prêts à élire une femme au poste de Président de la République.

Parce qu'ils apprécient votre franc-parler, votre volontarisme, parce qu'aussi, peut-être, ils savent que vous n'y pensez pas tous les matins en vous rasant. Vous voyez combien vous avez de raisons, de justes raisons d'avoir confiance en vous pour aller plus loin et assumer votre ambition. Devant la difficulté, lorsqu'il vous arrive de douter, alors que vos collègues masculins semblent parfois très sûrs d'eux, dites-vous que votre décision n'en sera que plus juste et plus forte. Chacune d'entre vous ouvre une voie, constitue une référence et même un exemple. Combien de jeunes filles vous regardent avec fierté, avec espoir, et auront à cœur de vous suivre. Aujourd'hui, garantir une meilleure représentation des femmes est enfin un enjeu politique majeur.

Un enjeu de légitimité, parce que les instances élues représentent véritablement l'ensemble de la société. Un enjeu de démocratie, alors que le taux d'abstention progresse, alors que certains de nos compatriotes se désintéressent de la politique, nous devons définir une nouvelle conception de l'engagement politique, un engagement pour l'intérêt général au service de principes et de valeurs, et non au service d'une carrière. Pour franchir cette nouvelle étape et faire sauter tous les verrous, la loi seule ne peut suffire, il faudra la mobilisation et l'évolution des mentalités de tous.

Le troisième défi qu'il nous faut relever, c'est bien l'engagement des femmes dans la cité au service de l'ensemble de ces atteintes, contrer l'ensemble de ces atteintes dont elles sont trop souvent victimes. Toutes ces violences inacceptables. Il y a bien sûr les violences conjugales qui constituent une priorité, non seulement pour l'action du gouvernement, mais aussi de l'Assemblée nationale et du Sénat.

L'été dernier, 29 femmes ont été tuées par leurs conjoints. Une femme sur dix déclare avoir subi des violences au sein de son couple dans les douze derniers mois. Plus de 40 % des victimes ont gardé des traces durables de ces violences. Les violences conjugales, elles existent dans tous les milieux, et partout elles doivent être combattues avec la même détermination. Parce que battre une femme, la harceler moralement, c'est manquer au premier de nos devoirs, le respect de la personne humaine. Parce que ces violences ont souvent des conséquences graves, souvent irréversibles et notamment sur les enfants, parce qu'elles poussent les femmes à se replier sur elles-mêmes, à abandonner leur travail, à couper les contacts avec leur entourage.

Nicole Ameline a présenté un plan de lutte au Président de la République. Pour ma part, je veux mobiliser davantage les forces de l'ordre dans la lutte contre toutes les violences interfamiliales en fixant un certain nombre de règles.

La première règle, c'est la vigilance. J'ai demandé à tous les services de sécurité d'être particulièrement attentifs lors de leurs interventions dans l'affaire familiale afin de déceler tout signe de violence de ce type.

La deuxième règle, c'est la fermeté. Dès la première infraction, pour permettre la prise de conscience des conjoints, même dans les cas où la victime renonce à déposer plainte, il faut leur signifier le plus tôt possible la gravité et les conséquences possibles de leurs actes. Cette démarche sera obligatoirement suivie d'une prise de contact avec la victime pour consigner par écrit ses observations qui seront adressées à l'autorité judiciaire.

La troisième règle, c'est l'amélioration de l'accueil des victimes de violences intrafamiliales dont on sait qu'elles hésitent encore souvent à déposer plainte. Nous exploitons notamment l'idée d'une présence systématique de travailleurs sociaux dans tous les grands commissariats ou commandements de brigade.

Quatrième règle de ce plan d'action, la coopération avec les autres partenaires. J'ai demandé à mes services de sensibiliser l'ensemble des acteurs concernés : services sociaux, élus locaux, magistrats, associations, notamment au sein des conseils locaux de sécurité et de prévention de la délinquance. Je leur ai également demandé d'être extrêmement rigoureux dans l'établissement des procédures afin de faciliter le travail de la justice.

Mais, au-delà de ces violences, nous devons faire face aujourd'hui à de nouvelles atteintes contre les femmes, des atteintes qui menacent notre pacte républicain. Au cœur de ma mission, il y a la défense de nos principes, et tout particulièrement de l'égalité. Beaucoup reste à faire en France pour que les femmes aient les mêmes chances que les hommes d'avancer dans leur carrière professionnelle. Leur rémunération est inférieure de 20 à 25 % en moyenne à celle des hommes. Lorsqu'une femme revient travailler après son congé maternité, son salaire stagne environ pendant 2 ans, 80 % des plus bas salaires sont attribués aux femmes, elles sont plus exposées au travail précaire et au chômage.

Cette inégalité, c'est une forme de discrimination aussi inacceptable que celle qui porte sur le nom, la couleur de la peau ou encore la religion. Pour les combattre, j'ai demandé aux préfets de département de réunir régulièrement l'ensemble des acteurs concernés, entreprises, associations, magistrats et recteurs d'Académie. La défense de l'égalité entre les sexes est l'une des priorités des commissions de promotion de l'égalité des chances et de la citoyenneté. Je leur ai demandé de recenser les difficultés, toutes les difficultés, rencontrées sur le terrain. Ce travail permettra de renforcer les dispositions de la loi sur l'égalité professionnelle demandée par le Président de la République.

Mais défendre la place de la femme, c'est aussi lui garantir le respect, dans la sphère publique comme dans la sphère privée. Or, aujourd'hui, la place de la femme dans la cité semble menacée. Des signaux d'alerte nous parviennent, qu'ils s'agissent des mariages forcés, des cas d'excision, ou plus généralement de la mise sous tutelle des femmes et des jeunes filles par leurs frères ou par leur mari. Je veux le dire très clairement : il ne s'agit en aucune façon de stigmatiser certaines populations, il s'agit de prendre conscience d'un problème grave devant lequel la République ne peut rester indifférente.

Contre ces dérives, nos meilleurs atouts, ce sont nos principes de mérite, d'égalité, de liberté, de laïcité. Car, derrière ces principes, il y a des enjeux essentiels.

Je suis frappé de voir combien les jeunes sont aujourd'hui conscients de ces enjeux. Nous ne nous y trompons pas. Pour une jeune femme opprimée par son entourage familial, l'espace public est souvent le seul espace de liberté. C'est grâce à ces valeurs qu'elle pourra conquérir son indépendance et son émancipation. C'est pourquoi nous devons rester vigilants, qu'il s'agisse de la mixité dans les piscines et les établissements sportifs, qu'il s'agisse de l'école, ou encore de l'hôpital. Je sais que c'est souvent difficile pour vous qui êtes confrontées au premier chef à ces tensions, je sais que vous manquez parfois de soutien et d'instruments efficaces, c'est pourquoi j'ai demandé à l'ensemble des préfets d'être particulièrement attentifs à ces problèmes et d'être à vos côtés pour les résoudre.

J'entends par ailleurs réunir très prochainement les maires, confrontés dans leur commune à des phénomènes de repli communautaire, pour que nous puissions ensemble trouver des solutions.

Mesdames, Messieurs, je ne voudrais pas terminer ce discours sans esquisser certaines pistes de réflexion pour renforcer la place de la femme dans notre société. Comment, en effet, faire en sorte que l'égalité des chances soit une réalité vivante dans notre pays ?

Premièrement, en sachant et en cherchant à améliorer notre dispositif de garde d'enfants afin de surmonter l'une des difficultés majeures que rencontrent les femmes qui veulent travailler. Nous devons multiplier ces dispositifs pour que chacun puisse y accéder, nous devons également en réduire le coût, notamment pour les femmes et les familles les plus modestes, nous devons, enfin, développer les formules plus souples et mieux adaptées à la situation de chacun.

Deuxièmement, un effort considérable doit être fait en matière de formation pour les femmes, et notamment de formation continue. C'est aujourd'hui la clé pour pouvoir changer plus facilement d'emploi lorsque c'est nécessaire.

Troisièmement, nous devons réfléchir au moyen de faciliter l'accès aux responsabilités de l'élu. Comment faciliter le passage de la vie professionnelle à la vie politique de façon à assurer la continuité des expériences et la diversité du recrutement ? C'est l'un des grands chantiers qui devra nous mobiliser dans les prochains mois. Nous le voyons toutes et tous, l'enjeu pour la démocratie de cette place des femmes dans la vie politique, dans la démocratie locale, dans l'ensemble de notre jeu politique, comme dans la cité, est un enjeu pour chacun et chacune d'entre nous. Je vous remercie.

Imprimé, pour le Sénat, par Automédon - 39-41, rue Labat - 75018 PARIS